国家社科基金后期资助项目
出版说明

后期资助项目是国家社科基金设立的一类重要项目，旨在鼓励广大社科研究者潜心治学，支持基础研究多出优秀成果。它是经过严格评审，从接近完成的科研成果中遴选立项的。为扩大后期资助项目的影响，更好地推动学术发展，促进成果转化，全国哲学社会科学工作办公室按照“统一设计、统一标识、统一版式、形成系列”的总体要求，组织出版国家社科基金后期资助项目成果。

全国哲学社会科学工作办公室

国家社科基金
GUOJIA SHEKE JIJIN HOUQI ZIZHU XIANGMU
后期资助项目

土地租佃研究

Research on Land Lease

李俊 著

法律出版社
LAW PRESS · CHINA
——北京——

图书在版编目(CIP)数据

土地租佃研究 / 李俊著. -- 北京 : 法律出版社,
2023

ISBN 978-7-5197-8052-4

Ⅰ. ①土… Ⅱ. ①李… Ⅲ. ①农业用地－土地租赁－法律－研究－意大利 Ⅳ. ①D954.623

中国国家版本馆 CIP 数据核字(2023)第 118629 号

土地租佃研究
TUDI ZUDIAN YANJIU

李 俊 著

责任编辑 宋丽娜
装帧设计 李 瞻

出版发行 法律出版社
编辑统筹 法律教育出版分社
责任校对 王晓萍
责任印制 刘晓伟
经　　销 新华书店

开本 710 毫米×1000 毫米 1/16
印张 12.5 **字数** 201 千
版本 2023 年 11 月第 1 版
印次 2023 年 11 月第 1 次印刷
印刷 北京虎彩文化传播有限公司

地址:北京市丰台区莲花池西里 7 号(100073)
网址:www. lawpress. com. cn
投稿邮箱:info@ lawpress. com. cn
举报盗版邮箱:jbwq@ lawpress. com. cn

销售电话:010-83938349
客服电话:010-83938350
咨询电话:010-63939796

书号:ISBN 978-7-5197-8052-4
定价:58.00 元

凡购买本社图书,如有印装错误,我社负责退换。电话:010-83938349

基金项目
国家社会科学基金后期资助项目，项目批准号：17FFX017

目　录 Contents

引　言

立足历史与体系的视角，罗马法到意大利法上的土地租佃制度研究，可为中国土地租赁制度提供镜鉴。[①] 从研究对象来看，系统化的“罗马法—意大利法”农地租赁制度在国内研究中尚处于空白。本书借助罗马法经典文献以及当代意大利农业法学者的研究成果，对土地租赁的历史与革新中的理论脉络进行了系统化的梳理和提炼，以期为中国学者研究欧洲（意大利）农地问题提供新的素材，并丰富中国农地利用理论。本书认为，解析罗马法、共同法和以意大利为代表的大陆法系土地租赁制度，并以此为切入点从历史和体系层面总结土地租赁合同的理论内涵尤为必要。

循袭农地私法史的研究视角，罗马法上异质性土地租赁合同的内容揭示了土地租佃的本质，并展示了各类主要土地利用方式的演变过程。氏族集体土地、公地和私人土地的租赁形态反映了罗马不同时期土地租佃的演变背景和制度内容，其中土地租佃中的行政性规范、租金实践规则等制度体现了对占有者和承租人利益的双重保护功能。结合罗马法上的农地改革，尤其是《卡西乌斯土地法案》《李其尼土地法案》《森布罗尼法案》《托里亚法案》等农地法案中的租佃内容，形成了罗马法上具体的土地租佃规范群。而《法学阶梯》《学说汇纂》中的罗马法片段则进一步证实了租佃在土地相关权利概念形成中的重要作用，并揭示了罗马土地租佃的多样形态与结构。事实上，遵循“罗马法—中世纪法—意大利法”的历史脉络，“长期租赁—永佃权”乃土地租佃制度规则的初始框架。肇端于希腊的永佃利用规则被罗马法所继受，经本

① 考虑到罗马法到意大利法上土地租赁的复合性内容，本书统一使用“租佃”的表达，以统合一般土地租赁、长期土地租赁和永佃权等传统术语。同时，除特殊说明，本书论述的租佃土地一般为农地，包括农用地、农村土地等类型。此外，本书从历史和体系角度研究土地租佃，历史脉络的主线主要涉及罗马法和现代意大利法，而体系视角主要从外部的农地权利结构体系、土地类型与租赁类型之间的体系衔接、土地租佃制度的内部体系等方面进行论证。

土实践和理论改造后，成为罗马法上最主要的农地利用制度；长期租赁则成为一项独立的权利形态，其中土地的改良、赋税和租金等问题开始体现出其特有的价值。基于对永佃词源的考察和对不同土地类型中永佃规则的解构，永佃和长期租赁的性质和内涵才得以厘清，这也成为理解大陆法系现代农地利用范式转换的内在逻辑起点。在罗马赋税田等土地形态的基础上，长期租赁逐渐成为各种土地类型中最重要的利用形式，并成为后世土地利用和归属体系的中心，现代私法借此明晰了“土地的占有与所有”关系。

欲理解当代意大利农地利用体系与具体规则，则先需反思农地的性质，剖析农地作为特殊的租赁客体所表现出的“生息物”和“生产性物”的特征。同时，土地租赁合同的目的和功能体现了农地自身的价值，以彰显其中的私人意思自治及其限制。通过对农地的价值导向，以及土地担负的责任进行分析后，以意大利为中心的欧洲农地法中关于土地租赁功能的转变等问题得以缕清，其中租期仅作为多元土地租赁形态之间的联系纽带。立足于农地租佃的继续性合同本质，意大利农地租佃中的“‘契约目的’与‘土地孳息’之间的立法选择”、“私法自治与土地租赁功能的冲突与协调”，以及“异质性土地租赁合同之间的转化困境及其解答”等具体问题也才能得以厘清。

土地租佃中意思自治与强制性规范之间的界限极为关键，并表现在土地租赁中任意性规范的补充规则、无效土地租赁合同的转化、对土地租赁合同限制的合法性，以及土地租赁私法自治的例外情形等具体问题上。土地租赁中的非常损失规则阐释了租佃利益衡平中的诚信与合意的适用，从而对租金自由进行理论和规范的双重修正。在改良和租金等核心要素与租赁性质脱离后，农地租佃中核心要素的完善重构了欧陆土地租佃的利用结构，具体体现在，《意大利民法典》中的土地租赁规范被 1982 年第 203 号法令（《意大利农业合同法》）所取代后，土地租赁合同逐渐成为意大利农地权利体系的核心。该法令也瓦解了以《意大利民法典》为中心的农地权利构架，形成了以租赁为中心的现代农地利用体系，而土地的改良和租金也成为衡平农地权利结构的核心要素。意大利土地租赁合同也被赋予了特定意义，在形式上区别于一般的租赁制度,并成为彰显《意大利民法典》特色的典范,以此为中心形成了一套独立的农地利用法律体系。改良作为土地租赁的核心因素,从整个租赁体系中脱离出来,使承租人可据此实现稳定的租赁,甚至可以有利于承租人的方式限制出租人的权利。租赁权限制所有权的模式直接导致了土地租赁体系的重大变革,使对土地租赁的研究必须"经由特殊到一般,再从一般到特殊",须结合"中小型耕种主体、土地调整、多元租赁主体、农地利用体系"等具体阐释。在此基础上,本书也对诸如最短租赁期间、土地改良权的限制、追偿权等土地租赁的核心要素予以系统论证,并进一步讨论欧陆土地租赁中的多元主体、农业监察机构、集体决议等具体问题。

围绕罗马法、中世纪法以及以意大利现代法为代表的大陆法系土地租佃私法史展开研究,旨在厘清下述问题:长期性的租赁权如何引导永佃权进入罗马法体系、大陆法系土地的"归属和利用"模式如何形成和发展、租赁实践如何影响大陆法系农地利用模式的演变、租赁期是否为"长期租赁、短期租赁和永久性租赁"的区分要素、农地的本质是否为土地租赁研究特殊性的基础,以及私法自治等民法核心如何贯彻到土地租赁领域等。显然,罗马法借助租赁权继受了希腊永久租赁中的"永佃"特质,以占有财产性永佃利益的方式实现了农地的稳定利用,土地改良责任和最低租金规则成为农地"永久"租赁中的核心要素,租赁期间则与租赁性质相剥离。罗马法上土地租赁制度的发展也对后世私法产生了双重影响:一方面,多元化的租赁方式丰富了物的利用形态,形成了不同类型的"具体所有权",并促发了列举式的所有权模型;另一方面,永佃权的核心要素被土地租赁合同所吸纳,后者逐步承担起用益物权的功能,并成为当代大陆法系农地利用制度的核心。得益于农地永久租赁制度,农地占有和所有之间的关系在现代私法中获以厘清,并形成了以租赁为中心的农地利用结构范式。其中,长期租赁的租金并非基于经济利益的考虑,而是由其承载的赋税责任、土地调查等社会功能决定的。罗马法上的赋税田税金和永佃租金在法律意义上实现了等同,强调赋税和租金之间的性质转换失去了实际意义,考虑更多的则是永佃权人和实际耕种者之间的利益平衡。同时,改良责任成为租佃规则的核心，自耕农可根据自我意愿对承租土地进行最有利于土地耕种的改造，尤其对自耕农耕种状态的保有和土地利用的长期稳定利用具有积极意义。事实上，通过诚实信用、意思自治、平等原则的具体化，才最终形成以租赁为中心的现代农地利用体系，而土地的改良和租金则成为衡平农地权利结构的核心要素。而且在意大利土地租赁中，立法者充分利用土地租赁合同中的意思自治原则以赋予承租人最大范围的自由，同时辅以强制性规范加大农地利用的保护力度，借助租金、期限、土地改良和补偿等技术手段衡平当事人之间的权利和义务。在赋予实际占有者即耕种者更广泛的土地改良权时，也将农地价值最大化并实现了土地租赁合同的社会功能。

农地永久租赁的历史解析和大陆法系农地结构的嬗变，亦为中国农地经营权的构建提供借鉴。中国土地承包经营权以用益物权的方式稳定了农地利用关系，以经营权为核心设计农地利用制度，构建出三权分置的农地权利格局。农地经营权建立在承包合同之上，长期以出租等方式进行经营，承担“以符合土地用途的方式进行利用”“承包经营权人对土地耕种条件具有保有责任”等责任内涵。事实上，“三权分置”确定了以长期租佃为经营权核心的农地利用体系，使农地经营具备大陆法系土地租赁制度的“长期”稳定性、注重农地保护、“租金转承着农业税内容”等多项共性特征，也为其他农地利用规则的设置提供了平台。

第一章　罗马社会经济协同发展下土地租佃的理论发展与制度实践

本章主要以罗马法古典时期的土地法案和土地实践为研究起点，以此阐释罗马法中土地租佃理论及制度内涵。本章将两类文本作为重点解释对象：一是罗马法上的几部重要土地租佃法案；二是罗马法上若干土地租佃规范的原始片段。在此基础上，本章揭示了罗马法学者在超越罗马法文本上所做的努力，并试图突破罗马法片段的历史局限性去展示土地租佃规范在各历史时期的意义。这一过程中，一方面需要梳理遗留至今的与土地租赁相关的注释、纲要和评论，另一方面则需借助不同罗马法学家的研究成果和解释方案，展示以农地利用为中心的罗马土地政治、经济以及相关的法律的发展。

作为最主要的土地利用形式，土地租赁制度一直都是欧洲大陆法系土地利用法律实践的关键。针对希腊至罗马时期形成的土地租赁和永佃制度，古罗马法学家留存了大量的解释材料，并在诸多法律、法令中留下了印记。所有权、占有、集体物、合意与诚信、非常损失规则等重要的私法基础问题都与罗马土地租赁理论和实践紧密关联。可以说，围绕着土地的归属和利用的制度演绎，土地租赁制度为私法的发展提供了丰富的理论和实践资源。虽然古典罗马法学家考虑问题的角度和依裁判形成的土地租赁理论都与现代法有很大的不同，并且在农地的历史演绎中出现的大量租赁术语与现代法中的土地租赁制度也存在观念和内涵上的巨大差异，但是建立在土地租赁基础上的农地权利结构在古典法阶段就已大致形成，短期和长期租赁也奠定了后世土地租赁结构的基本框架，土地租佃的核心要素也在这一时期显现出来。①

在历史与体系的框架下，理解土地租赁制度成为解析当代以意大

---

① Luigi Capogrossi Colognesi, La struttura della proprietà e la formazione dei "iura praediorum" nell'età repubblicana, Milano, 1969, p. 365.

利为代表的欧洲土地租赁具体规范的原点，在这一方法论的引导下才有可能发掘和获取土地租赁规则的内在逻辑。当然，土地类型是土地归属和利用的基石，土地类型的变化却又主要是为了满足土地租佃实践的发展，作为土地利用主要形态的土地租佃，则又与土地类型则共同构成了现代物权制度的基础。同时，土地租赁也深刻影响了土地制度的发展，甚至可以说土地租赁制度的发展决定了土地类型形态的变化，从土地利用的角度促发了“所有权—归属”制度的演化。罗马土地租佃的规则演变和罗马政治、经济与农业生产的发展，从本章各节论题中可以一窥其内在的关系。

第一节　罗马土地形态与租佃实践

一、罗马法上的土地类型与租佃利用

罗马租佃中的土地类型并非以现代法归属主体的逻辑形式予以分类，而是在“领主权力”和“占有利用”的双重结构下展开，其表现形式极为纷繁复杂，并呈现一种未体系化的状态。土地租佃建立在多元的土地类型之上，并且仅仅从占有的角度对土地进行长期或者短期的利用，并非表达土地的归属特性。

（一）作为一种“占有和利用”并存形态的集体土地

从罗马城邦建成之前到罗马帝国末期，罗马法上的土地类型经历了多次复杂的变化，从最初以氏族集体土地为主导的土地类型发展成为以公地为主要类型的土地形态。[①] 在罗马城邦建立之前，土地的归属形态主要表现为氏族集体土地（*ager gentilicius*），这一集体土地在性质上具有主权性。氏族对土地享有支配权（*signoria*），同时对土地主权的确认还转化为享有一种团体性利益。氏族成员的土地不允许转让给氏族外的成员，氏族土地的利用存在集体和个体耕种的共存形式。可以说，氏族集体土地是罗马历史上最为古老的土地归属形式，从罗马建城

---

① 参见汪洋：《罗马法上的土地制度——对罗马土地立法及土地归属与利用的历史考察》，中国法制出版社 2012 年版，第 5-7 页。

到共和国时期持续存在，甚至土地的私人归属形态都是后续从集体土地中产生的。

总体上，这一时期的集体所有权具有如下特征：(1)氏族全体成员作为一种集体形式，成为氏族集体土地的权利人；(2)新征服的土地可以被纳入氏族集体土地中，但在实践中氏族集体土地与公地难以区分；(3)平民被排除在氏族集体土地的利用主体之外；(4)氏族集体土地在门客阶层的协助下耕种，部分氏族集体土地作为回报被划拨给门客；(5)逐步形成了多层次的土地归属和利用体系，以及以氏族集体土地、公地和私有土地为基础的多元土地权利体系，但在罗马建城之前集体土地仍然是最主要的土地归属类型。①

在氏族集体土地所有权产生的这一时期，现代法意义上抽象的"所有权"(*dominium*)概念并未形成，此时氏族所有等同于物的利用本身，而占有则是表达对物利用的事实形态。在这一历史阶段，罗马土地制度与其政治、经济、社会等背景密切相关，氏族(*gens*)、城邦(*civitas*)、家庭(自有家庭 *familia proprio iure* 和共同家庭 *familia communi iure*)、库利亚(*culia*)、部落(*tribù*)等多元的社会共同体之间的关系极为复杂，集体层级众多，对于集体土地的主体也缺乏统一界定。事实上在公元前 8 世纪左右，罗马仅仅是一个城邦国家，土地范围也仅局限于罗马城及其周边地区，大部分的土地表现出氏族集体特征。这种氏族集体是一种身份固化的成员集合体，土地归全体氏族成员"所有"，并且氏族成员也不能在不同集体之间自由流动。自公元前 5 世纪，氏族集体土地与公地之间开始出现双向的转化，即部分集体土地转为公地，而部分公地也变为集体土地。后世法学家很难对当时的土地性质进行实质区分，氏族集体土地更是无法被界定为私有抑或公有。这源于土地利用关系(包括租佃)才是土地上最为重要的法律关系，并掩盖了土地"归属"的重要性。

上述状况也一直持续到公元前 4～公元前 3 世纪，直到塞尔维·图里乌斯(Servius Tullius)进行土地改革以及公元前 367 年颁布《李其尼

---

① Cfr. Frliciano Serrao, Dit???o private economia e società nella storia di roma, prima parte, jovene editore Napoli 1984, p. 59ss.

土地法案》(*Lex Licinia*),氏族集体土地为主导的土地类型体系才逐步被瓦解,氏族集体土地逐渐大量地转为公地,同时个人土地所有权也开始确立。可以说,《李其尼土地法案》在"自有法家庭"的层面确定了土地利用的权利人,同时氏族集体组织因政治原因而淡出了罗马主流的政治经济体系,这也成为后续市民法体系没有采用集体土地所有权形式的主要原因之一。① 土地集体所有逐步被土地公有所替代的过程,也是在氏族集体被城邦替代的历史背景下完成的。虽然土地的实际占有形式并没有发生任何改变,氏族集体也仍然是土地占有的主体,但是土地的权属状况却发生了明显的变化。其结果是,在市民法体系中,土地的集体所有也被"不分遗产共同体"(*consortium ercto non cito*)形式的共同共有所代替,集体土地成为公地和私人土地的配角,但即便如此,仍然存在公共牧地形式的集体土地以及殖民地形式的集体土地。②

从罗马建城到罗马共和国末期,土地从以集体土地为主要归属类型逐渐蜕变为以城邦公有和个人私有为主体的土地归属形态,氏族集体土地在消失的过程中逐步演变为殖民地市镇集体所有等新型集体所有形式。到罗马共和国末期,虽然大量的公地被私有化,但是市镇集体土地仍然存在,并表现为市镇集体土地赋税田(*ager vectigalis*)、公共牧地(*ager compascuus*)③和财政官田(*ager quaestorius*)的形态。盖尤斯(Gaius)、保罗(Paul)等罗马法学家对赋税田这一集体土地的重要利用形态予以重点阐释,其原因在于集体土地的赋税田租赁成为长期租赁和永佃权(*Ius emphyteuti-cum*, *Enfiteusi*)性质争议的载体。与此同时,在罗马城邦建立之前,氏族集体土地是氏族治理的法律工具之一;而罗马城邦建立之后,市民法从"主权"上否定了集体的主体性质,导致不少

---

① Cfr. Frliciano Serrao, Dititto private economia e società nella storia di roma, prima parte, jovene editore Napoli 1984, p. 59ss.

② Cfr. Frliciano Serrao, Dititto private economia e società nella storia di roma, prima parte, jovene editore Napoli 1984, p. 61ss.

③ 在氏族集体土地的发展过程中,罗马农业社会的特征决定了氏族土地主要为公共牧地(*ager compascuus*),其也是从罗马法延续至今的一种典型的集体所有形态。Cfr. Frliciano Serrao, Dititto private economia e società nella storia di roma, 1, dalla società gentilizia alle origini dell'economia schiavistica, jovene editore Napoli 2008, p. 273ss.

学者认为氏族集体土地所有权与市民法所有权体系之间是完全割裂的。[①] 但是,仍然也有不少罗马法学者认为,氏族集体土地所有权的消失并不意味着集体所有权的消失,更不能否定土地集体所有权在市民法体系和现实中存在的可能性及其意义。[②] 事实上,集体所有权的主体由具有主权性质的氏族演变为仅享有财产性权利的市镇,以及其他非主权形态的土地集体所有权主体形式。

显然,土地集体所有权在市民法之前就已存在,只不过集体土地所有主要体现为一种土地占有的实践形态,以至于在罗马法后期被以归属为核心的市民法所有权体系排除在外。但是,集体土地并没有因为市民法的产生而消灭,而是以民事习惯的方式继续作为罗马法的一种土地利用类型而存在。这一处理方式符合了当时土地实践的需要,也为后世多元所有权模式奠定了基础,更为大陆法系土地租佃提供了多元利用的平台。在土地集体所有以占有的形式作为一项土地利用方式时,俨然将租佃囊括在内,也即在土地利用的框架内,集体土地的类型本身就是土地利用模式的集成体,租佃则是一项重要的集体土地利用形式。

(二)围绕公地改革的多元土地类型

在罗马共和国时期乃至帝国时期,公地享有非常重要的地位。这一时期是以"公地为主,私有土地和集体土地(集体体现为氏族、城邦的群体性)为辅"的土地权属形态,并在公地制度的基础上发展出多样的土地占有和利用模式。土地法律制度部分继受了希腊法律的文化成果,部分则契合了罗马法技术的发展,但更多的制度成果则是在罗马农地实践过程中被逐步修正后形成的。在这一时期,通过分配和战争等手段,罗马公地、集体土地(占有形态)、私有土地(初步形成)三种主要的土地类型同时并存。氏族体制逐步过渡为以土地和财产为基础的城邦政治体制,氏族共同体的功能在罗穆卢斯(Romolo)的改革下逐渐消解,具有严格身份特征的集体土地制度也趋于消亡。即便在帝国时期

---

① Cfr. Luigi Capogrossi Colognesi, Propriet e signoria in Roma antica, La Sapienza, 4, 25 ss.

② Cfr. Frliciano Serrao, Ditito private economia e società nella storia di roma, prima parte, jovene editore Napoli 1984, p. 61ss.

仍旧残留着少量集体性质的殖民地土地，但公有和私有土地在功能上已经基本替代了集体土地。在公元前486～公元前367年卡西乌斯(Cassius)主导的农业改革中，农地归属形态的转变仍在深化。不过，卡西乌斯的改革主要针对占多数份额的公地，在贵族和平民两个阶层之间展开土地运动时通过“简单占有”予以法律确认，并依据“占据地”而非“所有权”的法技术工具对公地进行利用，同时通过相应的法律程式承认平民拥有小面积土地的所有权。在公元前367～公元前133年，针对贵族不愿意将大量占据地转化为私人所有权的现实状况，李其尼(Licinius)试图通过制定法的形式打破贵族对公地利用的垄断，进而实现平民利用公地进行耕种的目标。在李其尼的农地改革过程中，监察官田、财政官田、记名牧地、赋税地等不同类型的土地利用形态萌生，公地一部分私有化，另一部分则演变为租佃等利用形式的载体，使得“占有与所有”在公地利用的平台中和谐并处。

需要注意的是，此时法律规定每个人都可根据自己既有或预期的耕种能力去占据土地，但是一旦确定利用占据地，占有土地的贵族就不愿意将占有的权利转化为私人所有权。其原因在于，占有土地的贵族可以享有超越私人所有权的利益，即一方面借助占据地继续在政治上获益，另一方面还可以继续享有占据地的收益，甚至在纳税额度上比私人土地更为低廉。可以说，这一时期的“占有”完全能够涵盖“所有权”的制度优势。直到公元前133～公元前111年，格拉古兄弟针对这一土地顽疾进行了改革，其目标是分割部分“占据地”并将分割后的小份土地授予贫民，同时达到解决兵源的目的。格拉古兄弟的改革通过限制公地规模，同时授予贫农小块土地，实现了土地的重新分配。此时，罗马法上产生了只能缴税而不准转让的土地利用形态，其本质是授予了私人一种受约束的所有权或永久占有权，从权属意义上来看更接近于现代意义上的所有权，也即一种介于“单纯的公地占有”和“奎里蒂法所有权”之间的半私有化的法律形式。不过，这一关于土地权属的法律形式却与罗马人传统的“所有权”概念相矛盾和对立，该法律形式更强调多项经济意义上的“权能”，而没有确定土地的“归属”。①

① 参见汪洋：《罗马法上的土地制度——对罗马土地立法及土地归属与利用的历史考察》，中国法制出版社2012年版，第7页。

可以说，在整个古典时期，农地类型的划分在罗马共和国期间最为精细，并通过《卡西乌斯土地法案》（*Lex Cassia*）、《李其尼土地法案》、《森布罗尼法案》（*Lex Sempronia*）以及后世的《托里亚法案》（*Lex Thoria*）取得了多样化的发展。到共和国末期，公地占有的模式在实践中又演化为多种具体形态，监察官田、财政官田、记名牧地、赋税地的形式使得土地的占有者和所有者均合法地受到法律的保护。农业生产也在“所有—占有”的稳定结构中得以蓬勃发展，包括短期土地租赁、长期土地租赁和永佃权在内的土地租赁规则也获得了长足的发展。同时，这些租赁形态也在理论和实践中催生了新的物权理论。[①] 事实上，这一时期的土地改革也导致了公地进一步被私人实际占有，使私有土地得到了极大的发展，而集体土地类型日渐式微并在功能上被私有和公有两种土地类型所取代，最终使公有和私有土地基本涵盖了整个土地类型。在重视具体利用方式的土地权利结构中，罗马人传统的“*dominio*”（所有权）概念因土地改革受到了极大的冲击，土地的利用则作为一项独立规则被立法者和政策制定者所重视，土地的“权能”成为土地改革的重心，而土地租赁恰恰是这一权能最直接的表现形式。

针对罗马土地的利用，不同社会和政治力量之间存在紧张的博弈与斗争。后续法律规定简化、弱化了这些动态因素和冲突，但无法将其彻底消除。围绕土地斗争，公地之上形成了数目众多的土地所有权。市民所有权、行省土地所有权以及裁判官法所有权等具体所有权在不同时期表现出不同的形式和特征，却又与现代法上的所有权（prorietà）概念存在明显差异。在罗马的崛起过程中，公地随之扩充并成为罗马共和国及帝国时期最典型的土地形式，土地租赁也依托于公地而获以发展。例如，塞尔维乌斯时期的公地规模达到了顶峰，公地的租赁也在这一时期最为繁荣。随着农地的归属和利用形态的复杂、多元化，依托于不同土地类型的租佃利用在实践中所扮演的角色日趋重要，如何通过租佃规则提升土地利用效果也成为诸多农地类型发展的终极目标。

---

① See Andrew Lintott, *Judicial Reform and Land Reform in the Roman Republic*, Cambridge University Press, 1993.

（三）私有土地的租佃

在罗马法上，土地归属作为彰显家庭和城邦（氏族）自主性的核心内容，所有者表达“自己的”意志时意味着他人须经土地归属主体的同意才能对土地予以利用，也即土地归属被视为自由租赁土地制度的前提。不过，土地归属一开始只是表现为一定份额土地的授予，尔后演变为一定期限内对占有公地进行耕作的“利用形态”。这种土地的授予或利用与农业生产周期密切相关，土地归属中显现的法律元素与农业实践相交织，土地的归属和利用使得土地租赁合同具有与承租人能力相关的“人身”属性。也恰恰是这种个体特性的发展趋向，直接导致私人财产（主要是私人土地）制度的崛起。

私有土地所有权在罗马不同的历史时期表现出不同的样态，但最古老的私有土地来自氏族成员内部的土地和城邦授予的公地。土地的个人所有权与氏族集体的瓦解也密不可分，城邦剥夺氏族的土地主权时就产生了最初的私人土地所有权类型。尽管《十二铜表法》（*Lex Duodecim Tabularum*）第 5 表就对土地继承中的私人所有权予以描述和规范，但是公元前 6 世纪赛尔维乌斯的土地改革才真正产生了私人所有权。由于早期的所有权具有一定的政治性，这种特性也决定了私人所有权被置于氏族集体的利益之下，也即个人所有权产生于家庭的主权观念。这种主权在氏族范围内与集体所有权以及后来的城邦集体所有权同存，即人们为了适应不同的形势而在各政治群体的共处中对所有权和主权的概念加以界定。[①] 因此，罗马早期的土地具有以氏族集体土地为主、公地和私有土地为辅的土地形态。而随着氏族集体的消失，公地和私人土地发展为主要的土地利用形态。随着《李其尼土地法案》的颁布，具有“奎里蒂法所有权”的私人土地成为罗马土地利用的主要模式，集体土地则被市民法排除在外，市民法中关于土地的利用也只有私有土地和公地两种载体形式。

不过，罗马法上的土地类型极其纷繁复杂，难以用现代法上的所有权类型去一一对应解释，而只能从“归属”和“利用”的角度对土地的占

① 参见［意］朱塞佩・格罗索：《罗马法史》（2018 年校订版），黄风译，中国政法大学出版社 2018 年版，第 113 页。

有形式进行复合性的定位,从而确定某种土地权利主要的趋向性特征。而在样式各异的具体所有权之上,土地的利用才是实践关注的重心,甚至利用本身就被视为一种归属状态。租佃的利用方式也呈现多层次特征,既包含初级利用,即以租佃获得公地等土地的方式,也包括次级利用,即不同土地类型上的租佃关系。

二、优士丁尼《法学阶梯》中农地租佃的内涵与性质的争议

(一)租赁与买卖合同、借贷合同之间的差异

在罗马法经典文献中,优士丁尼《法学阶梯》第3卷第24题对土地租赁合同的界定、租金、土地租赁类型以及承租人的责任规则等进行了详细论述,其中最为关键的是对永佃权这一特殊租赁类型的性质判断。

该题首先在第3卷第24题的导言(I. 3,24pr)和其第1段(I. 3,24,1)中对租赁进行定义,认为“租赁近于买卖,两者受制于同样的法律规则。事实上,如同一旦就价金达成协议即缔结了买卖,如果就租金作了商定,也认为缔结了租赁。出租人享有出租诉权;承租人享有承租诉权”。该题确定了租赁合同缔结后出租人享有出租诉权,也即出租人所享有的权利,包括要求承租人支付租金、返还出租物等;同时确定承租人享有承租诉权,即承租人所享有的权利,包括要求出租人提供租赁物等。这一论述表明,租金乃租赁合同的核心要素,并根据当事人是否协定租金内容而将租赁合同与买卖合同及使用借贷合同相区分,租和赁(Locatio et Cinductio)在本质上表现了在出租人与承租人之间移转标的物的占有并交付支配权的过程。①

在第3卷第24题第2段(I. 3,24,2)中规定:“此外,正如通常就物的互易是否缔结了买卖有疑问一样,通常就租赁也有这样的疑问,如果万一某人给你某物使用或享受,而他从你接受某物使用或享受后,就已决定这不是租赁,而是一种专门的契约。例如,在某人有一头牛,其邻人有另一头牛的情况下,他们决定每人轮流借用另一人的牛10天进行

---

① 关于优士丁尼《法学阶梯》第24题部分的翻译和注释,已有学者研究。参见徐国栋:《优士丁尼〈法学阶梯〉评注》,北京大学出版社2011年版。本书余处不再一一说明。

工作，而牛在他人手里死亡。该情形不适用出租之诉或承租之诉，也不适用使用借贷之诉，因为使用借贷并非无偿，而必须提起相当给付之诉。”显然在优士丁尼《法学阶梯》中，租赁合同与使用借贷只是在特征上极为类似但并不相同，与将自己所有之物让与他人使用的互易合同也有所区别。此外，对非典型合同之外的合理交易也予以保护，而保护的手段就是含有对价理论的“相当给付之诉”，即一人获得了他人的给付，即使没有法定的合同形式，基于公平的考虑也要作出相应的给付。

但优士丁尼进一步阐释：“朕如上就价金允许他人裁断所说的，朕认为也是就租赁中租金允许由他人裁断所说的。因此，如某人把衣服交给漂洗匠清洗或者整理，或给裁缝修补，并不马上商定任何租金，而后来给付他们间协定的金额，严格来说，不认为已缔结租赁，但被赋予了这种场合的相当给付之诉。”显然，蕴含租金的“相当给付之诉”使得租赁合同区别于买卖、借贷和互易合同，也使得古罗马时期的租赁范围极为广泛，包括了现代法意义上的租赁、雇佣、承揽和运送合同，甚至地上权在那一时期也被视为土地租赁的一种表现形态。

（二）永佃作为一种特殊的独立合同形态

在《法学阶梯》第3卷第24题（I.3,24,3）中，优士丁尼就租佃合同的特殊形态（永佃合同）作进一步论述：“然而，人们认为在买卖和租赁之间存在非常密切的关系，甚至在某些情况下，人们通常就是缔结了买卖还是缔结了租赁产生疑问。例如，交付给某人永久使用的土地，换言之，只要就它付给了所有人租金或收益，就不能要求承租人本人或其继承人，或次承租人或其继承人的买受人、受赠人、嫁资名义的受赠人或以任何其他方式受让土地之人返还土地。但对于此种契约，古人心存疑问，有些人认为是出租，而有些人则认为是出售。对此，芝诺颁布了一项法律（C.4,66,1,476～484年），规定特殊的永佃契约既不倾向于出租，也不倾向于出售的性质，而基于其自身的条款有效。因此，如果达成了某种简约，就要遵守它们，如同它们具有契约的性质。然而，如果未就物的风险作任何约定，那么，如果物全部灭失，对此产生的风险应由该物的所有人承担；如果物部分灭失，这样的损失由佃户承担。这是朕采用的法。”

可见，永佃权合同与一般土地租赁合同并不相同，永佃合同的客体从一开始就被确定在纯粹的农用地范围内，后期扩展到包括房屋在内的不动产农业设施。这种新型合同表现为永佃权人使用他人所有的土地并交付租金，尽管在形式上与一般土地租赁相似，但是承租人所享有的权利远丰富于一般土地租赁的承租人。而且永佃权人的继承人还享有对永佃权的继承权，使得出佃人的处分权受到了极大的限制。因此，在第 3 卷第 24 题第 3 段（I. 3，24，3）中，优士丁尼明确规定了“永久租赁”合同是介于一般租赁与买卖合同之间的特殊合同形式，具有债权属性的同时还具有现代法上的物权特征。针对早期罗马法学家对土地租赁合同性质的争议，芝诺皇帝把它确定为一种独立的合同，同时《学说汇纂》（Digest）第 19 卷第 1 款也对此予以解释。显然《李其尼土地法案》所确定的土地租赁合同是在实践发展中逐步发现的，如同买卖合同一样是一项典型的合意合同。

三、国事调查官制度对土地租佃实践的影响

（一）国事调查官对土地状况的调查权

在土地类型的演变过程中，氏族集体土地、公地和私有土地在每一历史阶段都扮演着不同角色，从土地占有到赋税田租赁（国事调查的赋税田租赁居多）的农业实践中，土地租赁始终处于农地利用的舞台中心。在古典时期，土地租赁主要是以公地或集体土地出租，包括对土地的占有和利用，但是通常需要在国事调查官的监督下从事农业耕种。尽管有其他证据佐证这一时期存在大量的土地租赁，但并没有专门的土地租赁权益图予以证明，因此对罗马时期的租赁状态最直接的研究资料是国事调查官对土地财产的描述。[1] 例如，卡帕尼亚（Campania）等土地肥沃且发生土地纠纷较多的地区，就采取了多种方式去调查土地的租赁状态并为此提供了可信赖的调查图纸。后期罗马法学者在解释测量等土地调查形式的同时，通过相关图纸，亦即《李其尼土地法案》中

---

① Max Weber, La storia agraria romana in rapporto al diritto pubblico e privato, Milano, 1967, p. 44ss.

所描述的土地调查方式去阐释土地租赁所遵循的规则。不过，如果通过所留存的调查图纸去解释当时的土地租赁状况的话，就不可避免地要对国事调查官制度和土地权属制度予以解释和说明。

为了及时调整和定期修正土地租赁的实际占有形态，罗马法还借助国事调查官的调查结果对部分农产品的耕种进行适当的政策援助。土地承租人实际上取代了原土地所有权人的法律地位，自耕农作为农地占有人成为“实际的所有人”，土地实践与西塞罗（Marcus Cicero）等人推崇的自耕农租赁模式极为契合。为了加强对自耕农的保护，在以西西里为代表的诸多地区，国事调查已被视为公地租赁的一项必要程序。该程序除了能查清土地的利用状态之外，还能明晰土地的权属状况和利用关系。此外，通过调查情况所反映的被征服土地的开垦和租赁情况，国事调查官还能借此实现对被征服土地纳税的目的。[①]

（二）国事调查官的任职时间对土地租赁合同的影响

罗马时期土地租赁合同的到期日一般也是该地块上新任国事调查官的上任时间，罗马法学家蒙森（Monson）认为新国事调查官上任时间（每年 3 月 15 日）是所有“国家授权的土地租赁合同”被解除的公告时间点。[②] 这一政策在给土地租赁带来不稳定性的同时，也隐含一种对土地的调整行为。然而，罗马法允许重设土地租赁租期的隐性逻辑在于，旧合同在事实上仍然对承租人及其家人具有效力，也即承租主体不更换的情况下重设租期。换言之，此时罗马的法律想通过新国事调查官割裂旧承租人与出租人之间的租赁关系或者强制提高租金都是极为困难的，在大多数情况下新合同只是对旧合同进行细微的修正，旧租赁合同仍然具有事实上的约束力。[③] 最具有说服力的例子就是西西里地区勒诺蒂尼（Lenotini）的公地占有，该公地是罗马行省西西里地区最为重要的公地，同时也是承租家庭所继承的占有土地。[④] 该片公地仅被 88

① Cfr. Max Weber, La storia agraria romana in rapporto al diritto pubblico e privato, Milano, 1967, p. 47ss.

② Cfr. Max Weber, La storia agraria romana in rapporto al diritto pubblico e privato, Milano, 1967, p. 44ss.

③ See Andrew Lintott, *Judicial Reform and Land Reform in the Roman Republic*, Cambridge University Press, 1993.

④ Liv. viii, 14.

人共同“占有”,并且他们中的任何一人都是当时的权贵之士,调查官想作出任何有损共同占有人利益的行为均需极为谨慎。如此,从现实角度,新合同很难对旧合同进行实质性的更改,新的国事调查官的到任实质上也只是对旧合同进行形式上的效力确认。同时卡帕尼亚地区的土地几乎都承租给了自耕农阶层,这些承租人依靠承租土地并继承租赁权利而得以生存,因此寄希望于新任国事调查官来改变租赁关系是不现实的。[①]

马克斯·韦伯(Max Weber)也认同3月15日的时间节点具有合同到期被确认的法律意义,但同时认为土地租赁合同每年都不得不被重新订立是毫无理由的。[②] 一方面,仅以支付税收的租赁形式来体现如此大规模的农地所有权是绝无可能的;另一方面,这种明确合同终期的“年度合同”难以满足繁重的土地调查工作。此外,在公元前111年加图(Marcus Porcius Gato)所著的《农业志》(*De Agriculture*)中,如果以有利于承租人的方式在非洲公地上设定固定的税收,那么这一税收形式必定持续多年,并且在持续的过程中各土地当事人的法律地位不会发生改变。如此一来,承租人不可能每年与出租人在合同内容上重新达成一致,尤其是如果每年每块承包地都持续承包,那么有些地区租赁土地持续减少的现象则无法解释。[③]

尽管国事调查官针对土地租赁的调查作用有限,对土地的调整也只能是一个渐进式的过程,但最终结果却产生了明显的改变。国事调查官制度与土地租赁的协同,不仅在提升土地利用效率上较之以前有明显进步,而且也优化了约束出租人和承租人之间关系的土地利用法律规则。同时,西塞罗当时发现在勒诺蒂尼地区的土地承租人当中,新承租人中只有一个来自旧共同体的后裔家庭,其他承租人都是其他地

---

① Cfr. Max Weber, La storia agraria romana in rapporto al diritto pubblico e privato, Milano, 1967, p. 46ss.

② Cfr. Max Weber, La storia agraria romana in rapporto al diritto pubblico e privato, Milano, 1967, p. 47ss.

③ 关于马克斯·韦伯对卡帕尼亚地区土地租赁交易减少的考察,参见 Max Weber, La storia agraria romana in rapporto al diritto pubblico e privato, Milano, 1967, p. 47ss。

区的移民，承租人的来源得以丰富。[1] 相较于对大量的小块土地租赁者的制度规范，对少量的大规模土地租赁者予以规范更为容易，那么通过拍卖的形式来确定一定规模土地上的租赁关系也成为一种重要的授予方式，这也使得承租人的整体构造发生了变化。如此，大规模土地耕作者数量的增加成为一种趋势，土地耕作自然也朝着集约化的方向发展。[2] 此外，可能的行政权力的滥用也会让小块土地承租人感受到更大的压力，这也变相地促进了大规模土地承包户数量的持续增长。当然，大规模土地承租人在设法强化自身合同权利的同时，还通过各种方式在法律上尽可能地保障其“所有权人”的地位。

第二节　罗马土地改革基础上的土地租佃法案

一、罗马土地租佃法案的概况

农业乃罗马发展的基础，罗马发展史可被视为一部农业发展的源流史，比索 *Piso*（*miller*）、加图等都对此予以了证实。[3] 可以说，在罗马时期，如果某人被称为优秀的农夫，那么其无疑被授予了一项至高荣誉。农业特质、私人意思自由等问题连同契约精神交织在一起，共同构建起罗马农业社会的法律基础，刻有这一烙印的罗马法亦被称为欧洲法律的共同基础。[4]

---

① Cfr. Max Weber, La storia agraria romana in rapporto al diritto pubblico e privato, Milano, 1967, p. 49ss.

② Cfr. Max Weber, La storia agraria romana in rapporto al diritto pubblico e privato, Milano, 1967, p. 48ss.

③ Cfr. Cato, De Re Rustica, I, lines 3-8.

④ 罗马土地制度中，尤杰拉（ager）是一个乡村某一区域或者某一通道的一般称谓，但主要用于社会政治方面，如罗马尤杰拉意味着对罗马领地的说明。在罗马农业法律制度中，一般依据土地的本质将其分为公地和私地。不过也有将土地分为三类的情形，Ager Divisus et Assignatus、Ager mensura comprehensus、Ager Arcifinius。Ager Arcifinius 就是所谓的占据地，Ager mensura comprehensus 则是某一受测量限制的通道，一般是某一共同体作出，而 Ager Divisus et Assignatus 土地，则是授予私人的公地。至于这三种区别形式，主要源于李维在其著作中对这一土地区分方式的表述。参见 Livy（Ⅳ. 51，Ⅴ. 30）。而占据地 Ager Occupatorius 主要指因战争的胜利而取得的土地；Ager Quaestorius 则指的是公地，它们一般由 Quaestors 进行出售，起初每 Ager Quaestorius 土地包含 50 尤杰拉。

在整个罗马时期，共和国时期的农地法案发展最为迅速、全面和完善，其中有一项重要原因是有关农地权利、归属以及农地利用等实践问题备受执政者和法学家们的关注，因此产生了一系列重要的农地法案。在这一时期，《卡西乌斯土地法案》、《李其尼土地法案》、《森布罗尼法案》、《托里亚法案》、《茱莉亚农地法案》、《安东尼农地法案》（*Lucius Antonius*），以及《殖民地法案》（*Agros Deducendis*）等典型的农地法案相继出台，使得罗马共和国时期的农地法案几乎囊括了土地租佃的大部分核心问题，以至于后期罗马法学家的诸多重要农地理论和规则建议都是在这些法案和相关的实践基础上提炼而成的。

二、从《卡西乌斯土地法案》到《李其尼土地法案》中的租佃改革

（一）《卡西乌斯土地法案》：如何分配及有效利用占据地

《卡西乌斯土地法案》是在罗马贵族和平民财富差距扩大的背景下产生的。这种贫富差距对共和国造成了巨大的威胁，卡西乌斯为了防止情况进一步恶化，提出了针对性的土地改革方案。该法案的主要思路就是将贵族享有的部分土地划分给平民，并本着公共财政盈利的目的对公地进行租赁。卡西乌斯的农地改革在拉丁人和平民的帮助下取得了局部成功，使得公地的控制权发生了改变。不过，与其说该法案旨在对土地采取更为有效的利用方式，毋宁说是一项阶级斗争的工具。① 那些因征服而取得的土地成为改革的目标，甚至在部分地区将被征服土地的2/3分配给了拉丁人和平民，并且还将一部分非征服公地作为此项改革方案的补充资源。显然这一方案会极大地触动贵族的利益，以至于后世罗马学者李维（Titus Livius）认为卡西乌斯过激的改革法案与当时的社会情势不相适宜，必然会像其他改革者一样遭到贵族甚至平民的强烈反对。② 即便如此，《卡西乌斯土地法案》仍然是公元前486~公元前367年罗马农业改革运动的代表性法案。尽管同时期还出现过《卡西亚法案》（*Lex Cassia*）和《李其尼·斯托勒法案》（*Lex Licinius*

---

① See Andrew Stephenson, *Public Lands and Agrarian Laws of the Roman Republic*, Johns Hopkins Press, 2004, p. 22.

② Cfr. Max Weber, La storia agraria romana in rapporto al diritto pubblico e privato, Milano, 1967.

Stolo)等优秀的法案,但是这些法案要么是《卡西乌斯法案》的翻版,要么是以其他形式来实现前述法案的本意。

卡西乌斯改革前,罗马周边的大部分公地都由贵族占据,共和国之外的公地则被意大利人和之前的原住民占据,总体上表现为少数群体对大量公地的占有,“占据地”(*Ager Occupatorius*)的利用也成为罗马公地利用的典型模式。《卡西乌斯法案》的改革重点是分配占据地以及有效利用占据地。这一时期土地改革的直接后果是,在大规模地向罗马人民分配土地后,形成了一个大规模的小份额土地所有者阶层。更值得注意的是,当占据地表现为“*Ager Quaestorius*”(财政官田)和“*Ager Censorius*”(监察官田)时,这一占有形式又被视为一种重要的租赁形态,也即公地出租给个人并对其课以赋税的土地租赁模式。

(二)《李其尼土地法案》:对租佃规模的一种限制

《李其尼土地法案》是一部与“土地规模”相关的重要罗马法案。同时,这部法案因见证了罗马土地大规模地从公地转变为私有土地的过程,而在罗马法史上留有重要的印记。这一转化前期,土地的二元利用模式对贵族极为有利,即一方面,平民拥有少量私有土地,并被限制对“占据地”的占有和使用规模;另一方面,贵族拥有绝大部分的“占据地”,同时还拥有少量私有土地,而面积极大且仅具有占有性质的“占据地”使得贵族在无须承担任何政治负担的情况下获得巨大的经济利益。① 《李其尼土地法案》的出台正是为了扭转土地利用的失衡状况,同时迎合平民的政治需求和满足分配占据地的大量需求。该法案最终要求收回贵族享有的部分“占据地”,并规定取得“占据地”需要获得利用许可。此外,该法案还对土地规模进行限制,即任何人都不得占有超过500尤杰拉的土地,但每个家庭中的每个儿子可以再得到250尤杰拉的土地。② 《李其尼土地法案》在宣示成为罗马法上第一个限制公地利用法案的同时,既结束了大规模土地由贵族占有的状况,也使得土地的利用形式更加丰富,土地租佃在这一时期获以蓬勃发展。

---

① Cfr. Frliciano Serrao, Ditito private economia e società nella storia di roma, prima parte, jovene editore Napoli 1984, p. 283ss.

② 参见[古罗马]提图斯·李维、[意]桑德罗·斯奇巴尼选编:《自建城以来》(第一至十卷选段),王焕生译,中国政法大学出版社 2009 年版,第 249 页。

在当时数量占优的公地利用模式中，出现了几类典型的土地租赁形式：其一，“监察官田”租赁，即监察官对公地的出租形式。监察官将其公地出租给私人使用从而获得租金，且是以契约的方式而非他物权的模式对土地进行租赁。① 尽管“监察官田”租赁的客体，究竟是公地本身还是一种收取土地孳息或税收的权利存在争议，但是这一土地租赁形式和现代租赁模式非常地接近，并且形成了一种稳定的租赁方式。通过续租和收税，监察官田的租赁形式成为该时期土地利用的典型形态。其二，对于用于放牧的农地而言，“*Ager Scripturarius*”（记名牧地）是监察官允许个人对公地进行农地利用的方式。该租赁形式的内容是在每一头牲畜上设定固定的税额，形成一种接近现代法放牧租赁模式的农地利用形态。“记名牧地”不仅满足了罗马对于补充财政的需求，而且实现了对非耕种土地的规范管理。其三，在这一时期还出现过一种与“记名牧地”相似的土地利用形态，即“共同牧地”。这一土地利用形式主要针对相邻的土地，但有学者认为此类牧地具有缴纳租税的特征，所以也将其视为一种土地租赁形态。虽然有学者认为利用该类土地收缴税款的额度太小并且不具有实际价值，但是鉴于该类土地所呈现的利用方式，将其视为一种特别的土地租赁形式也是合适的。② 其四，殖民地集体土地上产生了“*Ager Vectigalis*”（赋税田）租赁。这一租赁形态初始是一种短期租赁（通常为5年），最后发展为租期为100年甚至永久的租赁形式。“赋税田”租赁是在罗马农地实践中诞生的，但在制度设计上却继受了希腊土地利用的相关规范。借此，“赋税田”租赁的承租人享有专门的“赋税地权”（*ius in agro vectigali*），受占有令状的保护且可以提起“赋税地权之诉”，并成为罗马土地租赁的又一典型形态。

三、《森布罗尼法案》、《托里亚法案》及后续的农地租佃改革

（一）《森布罗尼法案》与格拉古兄弟的土地改革

在经过《卡西乌斯土地法案》和《李其尼土地法案》的改革后，罗马

---

① Cfr. Alberto Burdese, Studi sull'ager publicus, Editore Torino, Giappichelli, 1952, p. 46ss.

② Cfr. Alberto Burdese, Studi sull'ager publicus, Editore Torino, Giappichelli, 1952, p. 126ss.

的土地类型发生了显著变化,并对农地的租赁形态和具体利用方式产生了巨大影响。农地利用的具体实践在催化土地类型发生改变的同时,使得土地租赁依托于更为稳定的土地制度并在此基础上蓬勃发展。在社会、政治和经济多元合力的结果下,私有土地规模大幅增加,公地性质的"占据地"越来越少。相对于土地类型的多变,土地的利用形态却越来越稳定,并且依托大规模土地的土地租赁形式在这一时期得到空前的发展。在被加图等著名的农业学者所记录的农业社会情境中,依附于农地租佃的佃农阶层也应运而生。土地租赁成为当时主流的土地利用方式,身份上自由而独立的佃农承租了大部分土地,支付相应的租金并与大地产者共享收益。这一租赁模式被后世意大利现代土地租赁法律规范继受和发展,演变为独具特色的"分益耕种"的土地租赁模式。

针对缺乏兵源和被征服土地逐步扩大的现实困境,格拉古兄弟还对当时相对稳定的土地制度进行了改革,陆续颁布了《提庇留——森布罗尼土地法案》和《伽由——森布罗尼土地法案》。改革旨在重建小农阶级并解决当时的兵源和土地问题,同时再次对公地占有规模予以限制。多余的公地被再次分配,大量的荒地也被出租给罗马以外的意大利人,导致大量公地性质的占据地被转变为私有土地。因此,格拉古兄弟的农地改革实质是对土地权属的彻底改革。而对于作为农地利用方式的租赁而言,最大的成果就是出现了所有权受到约束的"私人赋税地"。"私人赋税地"在性质上不同于"永佃权"和传统"赋税地",是一种受限制(禁止转让)的永久权利;与"财政官地"等农地形态也不一样,其承租主体为个人且无须为罗马赋税。"私人赋税地"的出现再一次丰富了土地租佃的类型,并从理论上阐明了农业税就是土地所有者享有租金收益的一种具体形式,只不过税收的主体并不局限于国家。"私人赋税地"的理论和实践最终消亡,毕竟集体和个人作为租赁主体的时候,土地租金难以成为出租人享有税收的一种形式。[①] 即便如此,当土地的"所有权"属于罗马时,赋税仍然可以视为土地租金,也即"私

① See Andrew Stephenson, *Public Lands and Agrarian Laws of the Roman Republic*, Johns Hopkins Press, 2004, p. 58-60.

人赋税地”在土地不属于私人所有的情况下，赋税和租金仍然具有互换的意义。

(二)《托里亚法案》、《茱莉亚农地法案》以及苏兰土地改革

保民官托里乌斯(Thorius)提出的《托里亚法案》，成为罗马土地租赁研究的又一个重要法案。这不仅仅是因为该时期的农地利用形式和归属状态的法律构造更加精细，而且地籍、赋税等配套问题都逐步得到规范和完善。此时农地制度经历了几次大的改革，一是公元前111～公元前86年的农业运动，二是公元前86～公元前59年的农业改革。在这两段重要的土地租赁发展时期，陆续涌现出《托里亚法案》、《茱莉亚农地法案》以及苏兰(*sullan*)改革，而在凯撒死后到奥古斯都时期，还出现了《安东尼农地法案》以及《殖民地法案》。这些土地法案都是围绕着农地租赁相关的赋税、利用、归属等问题展开。土地租佃的发展也成为罗马管理行省土地的制度支点，在通过贡税(stipendium)加强帝国财政的同时，还通过赋税(*vectigal*)和土地税(*tributum*)等形式充实行省财政。最显著的影响是，在各式土地租佃的农业利用制度获得一段时间的发展之后，土地规模经营的大庄园中出租人与承租人之间的合同性质发生了变化。之前使用廉价农奴的庄园开始向现代租佃关系转化，小农阶层也逐渐分化为自耕农和佃农等类型。自公元1世纪之后，行省土地就出现多样性的特征，此时的土地租佃形式随着土地类型的复杂化而呈现更复杂的样态，当然这也与“所有权”和“占有”在土地归属问题上无法作出性质上的绝对化区分有关。作为一项重要的农地利用形态，租赁依旧延续着习惯上的做法，并不一定表现为具体的合同形式。租金形态由最初公地的租金演变为土地税，后者成为租金的间接表现形式。

四、罗马土地租佃法案中公权与私权的融合

(一)土地租佃上的行政性规范

自希腊时期开始，公地出租给个人就被设定了一个不确定的期限，这被意大利法学家贝利切(Pernice)称为“附条件”的租赁。[①] 这种土地

① Cfr. Max Weber, La storia agraria romana in rapporto al diritto pubblico e privato, Milano, 1967, p. 50ss.

租赁形式在公元前111年的《农业土地法》中被提及，并且“附条件”的内容也不断拓展。例如，“附条件租赁”适用于土地道路维修者（*viasii vicani*），即要求处于道路边界土地的承租人承担道路维修的责任，实质上延续了《十二铜表法》中的相关规定。① 由于在租佃合同中附入条件具有局限性，法学家们针对新出现的各类问题提供了一种更为有效的处理方式，即在公地授予时就附入道路维修的条件。不过此项“附条件”的责任内容无法苛责于承租人，土地租赁中的公权干预必定会与私权相碰撞。

《托里亚法案》规定，并非所有类型的土地都能被公权干预，尤其是私有土地。在租佃的土地上附设条件并未在国事调查官制度中记载，而仅仅在行政性规范中有相关规定。不过，负有道路维修责任的土地其实是在元老院的控制下，只不过是授予他人使用而已。简言之，该类土地的法律地位处于未定状态，除了保护耕种者的占有令状之外，极度欠缺对私权的保护。此外，《托里亚法案》还明确规定，在没有得到行政许可的情况下，该类土地不能买卖。然而，此类土地在共同继承时能否进行有效分割也不明确，因为当时的普通法官无权去调整此类土地。正是由于新遗嘱的确立可能与旧遗嘱的内容或法定程序相冲突，所以《托里亚法案》等民事法律未规定对此类土地财产的取得予以保护，相反都是通过行政权力予以直接规定。公权干预土地租佃的其他表现在于，如果继承者们不能就谁应该继承财产达成一致的话，那么只有在外部权力进行干预的情况下才可能达成一个合法决议。② 虽然无法得知进行决议的行政性规范到底是何种具体形式，但是这一决定的依据必然是具有行政性而非通常的民事决议。③ 关键问题在于，土地上附着的债未履行时可否强制履行或将土地没收。《狄奥多西法典》（Codex Theodosianus）XIII.6明确规定任何附带债务的履行都应

---

① Cfr. Max Weber, La storia agraria romana in rapporto al diritto pubblico e privato, Milano, 1967, p. 50ss.

② 需要进一步说明的是，如果在此类土地上的法定继承（*ab intestato*）和遗嘱继承（*ex testamento*）之间没有本质区别，那么就能断定其遗嘱继承者可以继承承租土地。不过，当存在数个继承人时，问题就变得更为复杂。

③ Cfr. M. Giorgianni, Contributo alla teoria dei diritti di godimento su cosa altrui, Milano, 1940, p. 9ss.

与“传统所确立价值”相吻合，不过此类强制性措施的形式可以追溯到罗马帝国时期。①

(二)租金作为强制性规范的争议

就土地租佃而言，买受人可以拍卖的方式获取租赁权，并且长期性地支付固定的租金，支付租金的惯例同时也被视为一种行政纳税。② 罗马土地租佃中的租金并非现代法上意思自治的结果，而是掺杂了公权力、公权与私权相结合的产物。一般情况下，出租人只需直接依据土地生产效率进行赋税，并根据土地的市场价值进行出租即可，而非由法律规定租金及其金额。不过即便如此，租金附含的强制性在罗马农业实践中仍然有多重体现。例如，某人购买了土地并进行出租，那么租金只能依据土地本身的生产状况来确定，而不能由承租人自我设定或者针对承租人来设定。

同时，针对租金的支付可以设定担保，使得承租人(竞拍人)不需要一次性支付100年的租金。这样既能让出租人有稳定租金收入的担保保障，也使得公地承租人被视为纳税人，因此罗马土地拍卖程式中自然也就含有纳税(*vectigalibus subiicere*)的字眼。③ 因此，蒙森和马克斯·韦伯关于租金的观点具有很强的证明力，即法律很可能没有提供一种真正的租金规范，而是以租金的方式表达税费。当然，这种税费在转租的情况下仍然有适用的空间。但马克斯·韦伯同时表示，当时的法律

---

① 参见《狄奥多西法典》COD. Theodosian. 15. 2. 1，该款明确不履行时的强制征用。

② 在这一时期的罗马法中，被租赁土地的买卖也以一种与其相似的方式予以处理。如果被租赁土地的买卖没有采用法定形式就属于非法处置，但如果买受人是土地承租的合适主体，那么原权利人也可能不会拒绝承认他成为一个买受人和承租人，因此遵照土地的利用价值进行现实的利益交换是合理存在的。上述内容也是马克斯·韦伯在其著作《公法与私法关系中的罗马农地史》中极力证实的观点。参照现有的历史文本，还可以发现当时处理这类情况所显现的特征，尤其是缺乏书面的法律规范并不意味着相关行政行为的滥用。事实与法律的分离并不意味着土地租赁规则的无效，而是意味着在土地租赁发展不完善的过程中，实践也会推动法律规范的形成和发展，甚至成为一种事实法。这一法律发展状况在后世农地制度的发展中也会出现，尤其是法律与实践之间需要磨合时。同时，如果公地承租人失去了对土地的占有，承租人可以付诸禁令要求获得赔偿，那么行政管理人也就可以让新占有人维持原状，而不需要通过援引先例的方式去解决这一现实难题。蒙森就恰当地记录了土地租赁实践受行政管理或政策的影响，而不仅仅是法律规范的一般性适用，但是这一充满社会学色彩的解释方式并没有否定土地租赁的规则价值，只是在规则过于局限的情况下，对土地租赁的实践予以多元化的解释。

③ Tacitus, Ann. Ⅱ. 33, Ⅲ. 53.

也可能包含了一段有关在每一尤杰拉(或 *centuria*)土地上设定适当租金的规范,只不过这一规范文本遗失了,并且认为租金是针对土地拍卖的购买者而非针对土地进行设定的。①

土地耕种方式的改变可能会导致租金的减少或者是税收的减少,因此承租人不得采取原有耕种方式之外的农地利用形式,以此保护土地所有者(出租人)的利益。由于土地所有权人应当向官方申报每种类型土地的农业生产规模,所以法律可以直接根据土地耕作方式和规模(例如,多少尤杰拉土地被用来产酒等)规定每一被授权个体所应缴的税费。但是,即便存在上述实践,这也必定只是一种过渡现象,毕竟对租金强加限制会阻碍农业耕种方式的自由和农业生产的效率。此外,在不同的土地类别中,诸如一类耕地、二类耕地等,都只是根据其潜在的收成作出的一项财产评估,将租赁和赋税捆绑并强制固定金额的做法排除了每一土地类别后期可能发生的变化。也就是说,法律规范在处理土地税时,会推定在每一类土地财产上的征税额是固定和永久的。这种固化模式势必会限制土地的流转、种植内容的自由转变等自发行为,即当某一土地依照乌尔比安(Domitius Ulpianus)《学说汇纂》D. 50. 15. 4 中的方式进行利用时,也即当某一耕种土地用作其他用途(酒或者油)的生产时,该耕种形式和内容的改变都必须上报给税务部门,否则承租人之前纳税较重的情形并不自然转变,征税额度不能随着土地耕种内容的变化而发生变化。

第三节　罗马农地租佃体系的统一与分裂:兼论对后世农地立法的影响

一、土地占有与租佃之间的内在逻辑

(一)以占有为外在表象的土地租佃

从罗马土地类型和租佃状况中可以形成以下观点:其一,罗马土地租赁主要集中在公地和集体土地上;其二,"赋税田"租赁是最为重要的

① Cfr. Max Weber, La storia agraria romana in rapporto al diritto pubblico e privato, Milano, 1967.

租赁形态;其三,短期租赁、长期租赁和永佃权之间是可以相互转换的。罗马法学家罗杰留斯(Rogerius)从罗马法土地租佃中的"永久性"中得到启发,认为长期租赁契约维持了土地的持续利用,这与地役权中的"永久性"关键因素极为相似,所以基于"永久性"对长期租赁赋予一项特殊的占有令状保护。[①] 后期的注释法学家阿佐(Azo)深化了罗杰留斯的学说,明确承认了长期租赁的物权属性,进而把长期租赁中的占有关系作为物权保护的基础:"临时承租人没有占有权,但所有权人享有占有权。如果佃农持续使用(*ad modicum tempus*)承租土地,那么就不应当否定其享有物权和占有。"[②]显然,土地长期租赁的保护是一种基于长期占有而产生的特殊保护方式。

事实上,在罗马法对长期租赁、短期租赁、永佃权和向物权的区分中,一项重要的区分标准就是是否具备占有要素。后世的注释法学家把罗马法中的"占有"(*naturalis possessio*)视为一种法律要素,认为长期租赁人和土地之间存在占有关系,所以应该属于物权;反之,短期租赁和向物权都不属于物权。从这个角度看,现实稳定的占有关系是成为物权的基础条件。也正是占有关系的确定,使得长期租赁和永佃权更加难以区分,占有状态、土地改良等进而成为罗马法土地租赁性质变化的核心区分因素。

土地租赁形态的发展与占有制度密切相关,占有理论显然也促进了长期租赁和永佃权的区分和融合。罗马法学家乌尔比安(Ulpian)和保罗都对占有提出过理论支持,尤其是保罗认为,占有只是一种事实,至于占有人有无占有的权利则在所不问。[③] 而后世罗马法学者依据康德(Kant)和黑格尔(Hegel)哲学的不同径路,结合土地租佃提出了不同的占有理论学说。萨维尼(Savigny)正是从康德的意志论出发,认为法律对占有的保护正是依个人意愿对财产行使权利,将所有权的保护限于具有对物行使所有权意愿的占有人。这一理论受到了耶林(Jhering)

---

① "永久原因"(*perpetua causa*)是指供役地与需役地之间存在稳定和持续的依赖关系,用来判断是否能够设置地役权的基本要求。Berger, Adolf, *The Encyclopedic Dictionary of Roman Law*, Transactions of the American Philosophical Society, New Ser., Vol. 43, No. 2, 1953, p. 628.

② Cfr. Paolo Grossi, Locatio ad Longum Tempus. Morano, Napoli, 1963, p. 89-93.

③ 参见王泽鉴:《民法物权》(第2版),北京大学出版社2010年版,第410页。

的反对。耶林以黑格尔哲学为出发点,认为占有保护独立于所有权本身;同时认为,如果不保护占有,所有权就极易被追索,从而导致所有权的不稳定。① 萨维尼则支持土地承租人有权提起占有权诉讼,即便承租人对租赁物的占有并非自主占有。后世的法律实践更是从实用主义的角度对土地租赁中的占有进行解释,对承租人的保护持一种近乎所有权的诉讼形式,而非以物权和债权相区分的二元结构予以保护。这一发展一方面割裂了统一的土地租赁体系,另一方面又从实用主义和租赁因素出发,重新构建了以土地租赁合同为主的土地租赁利用体系。

(二)占有理论对罗马土地租佃的阐释

当保民官托里乌斯将公地所有权转变为"占有—支付税收的租赁"模式时,占有人的法律地位也因此贴上了权利归属的标签,同时还隐藏了向罗马支付租金比转移农产品更加便捷,甚至花费更少的现实。但是诸如马克斯·韦伯等学者并不同意马夸特(Marquardt)关于处于相对稳定地位的承租人仅仅占有土地的观点,他们认为承租人享有源于土地租赁合同的新权利。两种观点的争议焦点并不是要确定承租人是否享有超越租赁合同的新权利,而旨在厘清占有、所有和农地长期租赁合同在未被现代法体系化之前的事实状况。因此,罗马法以"既基于占有事实,又基于租赁法律关系"的现实状态,平衡了租赁各方当事人甚至土地"所有权人"的利益,从而作为罗马法实用主义的一项表征。

尤其值得注意的是,占有与所有之间的理论关系反映出承租人和出租人的地位变化。对土地租赁的占有保护在实践中日趋重要,土地租赁制度在整个土地制度中的地位也发生了变化。这一变化从占有人是否确定的疑问中即可体现,即当承租人所占有的土地被侵犯时,是可以自行提起占有诉讼(*possessory interdicts and actiones fictitiae*),还是仅限于依据土地租赁合同以所有权人的法律地位提起诉讼。对此,罗马法学家萨维尼立足主观理论认为承租人无权自行提出占有诉讼,而耶林的客观理论则与之相反。

实践中的罗马法采用了一种实用主义的态度,即承租人是否有权提出占有诉讼,完全取决于承租人所具有的社会地位以及经济上的独

---

① 参见尹田:《法国物权法》(第2版),法律出版社2009年版,第169页。

立程度。当承租人对出租人不再具有人身依附性且享有财产性债权时,承租人与租赁物之间的关系也就转变为近似于自主占有人与占有物之间的关系。此时承租人与占有人一样,均为个人利益实现土地的使用价值,承租人也就能提起占有诉讼。不过承租人的占有不能产生自主占有的全部效果,这如同物权的效力程度有程度上的差异,土地占有也有效力程度和保护程度之别。仅从占有保护的角度,短期租赁在事实上也能产生与永佃合同一样的保护效果,那么赋予占有诉讼实际上是强化了对土地承租人的保护程度。

二、土地租佃的内部体系整合及对土地利用结构的影响

(一)罗马法上的多元租佃形态

罗马法时期,土地的归属和利用最主要的特征是"被肢解的所有权"和封建领主领地的租赁。*Dominio* 意义上的所有权意味着身份上的支配权和对土地的使用权,但所有权的权利人并不经营土地,而是以收取租金的方式特许佃农经营。土地的权利逐步被分割为两种权利类型,即佃农对土地享有使用权(使用领域)和领主对土地享有身份上的支配权(人身领域)。同时,佃农非经封建领主许可不得转让土地使用权,除非法律另有规定。

在这一时期,永佃权可以说是最为常见的土地利用方式,也是土地租赁的主要模式之一。永佃权所代表的长期性耕种和稳定的租金(土地税收)成为农业社会稳定的基础。永佃权在性质上和一般土地租赁有着本质区别,但与长期租赁难以区分。尤其是这一时期的长期租赁几乎被永佃权所替代,永佃权即被当然地视为一种稳定的土地长期租赁。相反,土地的一般租赁在这一时期的适用范围并不广泛,仅仅是作为一般租赁的一种特殊的形式而存在,其规则设计也主要围绕租赁权进行构建。可见,罗马法上的土地租赁的基本形态比较清晰,永佃权、长期租赁、短期租赁的土地租赁规则在这一时期就获以详细的论述,并且在实践中形成了非常具体的适用规则。虽然罗马法上的土地租赁形态与现代法上的土地租赁形态有一定的区别,但是在性质上已经得到明晰的区分。土地租赁的适用规则在这一时期的农业实践中就得到了

极大的发展,土地短期租赁、长期租赁和永佃权也成为罗马土地租赁体系中不可分割的三大组成部分。

(二)以租佃为中心的土地利用结构

罗马法上的土地形态、租赁类型以及租赁规则为后世的农地利用奠定了基础,后世的土地利用(主要是土地租赁)无不是在罗马法农地利用规则的基础上所作的改进和完善。尤其是永佃权的权利内容在罗马法阶段发展得极为成熟,包括改良在内的制度内涵成为后世欧洲大陆法系规范土地租赁制度的关键点。土地的一般租赁制度也在罗马农业实践中趋于成熟,以至于在农地利用规则成熟后,因其特殊性独立于一般租赁而成为具有独立规则体系的主要农地利用规则。在这一过程中,永佃合同、短期租赁、长期租赁和农业企业租赁中的改良、租期、租金以及其他权利义务内容得以进一步充实和完善,共同促成了以意大利为代表的欧洲现代土地租赁体系的形成。

罗马土地租赁(主要是公地租赁)具有逐利性,但兼顾社会保障功能。最初阶段的公地租赁来自继承租赁,不过公地租赁的租金本身并非扶养金,毕竟扶养金与公地租赁的社会保障功能之间具有本质区别。公地租赁的租金作为税收的一部分,实现了为贫困家庭提供帮助的公益目的。可以说,土地租赁从来都是逐利性和社会保障相结合的产物,也是承租人(占有人)与出租人利益保护的工具。这一制度设计也与当时的农地利用实践极为契合。一方面,土地所有权人并不出售土地,而是与土地受让人订立一项以年租金为对价的租赁契约,将一项永久性的他物权设定于土地之上,以保障后续的承租人也能够按期支付租金;另一方面,受让人通过不转移占有的方式进行抵押,从而实现土地价值的最大化。可以说,租赁是整个罗马农地制度的核心,这种土地利用方式激发了多种现代物权的产生,甚至地上权最初也是一种租赁契约,并作为债的关系设置于租赁契约规则之中。

长期租赁和永佃权的性质在理论上也经历了多次变化,对物和对人的关系也受到农地实践的影响。在古典法时期,作为主流土地租赁利用方式的长期租赁和永佃权制度极为发达。农地短期租赁与长期租赁则会出现转换,即短期性的土地租赁因租期的自动续期而成为实质上的长期租赁。但是长期租赁和永佃权最终会出现分化，一部分极为稳定的土地长期租赁转化为永佃权，而另一部分长期租赁则与短期租赁结合。永佃权因与封建社会中的人身性具有“观念上”的同一性，同时本身所持有的土地归属功能逐渐被财产性的所有权概念所替代，最终导致制度的内核（改良、期间、租金）发展为独立的土地租赁要素。上述独立的租赁因素最终与极为灵活的土地一般租赁制度［在《意大利民法典》（Codice Civile）中作为一项典型合同，并且还与专门规范土地租赁的《意大利农业合同法》］相结合，最终形成了后世欧洲大陆法系一般土地租赁结构体系。农地租赁合同的演变见图 1-1。

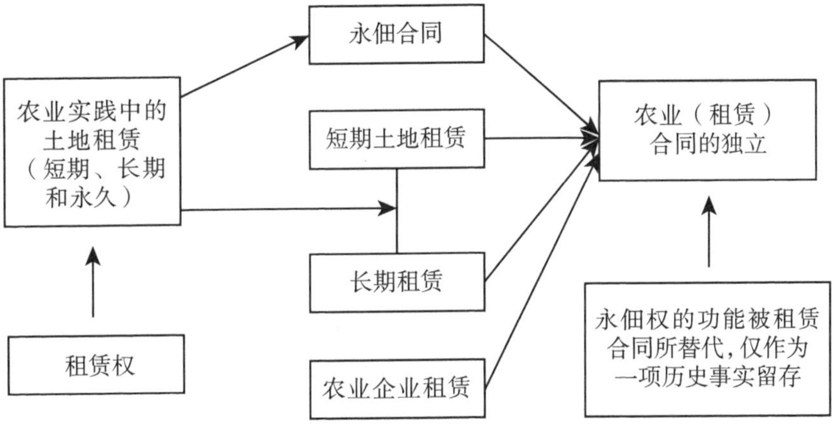

图 1-1　农地租赁合同的演变

第二章　土地长期租赁与永佃权的历史解释与理论梳证

对长期租赁和永佃权予以历史和理论考察的意义在于，两者一直被视为土地租赁理论研究的重要一环，乃至当代欧洲土地租赁中还隐含有永佃权的制度内核。不理解土地长期租赁和永佃权的内涵，就无法获悉欧洲大陆法系土地租佃规则体系的内在逻辑。关于农地归属和利用结构的流变，可参考图 2-1。

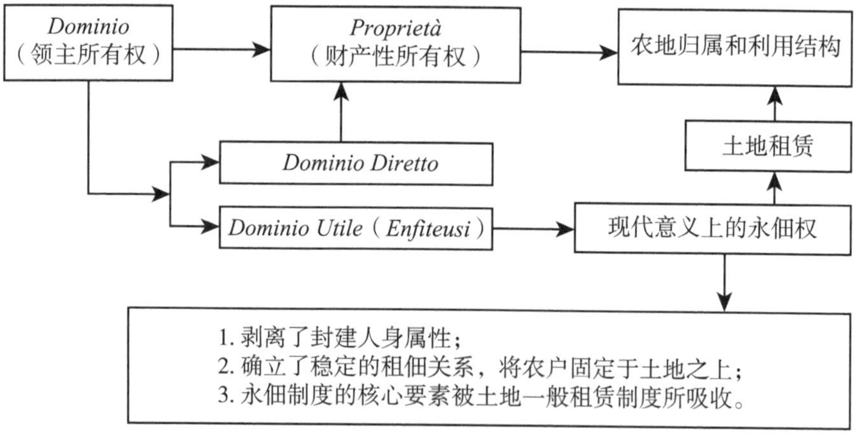

图 2-1　农地归属和利用结构的流变

第一节　罗马法中的永佃权与“永久”租赁权

一、财产性永佃利益的实践和保护方式

（一）从实践习惯到制度规范

从权利的发展轨迹来看，永佃权这一权利形态最早与永久权（*ius perpetuum*）相结合，在罗马帝国末期就成为帝国领地上最常见的土地利用模式，后期还成为私有和公有土地最常用的租赁方式。在土地能被

授予永佃租赁，以及被赋予了最大范围的继承权之后，低租金（保障土地的稳定租赁）和对租赁土地进行改良两项内容成为永佃权的固有要素。换言之，改良责任是永佃权的典型标志，而授予世袭继承和支付低租金的义务则成为适用永久租赁的基础。将这一特征抽象化的意义在于突出永佃权的典型因素，即除了土地改良责任，永佃权与永久租赁权之间，甚至是与较为古老的赋税田之间仅有细微的非本质差异。

法学家蒙森就详尽地描述了这一状况："赋税田上强加的责任已经覆盖了大部分罗马领地，这里的赋税田包括一些属于罗马国家的土地、殖民地、市镇和其他城市土地。从敌人那里缴获的土地起初是分配给士兵的，使得他们能从战争中获得应得的奖励。那些超过士兵分配的土地则转变成了赋税田，一些是 5 年的租期，另一些则是 100 年或者更长的租期（这些承租人的土地是通过拍卖获取的）。当租赁期已到，这些土地再次被作为赋税田进行出租，这一过程成为赋税田的习惯性使用方式。"①上述蒙森关于"赋税田"的经典论述得到了马克斯·韦伯的认同，而且马克斯·韦伯还认为赋税田的习惯性使用方式仅仅存在于长期租赁中。马克斯·韦伯进而将早期的土地长期租赁区分为两种不同的形式：一是以法律规则（*de jure*）享有 5 年期的租赁形式；二是延续 100 年或者更长时间的租赁形式。后一种土地租赁模式主要针对大规模土地耕作者，其通过拍卖的形式获得土地租赁，承租人通过此种租赁可以获得收取转承租人或者是实际占有人赋税田租金的权利。② 显然，含有长期租赁期因素的永佃不只是一项农业实践活动，而是有明确的规则，并且与其他制度在不断地互动，进而促进了土地利用体系内部租赁规则逐步完善的一项制度。

（二）希腊永佃制度的继受

永佃制度在更早期的希腊法律中就被明确规定，只不过永佃权这一法技术术语在当时并未被用来特指某种利益，仅仅只是具备对农地

① Cfr. E. Lattes, Studi storici sull' enfiteusi, Turin, 1868.

② Cfr. Max Weber, La storia agraria romana in rapporto al diritto pubblico e privato, Milano, 1967, p. 49ss.

进行“永久性”使用的法律构件，以及附带有培育土地的责任。不过，无论持有何种利益取向，希腊永佃制度都足以把它视为罗马永佃制度的原型。① 在古罗马农地史中，希腊农地利用模式诞生于公元前5~公元前4世纪，赫拉克利亚城的土地租赁铭文就载明了永佃财产规范。总体上，使用永佃租赁不仅需要维持土地的耕种状态，而且还应对土地进行有效的改良，甚至以建设建筑物的方式为土地的利用提供配套服务。也正因为土地改良责任的存在，永佃租金要比通常的土地租赁租金低很多。此外，底斯贝城(*Thisbe*)还颁布了一项与永佃权相关的法令。该法令表明承租公地者可就所承租的土地接受遗赠，这使得承租人能够使用与古希腊一致而与罗马原则相区别的规则。这一条款最终被继受到公元前3~公元前2世纪的罗马帝国的农地利用规则之中，不过这一时期的永佃权对罗马法而言还具有法律移植的特征。

底斯贝城的土地租赁合同为罗马法吸纳希腊永佃权提供了一个典型范例，其中抽象出来的租赁规则后续被罗马法进一步借鉴：其一，意图租赁此类土地者，应合乎市政管理的要求，即土地应符合需求并且应支付租金；其二，首个5年租赁期内，承租人无须支付租金，但应在此期间内对土地进行培育；其三，被租赁的土地可以被承租人的继承人继承；其四，承租人在生前可以转让承租地；其五，此类土地只能在底斯贝城公民之间遗赠；其六，若承租人不履行或违反法定租赁义务或禁止性规定的，底斯贝城将没收承租土地。可以说，上述公地租赁的规则细节基本展示了罗马时期所发现的永久租赁权制度，甚至后期中世纪的封地的租赁权在本质上也沿用了相同规则。

在罗马法继受希腊永佃权的过程中，罗马采用了公地租赁的优惠利用方式，即公地的使用只需要支付租金。但是，公地租赁主要还是为了体现真正的所有权仍属于罗马。鉴于此，公共领地的租赁起初是一般不得超越5年期的“长期租赁”，这一期限也意味着公地租赁的国事调查一般也不超过5年。虽然《殖民地法》也对此进行了明确规定：超过5年期的公地租赁被明确禁止。但是到了罗马共和国末期，这种5

---

① See William R. Johnston, *Emphyteusis*: *A Roman* “*Perpetual*” *Tenure*, The University of Toronto Law Journal, Vol. 3, No. 2, 1940, p. 323-347.

年期限的公地租赁被永佃所固有的长期性内涵所超越，土地租赁开始正式向真正的长期或永久的租赁趋势发展。可以说，“永久权”本质上是对物享有永久使用权的租赁形态，而与永佃权相似的租赁免租权（*ius privatum salvo canone*）的持有者则相当于真正的所有权权利人，每年只需要支付相应的费用或租金，就能对租赁土地进行自由利用。上述不同的永久租赁理论还产生了其他的影响，比如，在与永久承租人（*perpetuarius*）对比的时候，租赁免租权的权利人也可能是依附于土地上的奴隶。因此，罗马永佃所体现出来的财产性永佃利益与希腊农地制度中的永佃制度在内涵上极为相似，只是表现各异而已。租赁权在土地租赁体系中作为桥梁，为这两种相似的财产性永佃利益提供了融合的技术工具，借此希腊永佃权才可能在罗马法中得以继续发展。

第一个有关永佃权的法律文本出自乌尔比安，并记载于《法学阶梯》D. 27. 9. 3. 4 中。在该片段中，直接使用希腊原文的表述方式表明永佃制度可能还未完全融入罗马法。而永佃权作为罗马本土制度，最先出现在公元前 315 年的君士坦丁宪法中。承认永佃权作为一项既定的罗马租赁制度，则是公元前 467～公元前 84 年的芝诺宪法，该宪法甚至还明确了永佃合同的性质和范围。自从永佃这一土地租赁制度被罗马法确定之后，永久权和租赁免租权就因价值有限而被废止。至优士丁尼法颁布之时，永佃权作为最重要的永久性租赁制度被广泛适用。应该说，永佃权迟迟未被罗马法律所承认的事实应该也是真实的，永佃实践在罗马法律未正式规定之前就广泛被罗马农业社会实践所肯定和采纳。

最先系统阐明永佃权原则的是 Henchir Mettich 法案和 Ain-Ouassel 法案。前者是一项特定的土地租赁法案，产生于图拉真皇帝时期的一位检察官，法案的内容主要是调整出租人和佃户之间的特定关系。该项法律条款包含了永佃租赁的本质特征：土地的改良、超出正常期间的合同条款和农地遗赠权等。严格来说，从现代法的合同要素来分析，该法案所确定的合同内容并非一种能满足全部合同构成要件的典型合同，甚至还缺乏现代永佃合同所强加给承租人的培育和改良土地的责任。但是,除了缺少合同形式要件和少量的合同内容要素,该法案所确定的土地租赁合同的内涵与永佃权具有惊人的相似性。同时,该法案还提供了大量的土地改良的参考说明。即便土地租赁合同规则没有严格地强制承租者去改良承租地,但是这部法案的目的其实就是间接地促成承租人培育土地,从而改良土地。此外,该土地租赁合同中的土地租赁权也并不限于5年,合同当事人仍然可以合意约定超过5年承租期的租金支付条款。①

二、从对租赁权的依附到独立权利形态的形成

(一)作为永佃载体的"一般租赁权"

农业是人类生活和各行业依存的基础,农业的繁荣或衰退也与国家管理方式是否先进密切相关。对农业和农业劳动予以关注的原因不仅在于农业是人民生活幸福和安定的基石,还在于农地是供给良好公民和勇敢战士的保障。在欧洲农地制度史上,可能从来未有人像罗马帝国后期的法学家那样如此深度地关注农业现代化发展之前的农业所具有的复杂性。不过,用后世的土地思想去理解罗马帝国时期的立法动机可能是十分艰难的,因为这一时期的农地不仅仅关注农业产品,还涉及罗马对市民精神福利层面的供给。在所有罗马实践问题中,农产品的供给毫无疑问是最基础和最为重要的,土地上的劳动力也是最需要得到保障的,也很少有罗马法学家会对此质疑。因此,稳定的农业是罗马存在的基础。公元前333年,君士坦丁大帝通过立法来防止佃农的迁移,永佃权则作为稳定农业最适宜的制度工具。也正是这种意欲将农民固定在土地之上的行为,使得罗马法学家保罗·维诺格拉多夫认为这一时期的农地需求刻有佃农的烙印。固定的种植户对当时的大农庄生产是非常适宜的,使土地所有者和耕种者实现了双赢。此时,永佃权作为一种关键性的土地利用方式具有重要的制度价值,乃至在经过罗马法的发展之后,在整个中世纪发展中依然充满活力。

就租赁而言,其在罗马法上产生于合意契约,本质上是一种债权。

① 《哈德利纳法案》(*Lex Hadriana*)即永久房客开发土地的法案,是《玛尔恰那法案》(*Lex Marciana*)内容的延伸。

但是中世纪的法学家按照租赁期的不同，区分了不同性质的租赁权，并将短期租赁视为债权而将长期租赁归于物权。[①] 而长期租赁与永佃权之间的区别在实践中又极难分清，因此其性质饱受争议。尽管经历了一段漫长的转型期，永佃权还是从对一般租赁权的依附，发展为独立的权利形态。在前述章节蒙森关于赋税田的论述中可知，长期租赁对于规模土地耕种者的利益起到了稳定作用。此外，还有两种土地租赁利用形式也具备相似的规则设置，一是教会通过拍卖出租的土地。在该租赁形式中，法律要求作为承租人的买受人必须通过要式买卖（*mancipatio*）的形式进行出租。二是不通过拍卖，仅适用"年度合同"获得租赁权的土地租赁形态。

由此可见，永佃权、长期租赁以及赋税田租赁从一开始就借助一般租赁权交织发展，作为外来权利形态的永佃权利益也只得依附于一般租赁。到希吉努斯（*Hyginus*）时代，才有正式的罗马法文本显示土地可以有长达100年或者更久的租赁，并将承租土地设定为赋税田。不过，对"赋税田是否应该囊括除适宜长期租赁的城市土地和农用土地以外的其他国家公共用地"这一问题还存在争议。但赋税田权（*ius in agro vectigali*）与土地租赁的"永久权"趋于同化，后者最终取代了前者；"免租权"一开始也与"永久"租赁权共存，最终同样也被后者吸收。因此，"永久"租赁的承租人享有的永久租赁权本质上是一种永久性的"一般租赁权"，后续永佃权也借助"一般租赁权"发展成为独立的权利形态。

（二）以合同形式展开的"对物权"

永佃权的独立，还源于占有一直未被合同所弱化。永佃利益的权利人所享有的权利，因与占有相关联而最终定性为对物权利（*ius in rem*），甚至在永佃权规则适用的关键问题上都与所有权非常相似，即都通过让渡（*tradito*）进行转让，并且受占有诉讼保护。盖尤斯早在《法学阶梯》中就针对赋税田上的永久租赁进行了论述，默认了买卖和租赁之间存在的密切联系，认为只要土地永久租赁的承租人及其继承人缴纳

---

① Cfr. E. J. H. Schrage, *Ius in re Corporali Perfecte Disponendi*: *Property from Bartolus to the New Dutch Civil Code of* 1992, in Property Law on the Threshold of the 21st Century, Maastricht, Antwerpen-Apeldoorn, 1997, p. 40.

税款,其承租的土地就无权被剥夺。① 保罗在《论告示》中否定了永佃合同债的性质,认为永佃权人享有针对土地所有权人的“对物之诉”。② 换言之,“永佃权是否属于纯粹合同”的疑惑在盖尤斯时期就被提出。③ 保罗基于永佃权有对抗所有权的效力,认为永佃权属于物权的观点遭到了其他法学家的反对。④ 最终芝诺(Zeno)皇帝认为永佃既不是买卖(*empio et venditio*)也不是租赁(*locatio et conduction*),而是一种享有农业权(*jus praedii*)的特殊租赁合同。⑤ 只不过,这种特殊的租赁法律结构并没有生动地反映出永佃权独立的对物特征,仍然以永久租赁的租赁形态予以保留。

永佃权的独立权利形态还是需要通过合同的形式来确立。与此同时还存在几项待决问题:第一,书面文书对永佃合同效力的影响。书面合同作为教会永佃权的有效要件很少受到质疑,然而书面合同对于教会永佃权的必要性并没有被给予说明和解释。《优士丁尼法典》C. J. 4. 66. 1 载明永佃的书面合同是必要的,一些罗马法学者据此断定所有教会的永佃合同都要求采用书面形式。但是书面合同存在的事实并不一定意味着书面合同是法律规定的必要形式,同时这一推论还受到背负着财政问题的城邦和省市惯用做法的影响。⑥ 书面形式是不是永佃合同成立要件的争议并非单纯的理论问题,而是后世法学家判断当时立法者参与永佃立法程度的一项检验标准,这样一项细微规则也能够反映出永佃制度在当时的重要性,毕竟经过成熟的判决和法令之后,永佃权的适用已经非常广泛了。同时,这一问题还反映出并非所有的租赁文本都是从证据的视角进行阐述的。一方面,因为所涉利益的长期性,单纯通过租金去证明存在永佃模式时必然会遭遇到论证的困难,那么在确定永佃合同的特殊性并与一般合同利益相区分时,通过书面文

---

① Gaius 3. 145.

② 参见保罗:《论告示》D. 6. 3. 1pr。参见[意]桑德罗·斯奇巴尼选编:《物与物权》,范怀俊译,中国政法大学出版社 1999 年版,第 245 页。

③ Leonardo Mauro, Il contratto di Enfiteusi, Napoli, 1912.

④ See J. Muirhead, *Institutes of Gaius and Rules of Ulpian*, T&T Clark, 1880, p. 324.

⑤ 参见 D. 27. 9. 4. 3 和 C. 4. 66. 1。芝诺对永佃权的影响在于,永佃权被规定为领主所有权和合同权利之间的一种权利。

⑥ Cfr. Max Weber, La storia agraria romana in rapporto al diritto pubblico e privato, Milano, 1967.

书会轻松地解决这一难题。当然,在确定永佃合同实际存在的时候,法学家的论著也是被采信的佐证之一。如果永佃所涉利益较大,并且含有某种不确定内容的时候,书面协定通常也会被严格遵守,并视为永佃合同不可分割的一部分。另一方面,书面文本的适用也反映了永佃立法的成熟与否。

第二,永佃权利益可以被遗嘱(*ipso iure*)所创设,这一创设方式也真正实现了永佃利益世代永存的可能。罗马法学家起初认为,既然永佃权人负有积极的土地改良责任,那么就不适宜将其强加给受遗赠人,因此仅仅通过遗嘱就推论继承人承担积极改良责任是存在争议的。针对这一问题,显然只有受遗赠人表明愿意承担永佃权人的积极义务时,继承合同才可能被履行。然而,也有罗马法学者认为遗赠是创设永佃权的一种方式,赠与人和受遗赠人之间的合同才是受遗赠人享有永佃权的原因。面对这样一种复杂的法律结构,优士丁尼最终笼统地提出:所有的遗产在性质上都是相同的,并且规定了同样的补救方式。这一观点实际上就是从合同的目的上赋予遗赠最大范围的效力,即只需寻求永佃继承的基础也即立遗嘱人的意图,而无须考虑永佃权人的积极改良责任。当然,受遗赠人在接受永佃权遗赠之后,承担随之而来的改良责任也是不可排除的。

(三)永佃权的后世影响与当代意义

1. 对大陆法系的影响

罗马法中的永佃权雏形充分显示了罗马法对罗马实践的适应能力,以至于肇端于希腊制度的永佃规范能轻易地继受到罗马法当中。经过罗马本土实践和理论的改造之后,永佃权成为罗马法上最主要的农地利用制度之一。不过,罗马法上的永佃权并非异域色彩的简单添加,而是罗马经济和农业制度的一种现实需求。鉴于永佃权的权利内容不局限于固定法域,因此随着罗马法的传播,其逐步流传到法国、西班牙、苏格兰和英格兰法律之中。即便罗马永佃权具有一定的局限性,中世纪和现代法上留存的永佃权制度也存在一定的缺陷,但是不能否定永佃对农地利用规则的普遍和潜在影响。甚至可以说,永佃权的内涵在封建社会和中世纪法律规范中被进一步拓展,并最终在意大利和法国等大陆法系国家的法律体系中赢得了一席之地，并且这一过程被卡松奈特（Garsonnet）、斯摩切利（Simoncelli）和布鲁基（Brugi）等罗马法学家的研究所青睐。

可以说，永佃权迎合了罗马政治、经济和法律制度的需求，与罗马法体系中的其他农地规则相融合，并后经封建制度和中世纪概念法学的洗礼后，在现代法律体系中赢得了一席之地。虽然在这一过程中，永佃制度的部分权利内涵转化为现代土地租赁合同的相关规则，永佃制度也因与封建制度过于密切而被部分大陆法系国家所抛弃，但不可否认，永佃权的制度内涵和具体规范仍然以其他同义概念形式存续于众多大陆法系法律之中。甚至在当代传统欧洲大陆法系国家中，意大利和法国仍然以永佃权之名将农地长期租赁制度留存于民法典中。可以说，财产性质的永佃利益从一开始就成为土地利用的核心内涵，这一利益是农地实践的必需品，无论社会制度如何变革，后世农地法律制度都不过是以不同的名义将其重新包装，以适应不同的社会需求。

2. 对英美法系的影响

永佃权还对英美法系的财产制度产生了重要影响，英国法律至今仍想对这一影响予以充分的说明。甚至可以说，罗马法上的永佃制度对英美农地长期租赁的影响是反驳英美农地长期租赁产生于苏格兰法律的最好证据。[①] 埃斯克里（Erskine）在他的著作《苏格兰法研究》中就影射地论述到：没有哪个王国能在忽视农业的情况下蓬勃发展，土地所有者应赋予土地耕种者长期种植土地的权利（受封人仍然保有土地所有权）。这一方面显示出土地租赁的必要性，另一方面则表达了农业为军事服务的附属责任。这种苏格兰法所称的租赁权被证明是罗马法永佃制度的通常表述。因此，埃斯克里从农业发展的观点出发，认为永佃权最早被引入苏格兰法中的证据是《博格法案》（*Leges Burgorum*, c. 100）。同时他还认为，罗马法在封建法律存在之前就已经完成，罗马永佃权是表达封建农庄制度最好的工具，进而认为永佃权和封建农庄发展具有极大的关联性。同样，波斯特（Poste）也同意罗马永佃原则符合英国法律的认知。他认为如果在罗马法中寻找封建制度的雏形，就

① Max Weber, La storia agraria romana in rapporto al diritto pubblico e privato, Milano, 1967.

会发现业主永久租赁权与封建社会中的永佃权具有极大的相似性，甚至在永佃权中还可以发现业主永久租赁权的胚芽。进一步言之，在曾被英国殖民的美洲的法律中也能寻找到永佃权的痕迹。事实上，租佃（*emphy-teusis*）、种植者（*plantatio*）和耕种（*plantation*）词条体现出永佃权深藏于土地利用规则之中，以《普利茅斯宪章》为例的殖民地宪章中的租赁权也能证实这一假设：土地是我们持有的，作为我们肯特郡东格林治庄园所继承的，是自由的，而非源于优质的服务或其主人。[①] 因此，英国法律中的永佃权也必须屈身于历史传统，从罗马法中寻求永佃制度的根源。这也说明了永佃利益符合农地实践的需求，这一利用模式在任何法律制度中都是可被接受的。当然在法律规则的技术意义上，永佃权也只是完善农地利用的手段之一，排除其他模式并非明智之举。

三、永佃权与“永久”租赁权核心要素之解析

（一）永佃土地的改良

如上文所述，永佃权最重要的功能在于促进罗马帝国的经济增长。无论永佃权的权利囊括何种内涵，永佃权的普遍性特征都在于永佃权人对土地的改善。可以说，改善租赁条件、采用适宜的耕种模式等问题在罗马法各阶段的永佃权解释中均被提到，但是几乎所有阶段的永佃权都附着于土地改良之上。即便永佃权在公元 365 年被视为利用已开采土地的一种方式，但仍然没有法律否定改良是永佃权的一项核心要素。这一推论是可以被采信的，因为土地改良在永佃权中如此的确定，乃至这种充分的实践需求与永佃权的本质具有高度的趋同性。据史料记载，一位名为伯夷巴蒙（Phoibammon）的承租人与出租人订立契约，约定保留自己改良或废弃土地的权利，即作为永佃权人有权决定是否改良或者闲置土地，而不用受出租人的控制，该内容当时被视为永佃合同发展的新情势。[②] 这一范例如同阿兰乔·鲁伊兹（Alangro-Ruiz）所言，永佃权是一种本土实践的表现。作为罗马法史料的“纸莎草”表明永佃合同是一种普通债，同时附有改良责任。其中，积极的改良责任不

---

① Max Weber, La storia agraria romana in rapporto al diritto pubblico e privato, Milano, 1967.

② Max Weber, La storia agraria romana in rapporto al diritto pubblico e privato, Milano, 1967.

一定强加给承租人,但承租人必须担负不允许有损土地利用的消极责任。① 更严格的规定存在于教会土地或属于慈善机构的永佃土地之中,承租人一旦损坏土地就会被驱逐。类似的条款虽然被规定在与教会土地相关的新律之中,但是对于积极的改良责任仍然缺乏明文规定。实际上,真正出现积极的改良责任的记载是在《狄奥多西法典》C. Th. 5. 13. 30 和《优士丁尼法典》C. J. 11. 59. 7 中。在保留的罗马法原始片段中,后世罗马法学家抽取了三种要求承租人接受土地培育义务的土地类型:(1)肥沃地(*opimas ac fertiles terras*):针对此类未开采土地,承租人负有开采一定比例土地的义务,并应当支付租金。(2)不宜种植地(*nec ad plenum idoneas nec omnimodis vacuas*):针对此类未开采土地,承租人负有开采一定比例土地的义务,但仅在两年后才支付租金。(3)遗弃地(*nuda et relicta*):针对此类土地,承租人若开采则豁免三年的租金。上述总结列举了永佃权人需负担改良责任的土地类型,同时也表明改良对于永佃权的不可或缺性。至于改良的补偿问题,不同时期的规定又有所不同。如同德国法学家温德夏伊德(Windscheid)所言,永佃权将所有权减至为一种"影子权利",因此对出租人其实是不利的。所有权人通常可以要求承租人改良土地,但只有在资金短缺的情况下,才可能对承租人行使处分权。

(二)土地赋税与租佃租金的共性与差异

在土地租佃合同中,承租人除负担土地改良责任之外,还应支付租金以及土地上的各种税务。如果承租人不支付租金,所有权人就可能对永佃权人和其他承租人提起抗辩,以阻止后者行使土地上的权利。一般而言,如果永佃权人连续三年没有支付租金,租赁合同即可被解除;如果出租人是一个教会或慈善机构,会给予两年的宽限期。同时,租金与赋税的性质转化问题,备受后世罗马法学家的争议。华尔特认为租金性质的转化是基于一项隐性的契约;穆勒则认为租金与赋税的性质转化合意独立于永佃合同;而德国罗马法学家温德夏伊德等人的观点则是将租金视为赋税。温氏认为,租金如同赋税,在本质上是物之

① Cfr. Applicazione del diritto Giustiniano in Egitto in Aegyptus, Vol. Ⅰ, 1920, p. 25.

上的一种负担,其存在基础来源于个人义务,在特定情况下租金和赋税在性质上是同一的。不过这一论述显然是将罗马法上的对物权概念与德国法上的物权(Reallast)概念相比较,而比照物权概念去阐释罗马法是不太合乎逻辑的。[①]

土地税收逐渐承担着国家日益增长的财政需求,共和国时期的罗马公地赋税类型也在逐渐滋长。公地赋税被区分为人头税(tributum capitis)和调查税(tributum ex censu)。戴克里先进而基于土地的人头税完善土地税制,并将这一税收体系设计为罗马获得财政收入的主要手段。在这种税制下,任何人在土地上进行耕种都必须报告所耕种的土地面积、雇佣的人口及牲畜的数量。大地主、议员还要为其不动产和受封地支付一种特别的土地承租税,同时规模土地的永佃承租人还需承担税务评估的责任。也正是得益于税收衡平规则的设计,这一时期的永佃税收没有出现暴敛抑或抗税的情况。在公元 383 年之前,私人土地的永佃承租人开始专门负责私有土地的税款评估。此时永佃权人享有的权利内容极为丰富,包括土地之上的各项用益权利、作为所有人取得孳息的权利、被允许设定或者遗赠永佃权的权利,以及将永佃权转让或者赠与的权利。甚至于将永佃权转化为一项质权,或者是通过存续的永佃权创造出役权,并几乎不受所有权人的限制。

通常租金不能完全由农地的生产潜能来决定,毕竟永佃权的首要目的是改良,或者至少要求承租人不毁损土地。那么土地贫瘠或少产可能就意味着租金较低,但出租人不能因承租人增产就随意提高租金。毫无疑问,罗马法认为出租人首要关心的是土地的种植和改良,其次才是租金收入。不过也有必要在某种程度上区分教会永佃权和一般永佃权。正是鉴于圣职土地买卖的不道德性,所以法律上允许教会或者慈善机构设置收取几乎全部耕种利润的永佃权。优士丁尼就此专门针对圣职土地上的永佃权颁布了法令,认为此类土地的永佃权租金不应少于土地回报的 5/6,其他的 1/6 则是对承租人的一种补偿。

(三)永佃权的行使、终止与救济

在永佃权人行使权利的过程中,还需要注意的是永佃权人需尽善

---

① Cfr. v. Simoncelli, Della Enfiteusi, Naples, Vol. Ⅰ, 1922, p. 49.

良家父的注意义务去行使权利，原则上还需获取出租人的承认和同意。但实际情况是，除非所有权人极力反对并有合理理由，所有权人一般都不大可能会阻止承租人行使权利。毕竟在租佃合同的实际权利分配中，承租人（永佃权人）其实只受到很少的限制，并且通常承租人的行为有利于或无损于出租人的利益，除非涉及优先购买权等特殊权利内容。当然，出租人也没有理由拒绝承租人指派（转让）他人耕种土地或享有其他合同内容。

虽然永佃的期间是长期性的或者是永久性的，但仍然可以因法定原因而终止。如同他物权一样，永佃权可能因时效、合同无效、缺乏继承人、土地的损毁或其他终止条件的发生而终止。永佃权相关的文本都强调所有权人的损失风险（如作物的损失），以及在没有改良或者毁坏土地，或者未在规定的期限内支付租金时可收回出佃土地。不过，在租金逾期未缴纳时，永佃权的终止需经所有权人确定。

就永佃权利的保护机制而言，罗马法对永佃权人设有专门的法律救济规则。在用益诉讼（*actiones utiles*）中，永佃权人可以享有所有权人和地上权人的法律救济，还可以行使赋税田之诉；针对永佃权土地的附属役权还可能适用役权之诉。除此之外，从罗马法到中世纪法的发展过程中，还有大量的诉讼形式叠置于永佃权之上，以充分保护永佃权。

第二节　土地“永久占有”与永佃权

一、公地占有、赋税田租赁和行省土地占有的永佃本质

（一）如同所有权的永佃权

以罗马法为基础的共同法具有一种基本特征，即几乎所有的欧洲国家最终都步入了法典化，追溯永佃权的历史精神也成为研究永佃制度不可或缺的一部分内容。正是尊重这一历史探寻，后世罗马法学者几乎一致性地认为永佃权、地上权以及后世出现的地役权共同构成了土地上的核心权利内容，并认识到永佃权在所有权形成过程中的桥梁功能。

在罗马法发展的第一阶段，土地就被视为表达“所有权”的载体。土地“所有权”如同一种政治意义上的所有，如彭凡德（Bonfante）所言

的“土地领主的独立性，视为一种社会化标准和一种经济需要，土地如同公园和城墙一样有明确的界限，土地与强制相结合，并不受他人侵犯”。[①] 只不过，罗马法并没有完全认识到所有权的限制，现代法所言的强制地役权还未发现，并且意定地役权在《十二铜表法》中仅有两种类型：通行地役权(*iter*, *actus*, *e via*)和用水地役权(*aquedotto*)。乡村地役权是后续继受而来，城市地役权则是更晚期的发展结果，而用益权、使用权和相似的权利是完全未知的。[②]

从罗马法的第二个发展阶段开始，各种对所有权权能的限制就非常谨慎地予以了保留，土地的“所有权人”也开始逐渐失去领主的特征。此时，在自有物、地役权和其他权利的基础上发展了自由权，并且这些权利实际上都在同一层面上与“所有权”(*dominio* 意义上的领主所有权)相对抗，最终《优士丁尼法典》将用益权、使用权、居住权作为地役权的内容规定下来。土地上的权利与当时的经济制度融合发展，所有权(*dominio*)、地上权、赋税田上的权利、更晚期的永佃权模型，以及其他占有类型共同成为土地的归属和利用形式。[③]

直到罗马法发展的第三个阶段，在个体意思“自决”哲学的引导下，永佃合同才被正式确定。不过，永佃权的性质和内容在罗马法晚期才被确定下来的事实，并未否认永佃权作为一种物权实践早已存在，并且此时永佃权(对物权)也并非一项地役权的添加内容，而是明确作为一种典型的物权类型。以至于永佃权在脱离地役权的过程中形成了独特的权利精神，在对物权利的享有中甚至优先于“*dominio*”意义上的领主所有权。

(二)作为占有工具的永佃权

永佃权在罗马法后期的经典文本中表现为不同形态，但最古老的联系无疑是罗马共和国至帝国时期的公地占有。罗马法从公地占有中确定了现代法所言的国家所有权概念，也即领土的主权。这一概念也是每一个私权应有的政治社会前提，只不过此时的国家所有权还只是

---

① Cfr. Ponfande, Storia del diritto romano, p. 118.

② Cfr. Ponfande, Storia del diritto romano, p. 118.

③ Cfr. Ponfande, Storia del diritto romano, p. 262.

立足于私法的思考成果。毕竟罗马公地包括大量战败地区的土地，其在数量上远超私人所有权。不过，私人所有权促生了国家所有权。诸如从敌人那里获得的土地（*manu ex hoste capere*）被授予罗马人民（*populus romanus Quiritium*），并被奎里蒂法所规范。同时，私人通过国家的授予，获得“所有权”（*dominio* 意义上的所有权）的相应权力和权利内容。①

公地占有人通过裁判官令状，对抗侵犯或其他造成占有不稳定的行为。② 更晚期的保护手段是役权扩用之诉（*actio utilis*），此时占有者被视为实际上的土地控制者，其占有的土地不仅仅可以让渡和转让，还可以作为遗产继承。③ 为了稳定土地关系，法律于是禁止公地占有人和赋税田主对土地进行自由转让，出租人享有租赁合同中的对人之诉，并与承租人的占有诉讼相抗衡。此时孳息的取得也同所有权相分离，承租人仅仅保留赋税的义务。可见，承租人或者是土地管理人成了真正的“所有权人”，即便这一时期大量的农业法案都不承认授予所有权的公地划分方式。从法律形式上看，公地占有、赋税田租赁和行省土地的重新划分实际上纯粹只是占有主体的改变，并没有引发“所有权”主体形式上的变动。

彭凡德认为私人占有土地是最具价值的，而且国家也应该尽量避免成为占有者，或者这种占有应当与领主所有权相区别并作为一种特别的形式而存在。土地的私有状况并不改变此时土地的所有权主体，国家仍然是土地的所有者，只不过国家所有权同私人占有相重叠。而这种占有的法律工具就是土地租赁，尤其是赋税田租赁，其赋税客体包含罗马人民的公地（*ager pubblicus populi Romani*，被罗马人所征服的土地）、行省范围内的私人土地、城市赋税田和宗教用地，是一种完全的永久租赁。④ 毋宁说这一租赁形态已成为永佃权发展的前奏，导致公元386年开始出现了大量以永佃权之名进行土地租赁的情形。

---

① Cfr. Bocking, Istituzione di diritto romano, Ⅰ, Ⅱ, p. 26; Ⅱ, Ⅰ, p. 3, p. 6.

② Max Weber, La storia agraria romana in rapporto al diritto pubblico e privato, Milano, 1967.

③ Ponfande, Istituzione di diritto romano, p. 109.

④ Cfr. Serafini, Istit. Di dr. rom. Lib. Ⅱ cap. Ⅳ, p. 86.

二、永佃租赁与赋税田租赁的差异

近代法中所指的永佃权一般以优士丁尼罗马法为起点，但事实上罗马法上的永佃权有着更为长远的历史。从词源分析，永佃源于希腊文，依文义解释有种植之意，这种主要用于农地利用的长期或永久租赁制度在古希腊时期就早已存在。罗马军队占领希腊之后，永佃制度因其强大的实践价值而被罗马法所继受。但是被继受后的永佃权适用范围发生了变化，限缩为有期限的土地租赁。一些富有的罗马家庭因其卓越的经济及社会地位吸引了大量的周边居民，并以永佃权的方式向国家租用大面积的土地租赁给个体农户，形成了以庄园为中心的经济带。同时，罗马帝国或其行省将其所有的未开垦的土地通过永佃权出租给个人，永佃权则逐渐发展成为一种永久性的租赁，并与原来罗马法的永久租赁权结合成一种制度，统称为永佃权。

永久性地出租私人土地（尤其是荒地），在公元3世纪的时候已经得以推广。有两种重要的合同文本证明这一租赁形式：第一种就是埃拉克莱拉城（Eraclea）出租产酒果土地的租赁合同，第二种则是针对矿产土地的租赁合同。第一种租赁合同使得承租人终生享有种植的权利，并且这一特许权除了能够抵押之外，还能在拥有同类权利的群体中自由让渡。赛格勒（Segrè）认为永佃权利的内容与一般土地租赁不相一致的地方就在于土地的改良，并且认为它同罗马法中的永佃权与希腊永佃权并无差异。而第二种合同则是每5年一次的土地租赁耕种合同。这种耕种合同在形式上受租赁期限的限制，但在实践中并非如此。希腊土地长期租赁的形式被赛格勒认为是罗马永佃制度的前涉历史形态。同时，他认为永佃权是一种与赋税田租赁极其相似的舶来品，只不过在罗马帝国时期被罗马行省大量模仿。赛格勒结合乌尔比安关于永佃制度的片段，确定永佃权是对东方希腊制度的继受，并与罗马赋税田租赁相区别。而且，拉特斯（Lattes）和萨拉菲尼（Sarafini）都认为永佃权最先出现在希腊制度中，但继受希腊制度时罗马永佃早已在实践中使用。但是，萨拉菲尼却提出了另外一种看法，这位罗马法学者认为，如果永佃不与未开垦的赋税土地相联系，或许永佃权就不会出现。[①] 也

① Leonardo Mauro, Il contratto di Enfiteusi, Napoli, 1912.

正是这种联系,使得永佃很快成为对荒地和未耕土地的主要利用方式,并且与赋税田租赁高度类似。两者的区别除了租金形态之外,主要在于永佃租赁包含了改良行为。因此,永佃权的词源除了是对希腊制度的一种继受之外,还与罗马本土实践密切相关。

虽然后世众多罗马学家认为永佃权与赋税田权利在概念上极其相似,但科略诺(Cogliolo)坚持认为没必要将两者联系起来。永佃权租赁并非赋税田租赁,其依存于部分赋税田之上,但是并非所有的永佃权都从赋税田中衍生,并且与赋税田上的权利有着本质的区别。甚至,潘德特(Pandette)还标新立异地认为永佃权类似于德意志财产调查,是作为特里波尼安的一种象征而存在。[①] 这样,当本书论及永佃权起源的时候,无法忽略占有制度以及与永佃权密切联系的赋税田制度,甚至永佃权的权利内容还可以通过赋税田的研究得到部分的印证,但两者并非同一。恰如昆特泽(Kuntze)所言,与其说出现时间较晚的永佃权有它自己的起源论,毋宁说是从古老的占有制度层面进行历史性的思考,将永佃权视为占有实施的一个新阶段。[②]

三、永佃权性质在罗马法上的争议

(一)永佃被定性为一种特殊合同后的理论难题

如上文所述,永久租赁制度以及租赁权利的转让在古典法时期就一直盛行,并通过役权扩用之诉予以保护,同时还存在赋税田之诉以保障永佃权的行使。随着这一制度的兴起,土地上还开始出现了如同他物权的赋税田权,而这一制度的核心就是基于买卖抑或租赁产生的承租权。在关于永佃权性质的争议中,罗马法学家认为永佃权并非完全吻合他物权的特征。这一问题产生的根源在于芝诺皇帝确定永佃合同性质时,余留了未解的理论难题。在永佃合同是属于买卖还是租赁的争议中,芝诺皇帝确定了永佃合同的特殊性,并从买卖和租赁这两类典型合同中分离出另一种具有典型意义的合同类型。不过,芝诺并未确定这一特殊合同所产生的权利性质,即该合同形成的权利是一种简单

---

① Leonardo Mauro, Il contratto di Enfiteusi, Napoli, 1912.

② Leonardo Mauro, Il contratto di Enfiteusi, Napoli, 1912.

的物权抑或等同于土地所有权并无定论。针对这一问题,后期罗马法学家形成了非常不一致的观点,但并未形成现代法认为的"永佃权是一种法定的物权"的主流观点。事实上,这种理论争议在永佃权产生之后就持续存在。费里尼(Ferrini)针对这一现象,通过占有和所有之间的结构解析,认为永佃权至少具有对抗封建采邑所有权的功能,改变了优士丁尼对土地法律关系的一些本质规定。

(二)作为一项准所有权或近所有权

未明确永佃权性质的原因在于,难以从一系列土地租赁法律渊源中提炼出一种特殊概念。在出现大量的永佃权实践之后,多数学者也认为永佃权不是一种简单的债,也不是一种简单的物权,但永佃权人至少享有部分领主所有权的权利内容的观点并未受到重视。在 fr. 1 § 1, Ⅵ-3 中,立法者自然也就没有将永佃权视为一种财产上的所有权抑或一种领主所有权。

海因内克(Heineccio)等德国罗马法学家明确反对这一观点,坚持认为所有权在 C. 12, Ⅺ-62、C. 7, Ⅺ-58、C. 1, Ⅺ-59、C. 11, Ⅺ-59 的片段中就已被区分为圆满所有权和非圆满所有权,进而肯定了与所有权相区别的永佃权拥有物上的支配能力、使用能力以及返还能力,认为当时的永佃权已被等同于一种具体所有权。这一观点还认为财产性所有权相当于封建采邑土地所有权的不完整的所有权形态,并包括永佃权和地上权。不过需要注意的是,虽然这一推论使得永佃权排除了封建领主之意,但并不排斥和否认封建制度在那一时期的法律制度中依旧存在,这种缺乏完全所有权性质的永佃权利同时也被称为准所有权(*quasi dominio*)或者是近所有权(*jus dominio proximum*)。

在认为永佃权具有所有权之意的同时,库亚丘(Cuiacio)在 Ob. h. t. c. 35 中就用益所有权和直接所有权(*utile e diretto*)进行了系统的理论构建。这一理论构建的背景不仅在于主张领主所有权与财产性所有权相共存的观点,还在于对罗马法上不可分物理论的清晰认识,也即,需要认识到领主所有权与财产性所有权共存时,两种所有权属于同一人时是单独所有权,属于多人时则是共同所有权的观点。同时,这一共存仅仅视为多个个体所有权的集合,如同罗马法上所有权的纯正表达方式那样，共存并不具有集体性。而罗马法对于不可分物（*res pro indiviso communis*）和可分物（*communio pro indiviso*）的区分更是影响了两类所有权的发展。同一物上的两个所有权共有人可以有两种方式享有物：属于某人的不可分割的部分（*parte ideale*），其享有这部分物免受其他权利损害的权利（罗马法意义上的共有权）；或者属于某人对某独立物的所有权（*proprietà della cosa in solidum*）。不过在所有权的权利实践内容上，两类所有权人之间互相限制，即如果共有人之间不能达成一致，那么由哪一所有权人支配共有物都会演变出极为复杂的情形（如日耳曼法上的共有）。当所有权被划分给更多主体时，将产生直接所有权和用益所有权共存的现象，例如，河流中出现的孤岛，这样内部的用益权就作为所有权的一个部分而与所有权并存。同时，在构建这一理论时，通常永佃权可以从用益的角度对抗领主所有权，那么赋税田也可以说是双重所有权理论的典型载体。① 显然在这一时期，永佃权并不被简单地视为一种现代法意义的他物权，毕竟赋税田上永佃权人的占有、用益权以及与所有权人相似的其他权利已经超出了现代法上他物权的范畴。而支撑这一观点的罗马法资料极多，例如，孳息与主物分离后，所有权人（诚信占有）享有"拥有果实之诉"和"雨水分配之诉"，而用益权人则不享有这两种诉讼权利。

在优士丁尼之后，市民法所有权和裁判官所有权之间的区别被消除了，罗马法上永佃权人享有的权利内涵毫无疑问就是一种真正的所有权，不过这一所有权又是一种不完整和可追索的所有权。德罗萨（*De · Rosa*）对此作出了进一步阐释，认为永佃权人有对抗出租人的返还之诉，这足以证明永佃权不仅仅是一种对物权，还是一种直接所有或者是所有权的利用方式。但是，永佃权是一种所有权的观念在蒂堡（*Thibaut*）的有力反驳之后渐入颓势，同时萨维尼也在其著作《论占有》中否认了罗马法上的永佃权是一种所有权，并通过体系化的方式对永佃权等他物权制度进行了改良。事实上，永佃权在权利内容上被土地租赁制度替代之前，永佃权的适用范围甚至比用益权更为广阔，乃至于赋予他物权之名已经不能证明永佃权人是该物的真正所有权人。换言

① ［英］梅因：《古代法》，沈景一译，商务印书馆 1959 年版。

之,永佃权限制了直接所有权,但是直接所有权人的权利内容并没有被永佃权所破坏和完全转移,只是在权利内容上受到了极大的限制。不过,永佃权的实践规则在理论上并不必然导致永佃权与所有权是一种非此即彼的情形,永佃权并未取代所有权,甚至仅仅是因为赋税田的特殊性才能对抗所有权。

第三节　永佃权的理论论战及实践发展

一、注释法学派对多元所有权的构建:直接所有权与用益所有权

(一)注释法学派对多元所有权理论的开创

直接所有和用益所有这两种理论的区分在中世纪法学中进一步被注释法学派所挖掘,永佃权进而被定性为一种用益所有。换言之,古典法到中世纪期间的注释法学派还是认为永佃权是一种所有权形态,并赋予其用益所有之名来对抗所有权人的直接所有权。这一术语一方面强化了永佃权对抗所有权的理论基础,另一方面强调永佃权的"用益"内容。在注释法学派之后的很长一段时期内,这一复合性观点都处于主流地位,甚至当时所有的实践都认为这两种所有权并存的理论是毫无争议的。

巴勒多诺(Bartolo)和其他一些罗马法学者也认为 fr. 17 §1, XL1-2 表达了两种所有权的存在,一种是直接的抑或外部的,另一种是用益的抑或内在的。根据 C. 12, Ⅺ-62 的文本内容,永佃权人也被称为领主所有权人,或者称为另一个所有权人,唯一的区别就是需要支付租金。因此,当时的罗马法学家还是认为规定两种不同种类的具体所有权是极为必要的,同时这两种具体所有权是不同类型的"连带性所有权",只是主体不具有同一性(fr. 5 § 15, Ⅻ-6)。此外,直接所有权派生出永佃权,但两者相对独立且后者不从属于前者。同时,法律规定永佃权不能因时效而取得,永佃权只是在权利存续过程中无限接近直接所有权而已。

不过值得注意的是,这种附属于直接所有权的用益所有权并非真正的所有权。或者说,直接所有权、用益所有权和准所有权都不是完整

的"领主所有权",现代法意义上的财产性所有权比"领主所有权"也要狭义得多。事实上,用益所有权和直接所有权的产生不能脱离相关封建法律制度,即封建领主享有直接所有权,而土地上的附庸者则拥有用益所有权。多诺(Dunod)结合封建社会的特征作出进一步的阐释,认为封建制度中的大土地领主保留了形式上的所有权,但并不享有土地上的权利。尤其是土地存在不同的财产继承方式,区分领主权利和陪臣的权利也就变得更加困难,以至于在实践中很难区分哪一种所有权更具优先性。在此复杂情形下,两种所有权的享有者都被视为所有权人,也就自然存在两种所有权结构。罗马法学者博基(Poggi)认为不仅存在上述两种具体所有权,甚至还断言间接所有权在本质上就是芝诺所确定的永佃权的思想。布鲁基(Biagio Brugi)还认为两种所有权的区分模式进一步解释了土地上国家的产生以及具有特殊合同性质的永佃权。[①] 卡利瑟(Calisse)则基于权利的内容,认为所有权从一开始就是罗马法上物的圆满能力(*plena in re potestas*)的另一种表达,包含有宽泛的概念内涵以及对物享有的完整权利,而且还能随客体和主体内容的变化而变化,并或多或少地与封建土地、基督教会和封建自由相关联。

中世纪永佃权的租佃期间与永久性也有所区别。永佃权的期间有确定的起止时间,但从罗马法到中世纪法经历了多次变化。总体上,永佃期限的变化可以分为五个不同阶段:第一个阶段是 30 年的永佃期间,并且永佃权人可以主张永久性诉讼;第二个阶段的永佃期间持续到承租人不支付租金为止;第三个阶段的永久是指 100 年或者更久;第四个阶段是永佃权至永佃权人死亡为止;第五个阶段的永佃期间起止变得更加灵活,直到永佃权人想解除永佃权为止。[②] 显然,永佃期间并非永久,也非无法终止,只不过期限通常相对较长,这也与罗马法上用益所有权的语义相吻合。

(二)中世纪双重所有权下永佃词源及权利内涵的变迭

从逻辑结构上看,两种所有权的区分似乎不合理,但是这一推论并不意味着永佃权是另一种领主意义的所有权或者是一种共同所有权

---

① Cfr. Biagio Brugi, Istituzioni di dritto civile Italiano, sez. 2, cap. Ⅳ, p. 49.

② Leonardo Mauro, Il contratto di Enfiteusi, Napoli, 1912.

（*condominio*），而是确认永佃权人能像财产所有权人一样对土地享有权利。这种权利行使方式延续了罗马法成熟时期的永佃权内涵，并演变为一种近似领主所有权的独立用益所有权。双重所有权结构将永佃权和用益权复杂化的同时，进一步催生了虚无所有权（*nuda proprietà*）的理论。土地出让人保有虚无所有权，而永佃权人则以更加宽泛的方式行使权利，以至于永佃权和用益权之间的差别变得极为微小。甚至中世纪法学者在总结两者特征时，认为永佃权和用益权之间如果没有以下区分的话，两者并无本质的不同：其一，用益权具有人身性，只能由用益权人享有，而永佃权则可以通过继承转让；其二，用益权的适用要有利于所有权人，而永佃权的行使首先在于满足永佃权人的利益需要。此外，永佃权的权利出让人与其他权利形态的主体之间存在差异。根据国家、教会和私人之间的主体差异，罗马法上的永佃权形成了具体的“国有”永佃权、教会永佃权和私人永佃权。在这三者之中，“国有”永佃权与私人永佃权之间的区别很小，但教会永佃权极具特殊性。例如，两年未支付租金将直接导致教会永佃权的解除，而持续三年损坏土地，出租人可书面申请终止永佃权。[①]

后古典时期，罗马法仿照所有权人的救济方式，为永佃权人等非所有权人设立了用益所有权返还之诉（*rei vindicatio utilis*）。由于所有权返还之诉专属于所有权人，所以永佃权人在诉讼地位上就类似于所有权人。另外，由于永佃权人可主张的诉讼在形式上凸显了用益（*utilis*）一词，中世纪注释法学者便认为该诉讼类型必须以一种性质不同的权利作为基础。鉴于永佃权已经被认定为是类似于所有权的权利，所以在对其权利性质进行抽象时便将所有与用益两词相结合，产生了用益所有（*dominium utile*）的概念。[②] 实际上，直接所有（*dominium directum*）与用益所有的理论区分是中世纪注释法学派学者最先提出的，后世法学家接触到这一理论区分主要是通过萨索费拉多（Sassoferrato）的著作。注释法学派之所以要作出上述区分，是因为13世纪的法学家普遍

---

① Leonardo Mauro, Il contratto di Enfiteusi, Napoli, 1912.

② 参见唐晓晴：《澳门特别行政区土地法中的长期租借制度——以 dominium directum 和 dominium utile 的区分为视角》，载《北方法学》2012年第1期。

面临一个法学难题：在封建制度中，名义上的土地所有权人是领主，但封臣的权利内涵又非常类似于所有权人，领主与封臣各自对土地享有的权利结构似乎难在罗马法的理论中得到满意的解释。在这一背景下，注释法学派发现在《优士丁尼法典》中，有一个片段将永佃权人称为所有人，考虑到永佃权人与封臣两者之间具有一定的相似性，于是将这一个片段作为支持封臣享有所有权的证据。问题是，当封臣享有的权利也被称为一种具体所有权的时候，领主与封臣所享有的土地权利形态便难以区分了。因此，注释法学派学者便以 *dominium directum*（直接所有）来指称领主的所有权，而以 *dominium utile*（用益所有）来指称封臣的所有权。再进一步探讨可以发现，中世纪法学家使用“*directum*”（直接）和“*utile*”（用益）两个概念来区分所有权，应该是受罗马法直接诉讼（*actio directa*）和用益诉讼这两种诉讼区分模式的启发。事实上，这一区分对于所有权概念的发展是非常重要的，因为当所有权被分割为两种类型后，冠以 *dominium* 之名的“所有”一词本身便具备了抽象的特质，中世纪法律文献甚至可以用其指称任何主体对物的权利。因此，土地与主观意志的联系，使得主体与物之间建立了一种法律关系，从而触发了罗马法中两种相似的具体所有权概念的产生，即领主所有权“*dominio*”和财产性所有权“*prorietà*”。当然，在这一对概念逐步清晰的过程中，领主所有意义上的所有权还经历了分割所有权和平行所有权等诸多法律划分方式的尝试。[①]

（三）用益所有权的发展趋向

在中世纪农地法律史中，土地上的抽象所有权还是一个未开化的概念，仅仅在罗马法中表现为一种完整的能力。这种后世形成的抽象所有权相对于具体所有权而言，内涵更加宽泛且容纳了各类所有权的共性特征。在这一时期，教会为了最大限度地利用土地，希望使用不同的非转让方式利用大量的土地，此时永佃权也就迎来了新的发展机遇。土地的租赁制度一方面坚持永佃权的特征，另一方面通过永佃合同的优势吸收了大量实践规则，甚至隐性地影响和巩固了封建制度。后世中世纪法学家在评论这一影响时，认为永佃权虽然承载着封建典型的

---

① Cfr. M. Vinci, Fines regere. Ilregolamento dei confine dall'età arcaica a Giustiniano, Milano, 2004.

政治特征，但本质上应作为一项对土地予以纯粹的财产性利用的私权。可以说，永佃合同在封地利用中挖掘出自身特征的同时，各种稳定、长期的土地利用方式也在进一步地发展。永佃权中的各项核心要素日趋独立后，与债权性质的农地短期租赁和长期租赁不断融合，永佃合同也逐渐不再是最主要的土地利用方式。一方面，永佃权的制度功能在逐步弱化，并逐渐被土地改良和其他土地利用规则所代替；另一方面，永佃权在地方农业实践中依旧生机勃勃，尤其是从习惯法的角度观察，永佃权在农地利用体系中仍然具有不可替代的作用。

二、中世纪至近现代民法典中的永佃制度发展：法典保留与地区立法

（一）近现代民法典对永佃权制度的保留与废弃

1804 年，法国立法者在废除封建制度和封建法律的基础上编纂了《拿破仑民法典》，并认为永佃权和封建制度联系过于密切甚至具有极大的等同性，因此将永佃权的租赁形式视为封建主义与租赁合同的一种特定混合体而予以废弃。废除在罗马法和中世纪法中极其重要的永佃权的观点成为当时的主流思想，以至于法国法学家康巴切勒（Combaceres）和马尔维勒（Maleville）提出将永佃权植入《法国民法典》当中时，其建议被当时的立法者所拒绝。核心原因在于，永佃权被视为封建制度的典型代表制度，而废除封建制度恰恰是法国革命精神针对的主要目标。

不过《法国民法典》并没用采用明文的方式废止永佃权，只是在禁止订立永佃权形式的农地利用合同的问题上保持了沉默。换言之，立法者还是允许当事人基于私人之间的利益，以合意的方式订立永佃合同。值得注意的是，法国最高法院的公告也表明永佃权未被取消或废除。可以说，这一立法方式所表达的观点不单单是永佃合同的存废问题，还是立法者对永佃合同采取了什么样的态度，这也导致永佃合同仍然在法国的一些地方法律文本中存在，并在法国法学家中备受争议。实际上，法国民法学家在后续永佃权的理论研究中出现了一边倒的趋向，包括梅尔林（Merlin）、杜兰顿（Duranton）、法沃德（Favard）、托普隆（Troplong）、杜沃基尔（Duvergier）以及马尔卡德（Marcadé）在内的大部

分法国法学家都赞同保留永佃权的私法功能，而仅有德摩隆贝（Demolombe）等人持相反观点。只不过，法国永佃权从一种典型合同变为由地方性立法所规范。这一模式也影响了后世其他大陆法系民法典对永佃权立法的基本立场，但也有意大利等国的民法典对永佃权仍然采取明确保留的态度，明确规定永佃合同的效力。①

（二）永佃权转由地区立法予以规范

意大利早期的永佃权制度主要表现在两个方面：一是优士丁尼时期的罗马法，包括罗马教宗（*Leone*）和东罗马帝国阿纳斯塔西奥（*Anastasio*）的制度，以及教会永佃权；二是习惯法中的永佃规则，尤其是在法院判决涉及的永佃权。无论是否在民法典中保留永佃权，欧洲各国都会在地方性规范、法院判例或习惯法中具体规定永佃权。只不过，在意大利的各个地区，以特别法的形式对永佃权进行规范成为一种普遍的立法方式。采用此种方式规范永佃权的有下列地区：

第一，托斯卡纳地区。1759 年 2 月 1 日颁布的教会永佃权法案（*del Gran duca Francesco I*）、1769 年 3 月 2 日颁布的教会永佃权法案（*Gran duca Leopoldo*）、1814 年 11 月 15 日颁布的永佃法案、1818 年 8 月 14 日颁布的永佃法案以及 1820 年 11 月 6 日颁布的永佃法案。值得注意的是，在托斯卡纳地区的永佃权地方立法中，地方立法者起初坚持认为永佃权的让渡必须经"所有权"人同意，并且将永佃权与直接占有相区别，但在实践中逐渐不再要求永久、让渡以及不可转让等要素。

第二，摩德纳地区。这一地区的永佃法案主要体现在 1771 年 4 月 26 日的法律汇编中。

第三，皮埃蒙特地区。该地区于 1770 年通过地方立法的方式规定了一种 *quasi allodialità*（准封建自由形式的永佃权）。

第四，教会地区。由于教会的特殊性，永佃权的规定主要体现在圣比奥五世作出的教会规定中，该规范同时明确排除了私生子对于永佃权的继承。

后世的意大利王国都对永佃权进行了内容多样的修改，并对 1865

---

① Cass. Di Roma 20 aprile 1886, Muti Bussi e Scinta, Leg. 86, Ⅱ, 65.

年《意大利民法典》和1942年《意大利民法典》关于永佃权的规定产生了重要影响，尤其是《阿尔贝蒂诺法典》(*Codici Albertino*)、摩德纳公国中的《威尼斯城法典》、帕尔马和皮亚琴察及瓜斯塔纳地区的《帕尔马民法典》。这些地区的法典对永佃权予以详细规范，并至少从两个方面影响了意大利永佃权的发展：一方面为永佃权在《意大利民法典》中的存废以及制度安排起到了直接参考作用，另一方面推动了近现代意大利永佃权在实践中的适用和发展。

第四节　永佃权核心要素的替代功能及土地长期租赁的现代化

一、永佃权隐性的"废止"与土地长期租赁的勃兴

(一)《法典概要》与《十三世纪法概要》中的长期租赁制度

从永佃权的发展历史来看，改良、租金和期间一直都是永佃权的核心要素。其中永佃期间的长期永久性与长期土地租赁合同一直交织在一起，并经历了三个不同阶段。在第一阶段中，作为普通土地租赁形态之一的农地长期租赁，促进了罗马法永佃权制度的发展。在第二阶段中，永佃权逐渐发展成熟，进而取代了长期租赁制度在农地利用中的功能。在第三阶段中，改良等核心要素从永佃权中脱离，与农地长期租赁重新结合，从功能上替代永佃权后，再次引领多元化的农地利用方式的发展。显然，在不同的历史时期，长期租赁和永佃权作为农地利用的核心展现出不同的制度特点。

土地长期租赁最早被规定在罗杰里欧(*Rogerio*)的《法典概要》中，作为圣职禁令的部分片段。该段文字是现存第一个关于土地长期租赁价值标准的记载，并且由于作者的个人论述风格，还增添了一种哲学气质。罗杰里欧的论述还出现在《十三世纪法概要》中，这一极具价值的作品提供了许多中世纪法学理论和重要学说，作者伊尔内里欧(*Irnerio*)也借此复活了关于土地长期租赁本质的争议。事实上，那一时期的长期租赁包含了长期(不同时期的租佃时间期限有所变化)对他人土地财产享有用益的权利，承租人仅需支付低廉的租金就可以通过

兴建重要的农用设施来有效地利用土地,因此被视为所有权派生出来的一项具有现代物权性质的权利。

(二)长期租赁的"物权效力"

长期租赁与永佃权密切交织在一起,但又因权利性质的不同在实践中饱受争议,尤其是仅具有"对人权"的长期租赁如何具有"物权效力"。在罗马法和中世纪时期的"对物"权利形态中,权利为数众多且极为复杂,"对物"权利与数不胜数的各种租赁关系相互渗透:地租制、年度缴税制、永久承租制、世袭承租制等。但总体上,土地租赁的基本规则还是出租人授予承租人(佃农或者特权享有者)用益权,出租人相对于承租人具有一种身份意义上的特权,并反映出农耕社会中的封建特质。而在物权概念尚未形成的普通法国家,对人权与对物权之间的区别并不清晰,只是认为多数人可以对同一物享有不同的权利,从而形成一种混合所有权。尼古拉斯在《普通法的财产用语》中以土地租赁的案例深刻地描绘了这一权利状态:"假如我是高乃依地产的所有人,我租给第三人,租期为10年。在我去世之前用遗嘱将其地产指定由我的妻子享用终身,包括这10年的用益权,死后或指定给牛津大学。此时,承租人、我妻子以及牛津大学对同一财产相继享有权利。"这与罗马所有权是单一和确定的形式形成了鲜明的对比。而自《法国民法典》颁布以来占支配地位的主流理论认为物权法定,物权的范围是有限的。意大利法学家们显然认同物权法定的观点,那么当事人能够设定的传统物权形态只有三种:或为所有权;或为用益权;或为地役权。在这一范围内,合同设定的权利才可能转变为支配财产的权利。除此之外,一律属于对人权,如租赁产生的权利等。到19世纪末,意大利立法者对土地租赁予以特别规定,强化了承租人和租赁物之间的关系。主张绝对的物权法定观点显然太过固执,但同时立法者也不支持当事人可以自由地设定法律没有规定的物权形态,只是认为可以通过具体案例去探究某些具体权利的实际内容,进而确定权利本身的实际性质。也即在法律不指明权利是否为物权的情况下,实践中仍然产生"对物权"的效力。因此,农地长期租赁就权利性质而言属于"对人权",但在实践中却具有某种物权效力。这一效力通常在土地改良、租赁期间和租金等租赁合同要素或合同常素的协助下完成，由此现代法上的农地长期租赁几乎完全替代了永佃权中的土地利用功能，并与抽象的所有权一起完全实现了永佃权的制度内涵。

二、长期租赁的现代化

（一）长期租赁替代永佃权的方式

土地长期租赁吸收并具备了永佃权中的土地利用功能。可以说，在永佃权弱化的过程中，永佃权人享有的物权性权利一方面被所有权所吸收，另一方面则被长期租赁以具体的“物权性”权利所囊括。关于后者，意大利农业法学家们作出了大量解释和归纳：

第一，从广义的物的利用角度出发，使用权是一种对物使用或者利用的权利，并可以经所有人的意愿以不同的形式授予他人。其中，最主要的两种形式就是物的用益和物的租赁，而这两种形式中的对人因素和对物因素又是相互混同的。事实上，将用益权视为物权而将租赁权视为对人权的区分基础，并非基于物本身的性质，也非纯粹基于法技术，而是基于社会经济的价值取向，甚至还取决于政治因素。用益权的特点在于用益权人对物享有直接支配权，这种权利内容与“虚无”所有权人并无直接渊源。但在实践中为了便于管理，“虚无”所有权人和用益权人之间往往建立了法律联系，或由合同约定，或依法定产生。由此可见，占有人享有占有权利的内容才是区分用益权和租赁权的关键。同时，农地占有权利的性质争议受制于经济生活及土地的经营利用方式，还取决于所有人阶层和各种佃农政治力量的对比。农地长期租赁制度从古罗马的“不确定占有”演变为封建时期的用益性质的“所有权”，最后在现代土地租赁制度中又以一种具体的长期租赁的类型获以复兴。

第二，《意大利民法典》《意大利农业合同法》等立法对租赁的权利内容也作了详细规定。承租人（占有人）的权利同时包含债权和物权因素，形成了现代农地立法的复合形态。

（二）对一般租赁权的改造和对承租人法律地位的保护

在扩张占有人权利的“物权性”过程中，还涉及对一般租赁权的改造和对承租人的法律保护问题,其特殊性体现出一般租赁中的长期租赁权对永佃权核心要素的吸收。

第一,针对一般租赁权,《意大利民法典》作出了一种示范性改造。该法典第1615条至第1627条对租赁关系作了一般性规定,确定了土地承租人的权利是一种对人权,但租赁权所具有的某些特点又表现出"物权性"。《意大利民法典》第1617条规定了出租人的义务,赋予承租人可请求出租人使其获得使用租赁物的权利。这一权利并非直接指向租赁物,而是可以对抗出租人,是一种典型的对人权。同时,农地特别法又赋予承租人对农地受让人的抗辩权,即如果出租人出卖已出租的农地,承租人在租赁期内可以对抗买受人,并享有占有保护。在19世纪农地长期租赁的发展过程中,承租人享有物权内容的事实在实践中逐步显现,同时对农地长期租赁权并非所有权的派生权利也达成了一致共识。由此,土地租赁权纯粹的"对人性"和"对物性"得以改变,土地租赁合同则成为一项特殊的租赁合同。不过,意大利法院在认识到上述现实状况时,从权利性质的角度来看,还是认为租赁物的所有权完全属于出租人,农地长期租赁仅是一种对物利用和收益的特殊方式而已。在主观权利的理论构建中,承租人对于租赁物不享有意志自由,这一点与长期土地租赁契约中的出租人(一般为所有权人)有着本质区别,所以承租人具有一种代理人和受托人的地位,并据此占有和使用租赁物。

意大利农地长期租赁的上述发展,可以说是沿袭了法国民法对土地租赁的特别立法模式。同时,在农地长期租赁权的发展过程中,意大利立法者还认为土地占有受到保护,占有人可以自行对他人的侵权提出抗辩,而无须依靠出租人提起诉讼。正是由于承租人的占有受到保护,承租人的权利不再只是一种从属性质,从而添加了物权因素。

第二,关涉承租人的法律地位问题。鉴于土地长期租赁(初期表现为永佃权)所具有的特殊性质,承租人为了在土地上实现更有效的生产方式而实施了改良,此时对承租人权利保护的重要性使得法律不得不明确赋予租赁权物权特质。在乡村土地租赁中,意大利1982年第203号法令(《意大利农业合同法》)赋予佃农三个方面的权利,进一步强化了长期租赁权的效力和适用范围。其一,规定了续租权。承租人享有续租的权利,使得承租人的权利得以长期稳定,不过这一权利在出租人欲自行经营而要求收回土地时受到了限制。其二,规定了土地改良权。改良权可经司法程序授予,无须征得所有权人的同意。这一规定使得承租人对物享有较用益权更具效力的对物权,承租人在土地租赁关系成立后可以自行改良土地,而改良费用通常由出租人负担。其三,规定了优先购买权。在所有权人出卖农地的情况下,承租人享有优先购买权,即可支付同等价格优先购买该农地。但是,上述权利本身并非承租人对农地所享有的支配权,承租人享有的上述权利也具有不可转让性,因此长期租赁的承租人的权利在性质上还不能等同于一项真正的物权。

(三)以租赁为中心的农地利用范式的转换

一般租赁合同、农地短期租赁、农地长期租赁以及永佃权之间的关系在整个农地法发展的历史时期经历了若干次的重大变革。一般租赁最先出现在罗马法中,并作为罗马法继受古希腊永佃权规范的引介工具,在满足古罗马农业实践需求的过程中逐渐以独立的权利形态展现于农地法律制度之中。[①] 可以说,涵括农地短期租赁、农地长期租赁和永佃权的土地租赁法律制度作为特殊的租赁合同规范,在整个农业史中极为活跃,并在不同的历史时期展现出不同的体系结构。其间,这一体系结构经历了长期租赁吸收永佃权功能,并脱离于一般土地租赁的结构变化。同时,一般土地租赁中的改良、租期、租金等核心要素也开始独立发展,使得永佃权作为主要的土地利用方式的优势不复存在,最终导致包含短期和长期因素的土地租赁合同成为意大利整个农地利用制度的核心。换言之,永佃权和长期租赁的交错发展,在不同的历史时期因不同的农业政策、法律制度以及习惯规则的影响而展现出不同的发展轨迹。永佃权在传统大陆法系中所侧重的农地利用优势,最终因一般土地租赁制度中租赁核心要素的独立发展而丧失,后者逐渐在传

① Cfr. V. Arangio-Ruiz, La struttura dei diritti sulla cosa altrui in Archivio giuridico, Vol. LXXXI (1908), p. 361-468; Vol. LXXXII (1909), p. 418-69; V. Arangio-Ruiz, Applicazione del diritto Giustiniano in Egitto in Aegyptus, Vol. Ⅰ, 1920, p. 21f.

统大陆法系的农地归属和利用层面中占次要位置，甚至在绝大多数大陆法系民法体系中仅作为一项历史事实予以留存。

不过，永佃权制度的弱势并不能否定永佃权在农地利用史中的重要价值，甚至不理解永佃制度就无法周延剖析现行意大利一般土地租赁法律制度的结构和内涵，更无法获知永佃权在历史上的重要地位。尤其是在抽象所有权的形成过程中，在将 *dominio* 意义上的领主所有权演变为 *proprietà* 意义上的财产所有权的过程中，永佃权起到了主导和桥梁功能。同时，鉴于我国土地集体所有权的特殊性，具有物权性特质的土地承包经营权、土地经营权在“定分止争”的制度功能上与传统的永佃权在内涵上有相似之处，这也是本书从农地利用和保护视野论述长期租赁和永佃权的意义所在。

第三章　意大利土地租赁合同的本质与功能阐释

在传统大陆法系理论中，土地租赁合同的特殊性倚重土地本身，多从土地是可生孳息的财产，即"生息物"的角度来规范农地的利用。以利益为导向的立法模式迎合了以效益为先的政策指向，却漠视了土地租赁的合同效力源于合意的内在本质。意大利现代法上的土地租赁范式，从根源上缓解了"农地本质"与"契约目的"之间的紧张关系，重塑了土地租赁合同的价值基础，并明晰了农地合同所应代表的价值功能。本章意欲在意大利宪法与私法之间构建出一座无形的桥梁，以阐明土地租赁合同的本质。[①] 此外，意大利土地租赁类型的确定标准还关涉土地租赁主体同土地之间的关系，以及主体身份的转化问题。事实上，意大利异质性土地租赁合同之间的转换规则，从耕种类型的角度对土地利用主体进行"身份"分类，为中国土地租赁主体的构建提供了"身份"样式，[②]亦为中国农地流转制度的完善提供了可资借鉴的经验。

第一节　"契约目的"与"土地孳息"之间的立法价值选择

一、土地孳息的性质与土地的本质

（一）从"生息物"到"生产性物"

在私法领域内，对某物的享有不仅仅是为了满足个体的需要，还在

① 参见李俊:《意大利土地租赁合同研究》，载陈小君主编:《私法研究》第19卷，法律出版社2016年版。

② "身份"样式表达了意大利租赁契约中不同耕种主体的类型：自耕农和非自耕农。中国农地耕种主体在规范层面没有细分，但在落实粮食直补款等农业政策时屡有结合。我国粮食直补款的发放依托于承包经营权，对耕种者予以补贴较为合理。立法者以"谁耕种谁受益"为立法目的，将耕种主体区分为土地承包人与经营人（自耕农和非自耕农）的立法方式符合现实的需求。

于利用物产生某种价值或者充当生产他物的工具，也即，对某物享有用益的同时，主体必然会考虑物的使用价值或是能生产孳息的价值。物的孳息一般也被视为主物产生的利益，且孳息的分离不对主物造成损害。在现代私法制度中，孳息与物之间的区分就是基于上述理论而形成的。以劳动的参与作为进一步的判断标准，可将孳息区分为由物直接产生的利益和他人对物进行用益的对价。[①] 上述区分随即被分置于两种情势之中：在第一种情况下，享有法定孳息的权利被设定为一种债权，权利的客体就是根据物的品质所作出的相应给付。[②] 就物的租赁形态而言，若以支付对价的方式对物进行利用，就应当在一般租赁合同的框架内予以规范，权利义务的设定遵从合同法的具体规范，租金也就如同法定孳息。[③] 第二种情况则是主物产生了脱离于主物的新物。《意大利民法典》第 821 条一方面规定自然孳息归属于产生孳息的物的所有权人，另一方面又设定自然孳息归属于他人所有的例外情形，农地租赁合同中自然孳息的取得就属于上述法定排除情形之一。显然，涉及孳息归属的立法旨意并不受制于物的使用权是否发生转移，也非当然地确定为以原始取得的方式取得自然孳息的所有权，而是现实地考虑到承租人可能更为有效地行使土地上的权利，孳息的取得方式多由土地租赁合同的内容所意定。

虽然有不少学者认为土地租赁的孳息归承租人所有的立法理由在于承租人能更有效地行使土地上的权利，但长期占支配地位的学说仍然认为孳息归属是合同的意定内容，自然孳息的取得既可以视为承租人对主物享有使用权的结果，也可以认为是所有权人对同一物的自然孳息享有所有权。[④] 同时，对自然孳息的取得方式超越了传统罗马法上

---

① 《法国民法典》第 583 条的规定是后世各国法典规范孳息的范本。有学者认为天然孳息和人工孳息的分类实质上是法学家在理论上的人为行为，不过不可否认的是，天然孳息、人工孳息和法定孳息的分类在“确定财产归属”和“孳息与资产所有人的分离”方面具有重要意义。参见尹田：《法国物权法》（第 2 版），法律出版社 2009 年版，第 106 页。

② Cfr. Nazzano anna Carla, Affitto di fondi rustici, in P. Perlingieri (a cura di), Manuale di diritto civile, Napoli, ESI, 2007, p. 300ss.

③ 当强调劳动在租赁过程中的关键作用时，租金可被视为经营性受益而非法定孳息。从法定孳息到经营性收益的过渡，并非租金本质发生变化的结果，而是源自观察角度不同。

④ Cfr. Nazzano anna Carla, Affitto di fondi rustici, in P. Perlingieri (a cura di), Manuale di diritto civile, Napoli, ESI, 2007, p. 300ss.

的准让渡，实现了一种原始取得，并由满足复杂构成要件的租赁合同所设定，形成了一种由主物产生孳息并与主物相分离的自然事实；即便在审视转承租人取得孳息的情形时，赋予孳息取得的合法性还是基于租赁合同的效力，而不必寻找孳息与主物之间的分离因素。[①] 基于这样一种逻辑结构，转承租人也能直接享有物的孳息。同样，意大利征收制度中被征收物的取得也不是源于所有人的权利或是源于原有物权，而是完全独立地源于合同本身，法效上如同孳息物的原始取得。

农地作为租赁客体时，除具备自然生产能力之外（可生产孳息，即生息物），还具有获利性，即作为生产资料以“生产性物”的方式获取更大的价值。基于土地所具备的“生产性物”的特质，意大利农地立法者借以“生息物”和“生产性物”概念之间的细微差异对土地进行区分，得以更精准地理解土地作为民法上“物”的本质。[②] 除具备“生息物”的特质外，农地还有“生产性物”的特质，甚至后者被视为农地的内在本质。[③] 当土地作为租赁客体时，通常被认为的具有获利性，既包含土地的自然生产能力（生息物），还包含有获取更大的价值的能力（生产性物）。

立法者基于“生息物”和“生产性物”的区分，更精准地理解了农地的本质。[④] 生产性代表了一种生产潜质或者是生产资料在生产活动中的内在潜能。如果不将“生产性物”视为农地的自然本质，那么在土地租赁中导入的价值就是立法者对农地价值标准的刻意改变。显然，承租人的土地经营活动使得土地的价值发生了变化，“生产性物”当属农地的本质特征之一。[⑤] 上述现象的解释还被意大利农地法学家们理解为物的权利守恒：与其说物的责任转移到他物权中去了，毋宁说是在物

---

① Cfr. Giovanni Pugliese, voce Diritti Reali, in Enciclopedia del Diritto, Vol. Ⅻ, Giffurè, 1964, p. 810.

② Cfr. E. Casadei, sub artt. Da 16 a 20, cit. , p. 55ss; Cfr. A. Germanò, il processo agrario, Milano, 1973, p. 27ss.

③ Fernando Salaris, La nozione giuridica di fondo, Riv. dir. agr. , Milano, 1980.

④ Cfr. A. Germanò, il processo agrario, Milano, 1973, p. 27ss.

⑤ 拉多维（Laddove）在论及“生产性物”时，认为租赁合同所具备的特性并非源于租赁物本身，而应根据物的占有人予以区别，Cfr. V. Retro, parte I, cap. I；而弗拉格理（M. Fragali）则认为农地租赁比一般租赁更为特殊的根源在于租赁客体是一种“生产性物”。

的权利义务之间形成一种平衡，而“生产性物”和“生息物”的区分也进一步论证了孳息归属由合同原因抑或租赁目的所决定。

（二）土地作为“生产性物”在租赁合同中的特殊性

尤其在生产方式逐步现代化，以及租赁客体进一步复杂化之后，农地合同自由的理念被进一步反思。在价值选择上，合同目的基于私法自治的理念已超越了物（农地）的自然属性，成为土地租赁合同最根本的价值来源，亦使从合同原因的角度对土地租赁的特殊性进行解释成为必要。事实上，从“生息物”到“合同目的”的过渡，彻底颠覆了欧洲传统的土地租赁体系，在农地的经营管理、契约继受和竞业禁止等不同方面具有深远影响。① 例如，借助承租人的经营活动来实现他物权时，农地承租人所承担的经营责任只能视为实现他物权的一种外在表象，本质上仍为法律行为（合同）的效果。法学家乔万尼·普列塞（Giovanni Pugliese）将之总结为物的权利守恒，即物上的责任转移到他物权之中时，形成的一种以目的为导向的权利义务平衡，其结果恰恰映射出合同目的乃农地成为“生产性物”的真正缘由。② 鉴于此，孳息或收益作为租赁权的核心内涵遭到了否定，契约目的才是土地租赁构建的决定性因素。在这一逻辑下，即便在审视转承租人取得孳息的情形时，取得孳息的效力来源仍然是合同本身；转承租人可根据合同直接享有物的孳息，至于孳息与主物的分离原因则在所不问。③

事实上，以意大利为代表的当代欧洲农地立法对土地租赁客体的规制并非仅限于具备耕种条件的农地，而是囊括了任何具有“农业生产目的”的土地，甚至存在不以土地为载体的农业租赁合同和不以收益为目的的纯粹持有地。④ 反之，只要以非农业目的对农地享有承租权，合同就直接被排除在土地租赁体系之外，抑或适用非土地租赁的特殊规范，如以饲养赛马为目的的土地租赁仅规范在一般租赁合同体系之中。

① 参见《意大利民法典》第 1628～1654 条、第 2557 条、第 2558 条、第 2562 条。Cfr. Giorgio De Nova, Codice civile e leggi collegate, zanichelli editore S. p. A, 2009, p. 266ss.

② Cfr. Giovanni Pugliese, Usufrutto, Uso e abitazione, UTET, Torino, 1973, p. 323ss.

③ Cfr. Giovanni Pugliese, voce Diritti Reali, in Enciclopedia del Diritto, Vol. Ⅻ, Giffurè, 1964, p. 810.

④ Cfr. Nazzano anna Carla, Affitto di fondi rustici, cit. , p. 208ss.

显然，隐含生产性特质的土地并不总是被赋予生产性物的资格，而只有被楔入“契约目的”进行利用时，才能成为土地租赁合同的客体。借此，意大利法学界对土地租赁合同的讨论已经超越了生息物租赁的研究，土地租赁性质的鉴定以合同目的为核心，并建立在以经验为特征的判断标准之上。①

总之，土地租赁涉及的是一种特殊规范，并体现在《意大利民法典》第1615条至第1617条的一般租赁规范、第1628条至第1646条的土地租赁的一般规范以及第1647条至第1654条的自耕农租赁规范之中。农地被意大利立法者视为一种“生产性物”的典型形式，着重从承租人的角度实现物的价值最大化。《意大利民法典》第2562条企业租赁适用第1615条关于产生孳息的物的经营管理和用益，即当租赁是以动产或者不动产产生的孳息为标的时，承租人应当根据物的经济用途和生产利益进行经营和管理，且租赁物的孳息和其他利益归承租人所有。当然，在租赁期间内，租赁规则对土地所有权人或者出租人也具有约束力(第2125条、第2229条和第2596条)。

(三)合同目的对农地特殊性的修正

传统理论认为土地租赁的特殊性在于客体农地的生产性特征，于是主要从“生息物”和“生产性物”的角度思考农地的利用，忽视了农地合同当事人之间因意思自治所达成的目的，并导致无法为私人意思自治划定适当的界限；同时，农地利用禁锢的根源还在于对土地租赁形态的单一认识，缺乏对农地利用方式的主体性思考，没有从耕种方式上区分土地租赁主体的身份，使得农地无法成为实质平等利用的规范客体。因此，只有阐明农地的本质和租赁合同的目的价值，明确农地合同所代表的功能，通过宪法和私法之间的制度协调来解析土地租赁合同中的私法自治及其限制，并从租赁主体的角度解析不同性质的租赁合同之间的制度转换规则，分析从耕种类型对土地利用主体进行“身份”分类的规范方式，才能最终实现农地合理利用的目的。

在对租赁合同中生产性客体进行定义时，若在农业层面看待土地，农地自然就成了一种旨在农业生产的物。不过，农地并非仅为农业生

① Cfr. Cass.，18 ottobre 1954，n. 3830；Cass.，10 ottobre 1955，n. 2951.

产,即农地不作为生产性土地的情形。换言之,如果不能认为生产性或者非生产性是物的天生特质,那么在土地租赁的构成要件中引入的价值观念就是立法者所摄入的价值标准①,或者说是农地相关法律规则的客观性要素,使得承租人所承租的土地在具体情况下达到某种价值。至于其他的目的,可以在土地经营活动中借助生产性物上的他物权来实现。因此,也可以非常肯定地说,农地承租人因经营物所负担的责任是法律强加给承租人的责任,也是租赁权利的消极反映。

二、土地租赁合同目的的价值导向

(一)农地对租赁合同目的的内在限制

虽然农地作为特殊的租赁客体表现出"生息物"和"生产性物"的特征,但农地在租赁中的价值主要还是通过私法自治达成的合同目的来实现的,同时这一合同目的必然受到合同功能的影响,形成私人意思自治及其限制的理论难题。自 20 世纪 50 年代以来,意大利就形成了以贝蒂(Emilio Betti)和斯托勒菲(Giuseppe Stolfi)为代表的两种不同的私法自治路径,分别从个人主义和合同社会性的对立角度思考合同的原因基础。② 这两种不同的学说理论实际上代表了当代合同理论的两种思潮,并对合同的最终效果产生不同的影响。

事实上,《意大利民法典》第 1322 条就对私人意思自治予以了限定,该条确定了合同双方当事人应当在法律规定和行业规范的范围内自由地确定契约内容,同时以实现法律保护的利益为限,对双方当事人缔结的未纳入特别规范规定类型的契约也予以保护。而《意大利宪法》第 41 条则规定私人经济活动不得违背社会利益,并认为法律应当引导和协调私人经济活动朝向合理的社会目标。第 44 条进一步规定为了实现合理地利用土地和建立平等的社会关系,应对土地财产设定各种义务和限制,促进并责成改良土壤、改造规模土地、重建生产单位并帮助中小产权者。也即,立法者尊重土地利用方式上的自由选择权③,但

---

① Nazzano anna Carla, Affitto di fondi rustici, in P. Perlingieri(a cura di), Manuale di diritto civile, Napoli, ESI, 2007.

② Cfr. L'autonomia dei privati, rivista critica del diritto privato, Marzo, 2012, p. 15ss.

③ Cfr. N. Irti, proprietà e impresa, cit. , p. 54ss.

对土地利用的同时也就意味着要承担相应的责任。①

基于租赁意思自由与租赁物的本质,租赁合同自然涵括了一种必要的目的预设并负担相匹配的功能。② 在此逻辑下,农地租赁才会更注重租赁的客体物特质,并设以责任和义务,农地利用人也才能以符合宪法的方式合理利用土地,从而实现土地应有的功能。③ 显然,土地的功能无疑就是合同目的的界限。因此,作为生产性物的农地在《意大利宪法》中(第 44 条)存在一种内在的功能限制,在不涉及农地利用或者当土地不被视为农用地的时候,利用主体才可能脱离租赁物的限制。④ 当然,隐含生产性特征的租赁物并不总是拥有生产性物的资格,而是当嵌入利用目的时,才会实现私人意思自由与土地功能的结合。

(二)土地租赁合同目的的消极功能

意大利农地租赁合同所涵摄的功能,在限制私人意思自治的同时还表现出一种"消极"的引导力。此种现象,一方面与意大利在欧盟国家经济结构中的地位和类型相关,也是意大利对本国食品消费不足的一种自我衡量。⑤ 另一方面则体现在农地租赁的主体关系上。在农地租赁的内部关系中,承租人和出租人之间实现了一种特殊的权利平衡,承租人充当了土地生产管理责任人的角色;在外部关系上,意大利和欧盟向意大利农业合同的承租人提供了特许经营权,并为承租人和农业组织提供了配套的金融支持,以保障耕种者获得合理的利润。⑥ 进而,意大利农地租赁合同的功能获得修正:其一,欧盟经济体内其他成员国有义务维持农产品的价格,意大利超量的农业生产也能获得市场的保

---

① Cfr. N. Irti, Profili della programmazione agricola, cit. , p. 391ss; N. Gullà, <Al fine di conseguire il razionale sfruttamento del suolo>: per una rilettura delL'art. 44 Cost, cit. , p. 94ss.

② Cfr. M. Tamponi, Una proporietà speciale, cit. , p. 236ss. Cfr. P. Perlingieri, Introduzione alla problematica della proprietà, cit. , p. 186ss.

③ Cfr. R. Di Raimo, Proprietà, economia pubblica e identità nazionale, in U. Mattei, E. Reviglio e S. Rodotà, Invertire la totta. Idee per una riforma della proprietà pubblica, cit. , p. 97ss.

④ Cfr. Cass. , 10 ottobre 1996, n. 8856, in Giur. it. , 1997, I, 1, c. 1361ss.

⑤ Cfr. G. Galloni, Impresa agricola. Disposizioni generali, in Comm. Cod. Civ. Scialojia e Branca, Bologna-Roma, 2003, p. 18.

⑥ 参见 FEOGA (European Agricultural Guarantee Fund, http://ec. europa. eu/agriculture/cap-funding/index_en. htm)制定的《欧洲土地指导方针及农业保障规范》,该文本主要涉及两个方面:一是农业机构对土地的改良;二是为农业市场提供金融保障。

障。其二,欧盟出于对环境的保护,要求土地的利用除了提高农业生产力之外,还要保护土地的耕种条件,并设定产量去限制农地利用。① 如此,承租人就可以在某一期间内,通过减产或者让土地休整来降低农业产量,或者通过禁止使用某类化肥达到防止农地污染的保护目的。同时,在农地租赁合同功能的引导下,土地的所有权人对土地的控制也在逐步弱化,承租人逐渐成为土地耕种的实际控制者。② 特别是在欧洲农业共同体政策(SETA-SIDE)中,基于农地功能,会出现农地所有权人向承租人支付超过租金额的补偿情形,甚至以有利于实际承租人的方式直接对经营责任内容进行修正。可以说,意大利通过租赁合同的特殊功能实现了租赁利益的保护,土地耕种责任和经营责任对私人意思自治进行了双重限制。农地本质、农地租赁合同目的和功能、经济效益和环境保护等多元因素相互交融,意大利立法者通过私人意思自治及其限制的方式实现了多方利益的平衡。③

(三)合同目的与农业特殊性之间的价值紧张关系

传统理论认为能生产孳息的农地(生息物)用于租赁时比一般租赁(genus-locazione)的客体更加注重物的生产性特征,或者说他们的不同之处就在作为合同客体的物的类型上。④ 虽然立法者对租赁内容并未分类,但土地租赁在事实上形成了一种特殊的给付或权利的享有,于是多数学者进而将物的本质作为租赁类型的鉴定标准,认为土地租赁脱离了一般租赁的原因是土地的特殊性。⑤ 经过生产方式的现代化以及租赁客体复杂化之后,意大利农业合同对合同自由的理念进行了反思,逐步从合同原因的角度对土地租赁的特殊性进行解释,认为以私法自治为基础的合同目的超越了物的生产性本质,成为土地租赁合同最根本的价值来源。由此,农地作为租赁合同客体的特殊性与土地租赁合同的目的之间形成了一种价值选择的紧张关系。这种从"生息物"到

---

① Cfr. L. Costato, Trattato breve di diritto agrario italiano e comunitario, cit., p. 420ss.

② Cfr. P. Perlingieri, Normativa comunitaria, rapporti economici e interpretazione, in Riv. Giur. Mol. Sannio, 1993, p. 297ss.

③ Cfr. R. Alessi, L'impresa agricola, in Comm. Cod. Civ. Schlesinger, Milano 1990, p. 89ss; Cfr. G. Pisciotta, in R. Alessi e G. Pisciotta, I contratti agrari, cit., p. 174.

④ Cfr. Alfredo Massart, L'affitto di fondo rustico nella nuova disciplina, 1972, p. 20ss.

⑤ Cfr. Alfredo Massart, L'affitto di fondo rustico nella nuova disciplina, 1972, p. 21ss.

“目的价值”的过渡，彻底颠覆了土地租赁体系，土地租赁中租赁物的经营管理、契约继受、竞业禁止等不同方面体现了这一思想。[①]

“生产性物”代表了一种生产潜质或者是作为生产工具的一种内在能力，农地也就作为鉴定租赁类型的关键要素，并因其特殊性使得土地租赁区别于一般租赁合同。由此可见，能产生孳息的农地用于租赁时，比一般租赁客体更为注重内在的生产性特质，但这种特殊性又必须通过合同予以外部表达。[②] 如此，“生产性物”仅仅作为土地租赁合同的外在基础，必须借助当事人之间的合意才能实现农地的生产价值，尤其是在土地租赁的构成要件中，农地的生产性特质只是一项被导入的价值，并不能被视为农地的本质。换言之，因承租人的土地经营活动使得土地的价值发生了变化，所以立法者对农地的价值标准有一种刻意的改变。农地作为租赁合同客体的特殊性与土地租赁合同的目的之间，于价值选择上形成了一种紧张关系。

(四)私法自治与土地租赁功能的冲突与协调

在大陆法系民法典之中，1942年《意大利民法典》对土地租赁的结构安排最为独特，其在债编中的“一般租赁规范”和“产生孳息物的形态”的框架下协同建构了“共同耕地租赁”和“自耕农租赁”的一般范式。在意大利民商合一的立法模式下，立法者进而在“农业企业”章节中将土地租赁合同区分为分益耕种契约、共同耕种契约以及牲畜租赁契约。虽然上述体系安排修正了1865年《意大利民法典》，但是承租人与所有人之间绝对区分的传统观念仍然占据主流，土地租赁合同所蕴含的价值功能并未受到应有的重视。显然，土地租赁在《意大利民法典》中仅仅被视为对物进行利用的一种具体形式而已，也即承租人对出租人所有之物享有占有、使用和收益的权利，其对价是承租期内租金的给付，并通过法技术手段推衍出土地租赁合同的特殊适用规则。[③] 不过，上述从一般到特殊的法解释方式在意大利土地租赁实践中被证明是毫无意义的，也即无法在所谓的“同一特征”中仅以适用的方式对两

---

① 参见《意大利民法典》，费安玲、丁玫译，中国政法大学出版社1997年版，第1628~1654条、第2557条、第2558条和第2562条。

② Cfr. Alfredo Massart, L'affitto di fondo rustico nella nuova disciplina, 1972, p. 21ss.

③ Cfr. G. Alpa, Destinazione dei beni e struttura della proprietà, cit., p. 2ss.

种不同的租赁规范进行明确的区分。[①] 到20世纪末期，在意大利土地租赁实践的助推下，农地合同的目的和功能的基础价值重获发现，农地立法者随之对土地租赁结构进行了大规模的立法改革。

注重合同合意和租赁功能的立法态势，直接导致了意大利农地权利结构的嬗变，乃至重构了意大利现代土地租赁结构体系的理论基础。首先，意大利立法者肯定了租赁形态区分的必要性，并认识到这一区分并非建立在物的特殊性之上，而是立足于物的不同利用方式。其次，鉴于租赁合同的客体物通常都具有经济目的，"生产性"的特征也并非土地租赁所独有，因此并不将是否具有"生产性"作为这两种制度区分的唯一依据。[②] 最后，在意大利经济自由化和租赁技术化的趋势下，农业生产者和经营者的自由意志与既定的租赁规范之间出现了隔阂，立法者也逐渐要求承租人对承租物的利用进行释明，而不再满足于承租人对租赁物的消极占有和使用。[③] 上述变化的直接结果是，以《意大利民法典》为中心的土地租赁体系被渗入了大量的部门法规范，并最终被特别法所替代。尤其在基础规范层面，《意大利民法典》中的土地租赁规范被《意大利农业合同法》所取代，并以此为中心形成了一套独立的农地利用法律体系。显然，意大利土地租赁合同被赋予了特定意义，《意大利农业合同法》成为合同功能与实践相结合的产物，并脱离于一般租赁的制度预设，成为彰显《意大利民法典》特色的典型表象。

这一转型过程中，各方利益在农地经营、管理和改良中得以满足。承租人的法定义务也更为明确，即不仅需要根据物的经济目的进行生产和管理，而且还需要根据合同的功能担负相应的改良责任。[④] 土地租赁在社会和经济意义上强调土地的负担，但主要还是与合同应承担的社会功能密切相关：一方面，立法者针对不同的租赁类型设定了相应的最低容忍标准；另一方面，合同之债所产生的影响并不局限于双方当事人，而是主要体现了合同所承担的社会功能，并在"物尽其用"、"可持续发展"以及"理性激励"之间达到最佳的平衡。[⑤] 如此，意大利农地用

① Cfr. Mariarita D' anddezio, L'eguaglianza tra le parti nelL'affitto di fondo rustico, Napoli, 1984, 181.

② Cfr. G. Alpa, Destinazione dei beni e struttura della proprietà, cit., p. 2ss.

③ Cfr. Alfredo Massart, L'affitto di fondo rustico nella nuova disciplina, cit., p. 23ss.

④ Cfr. Nazzano anna Carla, Affitto di fondi rustici, cit., p. 325ss.

⑤ Cfr. P. Rescigno, L'autonomia dei privati, Rivista Critica del Diritto Privato, marzo 2012, p. 15ss.

益方面的规范自然也就成为整个农业立法的重心（近年来尤其关注农业企业），这一变化亦是意大利农地立法从“静态农业所有”向“动态农业利用”过渡的标志。农地作为特殊的租赁客体物表现出“生息物”和“生产性物”的特征，并且土地租赁中的价值主要通过私法自治达成的合同目的来实现，但合同目的最终受到合同功能的影响。

基于上述解释，结合“个人主义”抑或“合同社会性”的不同角度，意大利法学界形成了两种相互对立的观点，并在农地领域产生私人意思自治及其限制的理论困扰。[①]《意大利民法典》第 1322 条对私人意思自治进行了明确规范，即合同双方当事人可以在法律规定和行业规范的范围内自行确定契约内容，并以法律保护的利益为限。与此同时，《意大利宪法》第 41 条规定，私人经济活动不得违背社会利益，并认为法律应当引导和协调私人经济活动朝向合理的社会目标。第 44 条规定：“为了实现合理地利用土地和建立平等的社会关系，应对土地财产设定各种义务和限制，促进并责成改良土壤、改造规模土地、重建生产单位并帮助中小产权者”，[②]也即，立法者尊重土地利用方式上的自由选择权，在利用土地的同时也承担相应的责任。[③] 上述宪法规范不仅涉及农地的生产义务，还作出了一种必要的目的性预设，并使得租赁合同承载着与之相匹配的社会功能。[④] 在这一逻辑下，农地才被课以责任和义务，利用者才能以符合宪法的方式合理利用土地，从而实现土地应有的功能，并将其作为土地租赁合同目的的界限。[⑤] 借此，作为“生产性物”的农地在《意大利宪法》中（第 44 条）受到功能上的限制，只有在不涉及农地利用或者当土地不被视为农用地的时候，合同主体才脱逸于此种限制。[⑥]

---

① Cfr. P. Rescigno, L'autonomia dei privati, Rivista Critica del Diritto Privato, cit., p. 15ss.

② Cfr. Giorgio De Nova, Codice civile e leggi collegate, zanichelli editore S. p. A, 2009, p. XXXVII.

③ Cfr. N. Gullà, Al fine di conseguire il razionale sfruttamento del suolo: per una rilettura dell'art. 44 Cost, cit., p. 94ss.

④ Cfr. M. Tamponi, Una proprietà speciale, Padova, 1983, p. 236ss; Cfr. P. Perlingieri, Introduzione alla problematica della "proprietà", Jovene, Napoli, 1971, p. 186ss.

⑤ Cfr. R. Di Raimo, Proprietà, economia pubblica e identità nazionale, in U. Mattei, E. Reviglio e S. Rodotà, Invertire la totta. Idee per una riforma della proprietà pubblica, il Mulino, Bologna, 2007, cit., p. 97ss.

⑥ Cfr. Cass., 10 ottobre 1996, n. 8856, in Giur. it., 1997, I, 1, c. 1361ss.

三、意大利宪法对“物—农地”和“行为—合同”的双重限定

(一)《意大利宪法》第44条对农地的解释

为了解决上述理论难题,意大利法学者在生息物和生产性物之间做了大量的研究,同时根据变化情景对不同种类物进行区分。生产性物代表了一种生产潜质或者是在生产活动中的一种内在的能力。《意大利宪法》第44条赋予私有土地所有权人一项特别的规范法则,即为了实现合理地利用土地和建立平等的社会关系,对私有土地财产设定各种义务和限制,并根据全国各地区和农业地带的情况限制私有财产的面积,促进且责成改良土壤,改造具有规模的土地,重建生产单位,并帮助中小产权者。从文义解释的角度,《意大利宪法》第44条既承认土地利用方式上的自由选择权,又规定土地作为“生产性物”而承担着特别责任。①

如果缺乏一种预先设定的目的,物的利用就可能只是出于纯粹的享有,而非体现出物的生产性,②也即,如果仅仅将生产性作为物的本质而不与其自然特征相联系的话,就只是关注了土地的法律特性。意大利学者在讨论农地的目的根源时经常会强调《意大利宪法》第44条表达的是耕地,而非所有农地。因此,这一宪法规范并非仅指土地的自然生产力③,而是强调当事人的意思与土地利用之间的联系。④ 出于同样的立法目的,农地自身其实也预设了一套内在规范,并课以相应的责任和义务,使得农地的利用者能以符合宪法的方式合理利用土地,以期实现土地的合理利用和建立平等的社会关系。⑤

(二)意大利宪法对农地合同目的的限制

依据上述推论,在不牵涉物的生产性特质的情况下,土地租赁合同的目的就极为重要了。同时,土地所有权人、土地的实际利用人和农业

---

① Cfr. N. Irti, proprietà e impresa, cit., p. 54ss.

② Cfr. N. Irti, proprietà e impresa, cit., p. 41ss.

③ Cfr. M. Tamponi, Una proprietà speciale, cit., p. 236ss.

④ Cfr. G. Galloni, potere di destinazione e impresa Agricola, cit., p. 124ss.

⑤ Cfr. A. C. Nazzaro, Natura giuridica del bene, proprietà pubblica e monopolio, in R. Di Raimo e V. Ricciuto (a cura di), Impresa pubblica e intervento dello Stato nell'economia, cit. p. 91ss.

活动的其他主体,甚至农业耕种环境和生产元素,在意大利宪法和法律设定的农地利用规则下形成了一种内在协调的规则。[①] 其中,《意大利宪法》第 44 条作为农地利用的核心,对农地利用合同的目的具有引导和限制功能。

第二节　土地租赁合同功能思潮转化对土地租赁的影响

一、土地租赁中隐含的社会化和专业化功能

(一)农地实践和社会化思潮对土地租赁体系的改造

1865 年,意大利以现代民法典的形态继受了《法国民法典》的基本框架结构,之后在提炼罗马法和本土实践的基础上,于 1942 年形成了民商深度融合形态的法典模式。土地租赁制度在该过程中得以飞速发展,并因其丰富的制度内涵成为彰显现代民法典的典型表现形式。在 1942 年《意大利民法典》中,关于土地租赁的一般规范归置于第四编债的租赁契约类型中,意大利立法者试图借助"产生孳息的物品形态"的一般理论来构建耕地租赁和自耕农租赁的共性规则范式,同时还在具有典型商事领域的第五编("农业企业"章节)中,进一步规范分益耕种契约、共同耕种契约以及牲畜租赁契约,形成意大利独有的土地租赁体系。这一立法结果并非民商合一立法制度的自然选择,而是在司法功能所提供的理论支持下逐步完成的,而最能展现这一转化进程的,莫过于 20 世纪末期土地租赁结构的变化。这一时期农地立法和实践均发生了巨变,意大利民法典中的土地租赁规范体系最终无法支撑纷繁复杂的部门法规范,使得民法典中的土地租赁规范在"一般规范"意义的层面上被 1982 年《意大利农业合同法》所取代,后者作为特别法最终成为意大利农业法律体系的核心制度。[②]

---

① Cass. ,10 ottobre 1996,n. 8856,in Giur. it. ,1997,I. 1,c. ,1361ss.

② 由于《意大利农业合同法》的主要内容是农地租赁,因此也称为《意大利农地租赁法》。

在农业法律体系特别化的过程中，意大利的两次民法典立法（1865年和1942年）都力求法典概念的精确运用，甚至从法律规范的一般文义上就试图区分和识别土地租赁（*affitto*）和一般租赁（*locazione*）两类典型租赁合同所彰显的不同功能的主义思潮。针对上述两种不同的租赁概念的区分，意大利立法者既肯定了租赁物之间区分租赁形态的必要性，又认识到区分的基础并非物的本质，而是对物的不同利用方式，同时也关注到农地租赁客体所体现的生产性物的特征。① 承租人对租赁物的行使不只是一种消极占有，其对承租物的利用活动进行解释成为一项必要。② 此种转变显然不由土地本身的性质所决定，而是土地实际功能在法律上的具体体现，甚至是法律社会化在农业实践中的体现。也正是一般租赁向典型租赁的转变，使意大利现代农地变革的法律实践最终重构了意大利现代土地租赁体系。1865年《意大利民法典》设计的土地租赁规范严格区分承租人与所有权人的权利和义务内容，坚持物的租赁只是一种对物进行占有和利用的形式。③ 这种模式建立在逻辑化的制度体系中，土地租赁即转移物的占有，其对价是租赁期内租金的给付，本质上与一般租赁无异。④ 除一般租赁预设的规范外，如果租赁合同客体物还具有生产性特质，就可以法解释的方法来具体适用特殊规范，使得区分不同类型的租赁规范并无意义。⑤ 正因如此，1865年《意大利民法典》中的土地租赁规范仅被视为租赁制度的一种具体适用。1942年生效的《意大利民法典》则提供了另一种视角，将专业化和社会化的土地租赁实践融入立法之中。在经历一般租赁到土地租赁的概念洗礼之后，现行《意大利民法典》充分关注到两种租赁之间的差别，

---

① Cfr. Anna Carla Nazzaro, L'affitto, tratto di diritto civile del consiglio nazionale del notariato, diretto da Pietro Perlingieri, Ⅳ, 22, 3SS.

② Cfr. A. Guarino, locazione, in Tratt. Dir. Civ. Grosso e Santoro-Passarelli, Ⅴ, 3, Milano, 1965, p. 4ss.

③ Cfr. Anna Carla Nazzaro, L'affitto, tratto di diritto civile del consiglio nazionale del notariato, diretto da Pietro Perlingieri, Ⅳ, 22, 5SS.

④ Cfr. C. Lazzara, La locazione: L'affitto, in Tratt. Dir. Priv. Rescigno, 11, Torino, 1984(rist. 1989), p. 648.

⑤ Cfr. E. Romagnolo, Affitto. Disposizioni generali, in Comm. Cod. Civ. Scialoja e Branca, Bologna-Roma, 1978, p. 5ss.

即便土地租赁仍被视为一般民事租赁的特殊模式，但原因并不局限于农地作为租赁物的特殊性，而是注重土地租赁合同本身的特殊价值。[①]显然，承租人在租赁合同中承担一项必要的角色，即根据物的经济目的开展生产和管理，从而实现特殊的合同目的，这一转变也恰恰是农地实践和社会化思潮在土地租赁体系中的具体体现。[②]

（二）土地租赁合同的专业化发展

土地租赁并不总是以生息物为客体的一般租赁，同时将土地作为生息物的各类租赁重在突出物的生产性特征，不同类型的土地租赁所承载的权利内涵已超越了一般租赁所包含的基本内容。此项超越首先体现在权利内容上，其次是赋予了一种特殊的给付内容，以及各类土地租赁合同的目的。[③] 因此，物（土地）的本质作为物的类型的基础性鉴定元素，在农地租赁合同中独具意义，并因农地利用的专业化不断深化。[④] 非自耕农的土地租赁和自耕农的土地租赁，可谓土地租赁合同的专业化的法律体现。当然，面对专业化的土地租赁，依然要挖掘不同类型土地租赁合同的形成原因以及包含的合同功能，才能明晰不同租赁形态中权利义务的差异。[⑤] 此外，农地或者企业作为土地租赁合同的特殊要素，必然涉及所担负的社会和经济意义。[⑥] 或者说，土地租赁（尤其是现代企业租赁）不只是一种简单的组织形态，基于理性激励并不局限于个别合同当事人之间的权利义务内容，还因复杂的组织形式体现出

---

① Cfr. F. Santoro-Passarelli, Locazione e affitto di fondo rustico, in Atti del primo congresso di diritto agrario, Firenze, 1935, p. 876ss

② Cfr. A. Guarino, locazione, in Tratt. Dir. Civ. Grosso e Santoro-Passarelli, V, 3, Milano, 1965, p. 4ss.

③ C. Mazzu, proprietà e società pluralista, Milano 1983, p. 32ss; C. Lazzara, La locazione: L'affitto, in Tratt. Dir. Priv. Rescigno, 11, Torino 1984 (rist. 1989), p. 648; R. Miccio, la locazione, in Giur. Sist. Civ. Comm. Bigiavi, 2, Torino 1980, p. 457ss.; A. Tabet, Affitto (in generale), in Noviss. Dig. It., I, 1, Torino, 1968, p. 379s.

④ Cfr. Cass., 1 marzo 2000, n. 2306, in Dvd Foro it.

⑤ Cfr. M. Fregali, Affitto in generale, cit., p. 729; E. Romagnoli, Affitto, I, Contratto di affitto, cit., p. 1.

⑥ Cfr. E. Romagnoli, Affitto, I, Contratto di affitto, cit., p. 1.; C. Giannattasio, Della locazione, cit., p. 320; A. Tabet, Affitto (in generale), in Noviss. Dig. It., I, 1, Torino 1968, p. 379s.; Cfr. M. Fregali, Affitto in generale, cit., p. 731.

独有的合同功能。[①]

二、土地租赁合同所涉的集体规范和社会责任

(一)土地租赁的集体规范

在土地租赁规范中,首要的问题是需要考虑农地的定义以及主体与客体之间的关系。土地利用的主体与作为客体的物之间的关系,除了涉及当事人的意思自由,还包括农地的社会责任,以及在土地租赁合同当事人之外的集体意志。[②] 集体规范的价值在于统一性地将个体的意志集合,以约束个人所有权,便于更好地从改良、环境保护和食品安全等角度对承租人进行规范。从集体规范和责任内容的角度理解土地租赁,成为当代意大利土地租赁研究的主要视角之一。

由于土地的耕种有时仅呈现出农业生产生活的理想状态,因此并没有一种确切的特征能够全面地反映农地利用的本质。在土地类型不断的变化中,自耕农与非自耕农仍然是划分土地耕种主体的主要标准。为了确切地挖掘耕种特征,紧密结合集体性规范和相关责任的研究成为一种必要。如同《意大利宪法》第 44 条所言,如果享有土地,那么享有者就应当承担合理利用土地的责任,立法者也应围绕土地的利用设计一套具有可操作性的规则。[③]《意大利民法典》则进一步预留了农业领域行业共同体利用集体规范限制承租人从事农业生产的空间。[④] 因此,集体性规范的效力来源的正当性不必加以证明,但是集体性规范并

---

① Cfr. G. C. M. Rivolta, L'affitto e la vendita delL'azienda nel fallimento, Milano, 1973; G. E. Colombo, L'azienda e il suo trasferimento, in G. Gaselli, G. E. Colombo, D. Corapi, M. Libertini, F. Mastragostino, G. Minervini, V. Ottaviano, L'azienda e il mercato, in Tratt, dir, comm. pubbl. Econ. Galgano, Ⅲ, Padova, 1979, p. 284ss; Cfr. M. Fragali, Affitto in generale, p. 729. 事实上,从功能的视角对土地租赁合同进行研究是非常必要的,尤其是对私法自治规范进行价值评价时,更能体现出这一视角的独特意义。此外,如果仅仅以一种静态的视角考察土地租赁规范,就会在实践中发现固定结构并不能满足双方当事人之间的利益需求。因此,农地价值的实现并不是简单地套用既定规范,而应发挥土地租赁中个体意思自治的作用。

② 这一集体意志与中国农地制度中的集体意志具有极大的区别,相对于中国农地所有权人的集体性,意大利土地租赁合同中受到集体意志的影响主要来自农业行会、农业合作组织和地区农业监察机构。

③ Cfr. P. Perlingieri, Produzione scientifica e realtà pratica: una frattura da evitare, in Id., Scuole tendenze e metodi. Problemi del diritto civile, Napoli, 1989, p. 1ss.

④ Cfr. R. Miccio, la locazione, in Giur. Sist. Civ. Comm. Bigiavi, 2, Torino, 1980, p. 457ss.

不必然代替当事人之间的合同规范，而是具有指导和补充价值，并在特定的条件下产生强制性效力。

（二）“意大利—欧洲共同体”框架下集体规范所隐含的社会责任

选择受集体规范的制约，既是农地利用本身应承担的社会责任使然，也是在欧盟内的意大利农业经济的必然选择。欧盟农业政治和经济共同体作出的指导意见和规范，影响了意大利的农业利用的指导原则，并在 1942 年《意大利民法典》中获以承认。[①] 在这一背景下，一方面承租人是土地生产的责任人，另一方面承租人对农产品质量和数量的提升受制于欧盟的整体农业生产状况。尤其是，当农业生产已经超量并且在现存的经济体中不可能维持农产品的经济价值，以及农业生产有悖于环境保护时，农地利用人应当受到租赁合同外的责任限制。[②] 实际上，自 20 世纪 80 年代之后，意大利农业生产者为了适当降低某类农产品的农业生产率，实施减产措施并让土地得以休整（这种制度一开始是自愿行为，而后就转变为一项义务），同时还禁止使用某类化肥和杜绝污染种植。同时，欧盟还提供一种补充机制为农业组织提供金融支持，保障承租人一定程度的利润空间，使得本来低利润的农业领域能够达到其他行业的利润标准。[③] 虽然在“意大利—欧洲共同体”相协同的农业改革下，农业共同体控制产品数量和保障农产品质量时极大地强化了租赁合同中承租人的责任，[④]但是集体责任通常不会损害到租赁利益，相反会更加有效地保障承租人实现经营目标。[⑤] 对租赁合同目的

---

① Cfr. G. Galloni, Impresa agricola. Disposizioni generali, in Comm. Cod. Civ. Scialojia e Branca, Bologna-Roma, 2003, p. 18.

② Cfr. R. Alessi e G. Pisciotta, I contratti agrari, cit., p. 31.

③ 参见《欧洲土地指导方针及农业保障规范》。这一规范之后在 1964 年 2 月 5 日 N17 号法案中确认。

④ 分析土地租赁合同内部规范与共同体之间的关系，以及这一规范中的私法自治内涵，具体可参见 P. Perlingieri, Normativa comunitaria, rapporti economici e interpretazione, in Riv. Giur. Mol. Sannio, 1993, p. 297ss。

⑤ A. Tartaglia Polcini, Integrazione sistematica e assiologia dirimente nel dialogo tra Corte costituzionale e Corte di giustizia, in P. Femia (cura di), Interpretazione a fini applicativi e legittimità costituzionale, Napoli 2006, p. 421ss. L. Costato, Trattato breve di diritto agrario italiano e comunitario, cit., p. 420s.

进行限制的同时,还隐含着利用模式的选择问题。[①] 如果以更长远的视野和发展的眼光思考农地立法,就会发现上述农业合同的特别规范(尤其是第16条和第17条关于承租人的修改能力)实现了集体和个体之间的协调。

三、土地租赁立法的区分模式与思潮转化

(一)区分自耕农与非自耕农租赁的立法模式

针对多变和形态各异的农地利用方式,土地利用主体和物(土地)之间的联系成为区分各种利用方式的重要标准,也即,土地是否由承租人自主耕种,成为土地租赁合同规则的关键要素,这使得自耕农与非自耕农的区分在土地租赁合同规则的具体适用上存在很大的差异,尤其体现在集体规范、改良责任和环境约束中。换言之,意大利农业耕种的主体被赋予了身份性。这种身份性并非以户籍或者职业为标准划定,而是以农业生产者是否直接耕种农地进行区分。此种区分的结果是形成了意大利农地主体的两种不同形式:自耕农与非自耕农。土地租赁主体的区分对土地租赁有着实质影响,导致土地租赁的构成要件在单一性抑或双重性上存在争议。虽然土地租赁合同的功能在最初的1865年《意大利民法典》中并未受到重视,但是立法者随后通过1942年《意大利民法典》和1982年《意大利农业合同法》对不同的租赁主体区分规定,按照自耕农与非自耕农的分类予以规范。[②]

土地租赁构成要件的立法变化产生于意大利1982年《意大利农业合同法》,该法明确区分了自耕农租赁的规范与非自耕农租赁的规范。意大利农业法学家格外关注租赁主体,以及承租人资格的变更也导致适用规则的变更这一问题。意大利法学家密切关注具体案例中的经验价值,认为承租人在取得或者失去自耕农资格时,应当适用不同的农地租赁规范体系。[③] 因此,即便起初《意大利农业合同法》仅被视为一种

---

① Cfr. R. Alessi, L'Impresa agricola, in Comm. Cod. Civ. Schlesinger, Milano 1990, p. 89s. Cfr. R. Alessi e G. Pisciotta, I contratti agrari, cit., p. 174.

② Cfr. G. Alpa, Destinazione dei beni e struttura della proprietà, in Riv. not., 1983, I, p. 2ss.

③ Carrozza, Commentario alla legge sui contratti agrari, n. 203/1982, Padova, 1983; Emilio Sereni, Storia del paesaggio agrario italiano, Laterza, 1961; Mauro Paladini, L'importanza delL'inadempimento nella risoluzione dei contratti di affitto, Tra codice civile e legislazione agraria, Riv. dir. agr., 1990.

不同土地利用方式的规则目录，但其本质是农地利用体系改革的重要法案。这一细化的规则极具价值，立法者甚至在细化规则中设想了农地应用的各种可能性，现实中的土地租赁细节几乎被规则完全涵盖。意大利立法者还通过集体性规范和改良等强制性规范，去保护农地利用主体，并实现了自耕农和非自耕农模式上的统一。

（二）从"静态土地所有"到"动态农业利用"的立法转化

注重租赁功能的立法转变深刻影响了意大利农地立法史，乃至重构了意大利现代土地租赁结构体系。在这一过程中，不同的利益主体在农地经营和改良中得以获益，土地的实际利用者不仅根据土地指向的经济目的进行生产和管理，而且还根据不同的租赁合同的功能承担相应的改良责任。[①] 事实上，前述立法转变在社会和经济意义上强调土地的负担依赖于土地租赁合同的类型，更重要的是与租赁合同应当担负的社会功能相关，实现了物尽其用、持续发展以及理性激励。农地利用规范成为整个农业活动的重点，其既规范了农业企业，实现了个体利用土地的目标和土地所应承担的责任，也成为意大利农地立法从静态土地所有到动态农业利用过渡的标志。

第三节　异质性土地租赁合同之间的转化困境及其解答

一、土地租赁合同中的"身份"识别：自耕农与非自耕农的实践区分

（一）基于租赁主体与土地关系的"身份性"区分

围绕私人意思自治及其限制，意大利土地租赁从合同目的和功能的角度重构了农地利用制度。不过，农地利用的模式依然受到土地租赁类型的确定标准的影响，并关涉租赁主体同土地之间的关系，以及主体身份的转化问题。尤其需要解答的是，间接利用土地是否满足意大利土地租赁的成立要件？而不同主体（自耕农与非自耕农）之间的转换

① Cfr. Nazzano anna Carla, Affitto di fondi rustici, in P. Perlingieri (a cura di), Manuale di diritto civile, Napoli, ESI, 2007, p. 325ss.

又对土地租赁合同产生何种影响?

意大利法院首先通过以下两个案例为上述第一个问题提供了解答:①

案例一:农地所有权人甲将土地出租给乙,允许乙利用土地进行植物和花卉的栽培。通常,双方当事人会将此类合同界定为土地租赁合同,但是该案的出租人甲却提出不同意见,主张将该合同定性为非居住性的不动产租赁合同。对此,意大利基层法院的法官认为,农业活动的本质就在于农业活动与土地的紧密联系,在土地上直接种植农作物和间接利用土地进行盆栽栽培之间并无本质区别,因此将这一具体合同归置于土地租赁合同体系中进行思考。② 不过,意大利地方中级法院在对 1982 年《意大利农业合同法》进行解释后指出,土地租赁本质上是直接利用土地并签订合同的方式,而本案中确定的农地种植只是一种依托于土地的农业利用形态,这与以农业生产为目的而租赁农业建筑或建设用地的合同并无差异,因此不能适用农业租赁合同予以规范。③ 至此,意大利法院最终作出了"土地的生产本质并没有被打上标识,不能将土地自身的所有功能都与生产相联系"的解释,认为承租人的活动只是依托土地开展经营活动,并判决该情形适用非居住性的不动产租赁合同。

案例二:甲乙双方就土地利用达成一致,乙承租草场并向甲支付对价,并约定乙在利用土地的期间内享有对抗甲的土地使用权的权利。针对这一协议,合同的当事人的意见出现了分歧。承租人乙认为这是一种客体物为草场的土地租赁协议,而出租人甲坚持认为合同的标的物是草场上的草,甚至认为该合同纯粹就是关于草的买卖合同而与土地利用无关。④ 针对该案,意大利法院的法官通过合同内容来判断合同的性质和类型。可以肯定的是,合同交付的客体物是土地所生产的草,

---

① Cfr. Cass. ,23 novembre 1985, n. 5827, in Dvd Juris data.

② Cfr. A. Cicu e E. Bassanelli, *Corso di diritto agrario*, Milano 1943, p. 63ss. ; E. Casadei, Aspetti e problemi della disciplina del canone nell'affitto di fondi rustici (L. 3 Maggio 1982, N. 203), in La nuova disciplina dei rapporti agrari, cit. , p. 198ss.

③ 事实上,若我国农村承包经营地需转变为农村建设用地,也会遇到同样的理论和实践问题。

④ 在这一观点中,土地是否被承租人或买受人占有存在争议,草的买卖因不能直接对土地进行利用,也就不存在占有土地的问题。Cfr. D. Rubino, La compravendita, Milano, 1962, p. 203ss.

但是仍然需要考察支付的租金与土地上畜牧的牲畜数量有无直接关联，以及合同是否对牲畜数量、草地产量以及畜牧期间进行限定，从而结合实际情况判定该租赁合同的性质。

（二）租赁合同性质识别的不确定性

在上述两个案例中，案例一在合同双方合意的基础上认为承租人与农地之间为直接利用关系；案例二则进一步阐明承租人与农地之间即便有直接联系，也并不必然构成土地租赁合同，合同类型要根据个案情形进行具体判断。尽管土地租赁合同作为典型租赁类型在意大利法教义学上不断完善，但仍旧存在合同特征识别上的疑难，究其根源就在于租赁情形的复杂性。[①] 上述论证在揭示租赁合同主体与土地耕种关系的同时，还体现出土地租赁主体的“身份性”。相对于中国农民所享有的成员权身份，意大利农业耕种主体被赋予了另一种身份意义，即根据租赁主体是否对农地进行直接耕种进行区分，或者说是由具体的农业合同关系来确定主体的“身份性”，区分的结果也就形成了农地耕种主体的两种不同形式——自耕农与非自耕农。农地的享有是基于用于转让的农地（非自耕农属于资本性质的享有）还是基于用于自耕的农地，在意大利传统学说中就已经形成了一种独有的土地租赁种类划分规则，使得土地租赁的主体身份对土地租赁合同的性质产生了实质影响。承租人须依据土地租赁合同的异质形态承担不同的义务。

二、租赁当事人主体资格变化时的适用规则

（一）自耕农转变为非自耕农时的合同适用规则

针对不同主体身份的土地租赁合同进行差异化立法之后，意大利农地立法者力图进一步解决合同成立后当事人主体资格出现变化时的适用规则。[②] 土地租赁合同签订后，非自耕农承租人取得自耕农资格时，抑或自耕农承租人失去自耕农资格时，承租人所适用的法律规范是

---

① 土地租赁包含诸多关系因素，私法自治就是在这些相互关联的因素影响下逐步得以确定的。Marco Goldoni，Autonomia private limitata e autonomia private assisttita in material di contratti agrari，Riv. dir. agr.，1992.

② Cfr. il Capo Ⅰ e il Capo Ⅳ della Ⅰ. 203 del 1982，in Giorgio De Nova，Codice civile e leggi collegate，cit.，p. 923ss.

否发生变化？事实上，在承租人主体资格转化的规则中，事实构件变化所引发的法适用问题反映了意大利土地租赁主体理论的历史走向。①

案例三：A 和 B 签订了土地租赁合同，尔后自耕农 B 将该农地转租给 C，具备自耕农资格的转承租人 C 占有并使用该农地。鉴于自耕农租赁和非自耕农租赁之间的不同规则，原承租人 B 要求改变其作为自耕农承租人的权利义务范围。虽然这一变化发生在两个不同的租赁合同关系中，但暗含了转租人 B 由自耕农转变为非自耕农的事实，也即在事实上出现了租赁主体性质的变化。针对这一问题，该案中的意大利基层法院的法官认同土地使用权转让的正当性，认为原租赁合同应适用非自耕农租赁规则，即产生了转承租人对原承租人法律关系地位的替代。租赁主体关系的替代者被合法有效地赋予了自耕农资格，被替代者的主体性质则发生了变化，仅作为两个异质性的土地租赁合同之间的纽带。意大利高等法院随即通过该案在农地法领域确定了一项合同转化规则，即“自耕农租赁合同事实构件变化——原因、客体和法效的不一致——出现非自耕农的租赁”②，主张承租主体的耕种资格是一种特定保留，转租合同成立的条件正是借用了原承租人的自耕农资格。③

不过，案例三所呈现的原承租人身份的变化并非必然导致合同内容的变化。根据《意大利农业合同法》第 7 条的规定，如果非自耕农承租人在土地租赁过程中获得了自耕农租赁资格，在合同到期后可拒绝适用自耕农规范。④ 显然，意大利法院在考虑承租人身份的同时，还重申了两类土地租赁合同中所蕴含的意思自治之意，即不能强制性地认定合同条款无效，而应当具体分析当事人的合意和应当保护的利益，通过第三方评估和利益衡平对合同进行修正，尤其要考虑合同所承载的社会经济功能。⑤ 借此，意大利法院针对案例三给出了新的解释路径：利益衡平在合同缔结的时候就已经被确定，法官并不能因为情势变更

① Cfr. Cap, Ⅱ, della Ⅰ. 203 del 1982, cit. , p. 925ss.

② Cfr. Cass. , 9 ottobre 1998, n. 10023, in Dvd Foro it.

③ Cfr. Antonio Massart, sub art. 4, in A. Carrozza, L. Costato e A. Massart, Commentario alla legge sui contratti agrari; n. 203/1982, Padova Cedam, 1983, p. 12ss.

④ Cfr. Cap, Ⅰ, della I. 203 del 1982, cit. , 923ss.

⑤ Cfr. Cass. , 18 luglio 1986, n. 4644, in Foro it. , 1986, Ⅰ, c. 2742ss.

对合同规范作出强制性规定。法院无论是基于对合同弱势当事人的保护或是其他利益因素，都无法形成一种排他性的理由去裁判租赁主体资格的转变，只能对当事人确定的租赁合同内容进行解释，使得合同规范的权利义务实现相对的平衡。

（二）共同承租人缔结土地租赁合同时的主体资格转化

为了穷尽土地租赁主体转化的所有情势，共同承租人缔结土地租赁合同的情形也成为意大利法院不可或缺的解释对象。

案例四：A 和 B 共同承租 C 享有的农地，在合同成立之后 A 便失去了自耕农资格，于是 B 要求解除合同。针对这一情形，意大利上诉法院认为，“某一共同承租人主体身份的变化并不必然导致土地租赁合同的解除，只有因主体变化导致合同无法履行时才能解除合同”。[①] 高等法院进一步认为 1982 年《意大利农业合同法》第 5 条中承租人主体资格的变化属于意思自治的调整范围，对合同解除的解释略有不同，即为了避免资格取得或丧失产生的不利影响，应该尊重合同当事人资格变化的合意。[②] 然而，若当事人之间无法产生合意，就可能因保护不同的利益而出现矛盾，此时，意大利法院才能基于合同自治性之外的因素进行不同的规范。值得注意的是，在进一步观察意大利新近学说中关于租赁利益的确定方式时，我们就会发现意大利学者们刻意选择了一种弱化矛盾的处理模式，甚至避免在两者之间建立某种极为确切的标准，即便确立了标准也是短暂和不稳定的。

综上所述，在意大利土地租赁中，“土地孳息”与“契约目的”之争，本质上是围绕当事人意思自治及其限制而展开的，其中涉及的合同功能、合同主体身份的转换规范都致力于农地利益不同角度的保护。针对欧盟农地利用形态的日益复杂化，意大利法学家似乎获取了一种有效的处理方式，即充分利用土地租赁合同中的意思自治原则赋予承租人以最大范围的自由，同时辅以强制性规范加大农地利用的保护力度，借助租金、期限、土地改良和补偿等法技术手段衡平当事人之间的权利和义务。在此过程中，立法者及其法释义者对土地租赁主体进行了有

---

① Cfr. Nazzano anna Carla, Affitto di fondi rustici, cit. , 316ss.

② Cfr. Cass. , 17 ottobre 1994, n. 8456, in Foro it. , 1995, Ⅰ, c. 1214.

序的规范和解释,以私人意思自治为核心构建了一套合理的农地流转制度,从而赋予实际占有者即耕种者更广泛的土地改良权,在追求农地价值最大化的同时实现了土地租赁合同的社会功能。

第四节 土地租赁的继续性合同与关系契约本质

在对土地租赁的本质进行研究时,存续期间的土地租赁关系所表现出的继续性特征尤为重要,这种继续性所体现的关系契约内容也充分体现出土地租赁的合同特色。对土地租赁制度的研究,不仅要着眼于既存的法规范群本身,同时还应该关注存续期间社会秩序的本质。[①]在对法律与既存法系统的探讨中,真正的目的除了改善法系统,还要把法系统放在社会结构当中来理解,以建构出一套理论性的解释,去质疑、探讨它们的起源,以及社会的关系和目的。[②]

一、对传统"一时性"合同理论的突破

(一)一时性合同的不足

在契约存续期间问题上,古典契约模式的一时性合同是合同结构最好的体系化工具。一时性合同成为古典契约法体系中的合同范式,源于自由主义理念在私法中所处的核心价值地位。由《法国民法典》彰显的自由主义成为近代民法的价值基础,并在 1942 年制定《意大利民法典》时得以继续贯彻。[③] 作为古典契约模式表现的一时性合同成为古典契约法的范例,并充分体现了私法自治的要求。通过当事人的合意来确定合同未来要履行的全部内容,一时性合同也就成为立法者所预设的合同模型。同时,契约为缔约当事人提供了明确和可预期的法律规范,使当事人可以思考未来可能发生的"一切"情况,进而将其预设于契约之中。不过,把土地租赁合同将来所有的情势予以预设是不现实

① 参见[美]坎培尔、[美]威尔斯:《社会中的法律研究》,载[美]埃文(William M. Evan)主编:《法律社会学》,郑哲民译,台北,巨流图书公司 1996 年版,第 27 页。

② 参见[美]坎培尔、[美]威尔斯:《社会中的法律研究》,载[美]埃文(William M. Evan)主编:《法律社会学》,郑哲民译,台北,巨流图书公司 1996 年版,第 27-28 页。

③ Antonio Sciaudone, Il Fondo rustico nella proprietà e nell'impresa, Napoli, ESI, 1996.

的:其一,鉴于租赁期的长期性,土地的耕种又与自然状况等外在情势相关联,那么承租人注定仅拥有"有限理性",把将来所有的情势予以预设是不可能实现的;其二,出租人和承租人的认知不足或错误也会使得预设目标落空;其三,土地租赁期间一般较长,相对于一时性合同而言,采取继续性合同的方式更能应对租赁期间内出现的变化。

上述农地实践过程中产生的问题,在土地租赁合同纳入《意大利民法典》时,就对古典契约法所假设的理想状态提出了挑战,尤其出现土地租赁法律规范被规避,以及非契约的交易关系在实践中大量存在时,以一时性合同为模板构建的土地租赁合同规范在实践中发挥的作用屡受限制。这一实践也符合当代契约理念的变化规律,即为了解决合同预设出现的诸多问题,现代合同法在古典契约法的架构上放宽了诸多假设限制,并形成了新的合同法理念。因此,土地租赁合同的既定条款可能并不能完全满足未来可能会发生的情形,因而合同内容的调整成为合同双方当事人的一种需求;同时,立法者也试图以更为弹性的方式解决契约争议,不会只将重点放在违约后的损害赔偿上,而是会竭力让契约关系良性地发展下去。这一点,尤其在适用《意大利民法典》第1424条无效合同转化时较为明显。[①] 为此,在1982年《意大利农业合同法》对农业租赁合同进行规范之时,立法者为土地租赁合同提供了更为弹性的条款内容,允许双方当事人另行协商来变更合同内容,并不要求在缔约之初便必须确定所有的契约内容。[②] 可以说,在现代土地租赁合同的规范中,合同一般条款的弹性以及缔约后的合同调整与变更条款都体现出继续性合同的理念。

(二)继续性合同在土地租赁合同中的必要性

继续性合同并未取代一时性合同,而是在现代合同法体系中处于次要地位。具有继续性合同特征的土地租赁合同也并不是一时性合同的唯一例外,诸如承揽合同等典型合同也体现了这一特征。只不过土地租赁合同因其复杂的合同法律关系,为当代合同法理论作出了独有的理论贡献。由于继续性合同给付的范围与时间的长度相关,其合同

---

① 参见《意大利民法典》第1424条。

② Carrozza, Commentario alla legge sui contratti agrari, n. 203/1982, Padova, 1983.

内容在缔约时并不能完全预测和确定,即不能完全由当事人的合意来决定合同内容,因此在继续性合同中传统的“意思理论”无法完全贯彻。

基于继续性合同在实践中广泛存在的事实,现代合同法不得不加以规范。这种规范的形式表现在两个方面:其一,分别作为典型合同类型进行规范;其二,采取“对继续性合同予以一时性合同化”的立法策略,把继续性合同当作一时性合同来对待。事实上,现代合同法采用了后一种处理方式,继续性合同在内容上仍然按照一时性合同的逻辑来安排,继续性合同中的特殊因素被抽离,同化为与一时性合同相似的合同类型。仅仅在按照一时性合同的范式逻辑进行规范,并且与继续性合同的本质属性相冲突的情况下,立法者才会针对继续性合同给予一些例外规定,同时这一处理方式还需要避免继续性合同的特殊规定对合同法内在体系的一致性所带来的不利影响。

虽然继续性合同作为弱势合同类型有存在的必要性,但是在合同法的内在体系上,继续性合同仍然被一时性合同范式的传统合同理念所压制和同化,并简化为近似一时性合同的类型。一时性合同对继续性合同同化的介入点,就在于合同的“内在可理解性”,也即私法的内在结构及其法哲学基础。合同权利义务的相关性产生于双方当事人订立合同的角色,显然在合同存续期会产生变动,但是双方当事人在统一的双极关系中仍具有道德上的平等。继续性合同若要与一时性合同共存于合同法体系之内,就需要前者的内在因素基本满足后者的基本理念,具有继续性特征的土地租赁合同在合同法中表现为一种偏正结构,在私法理念上是逻辑连贯的,并未违反合同的内在逻辑与形式主义的要求,仅仅通过特别规范加以补充。

(三)土地租赁从个别性契约到关系性契约的范式转化

农地继续性合同的发展还反映出近代契约法的另一种范式转化,即由个别性契约向关系性契约的发展。这一关系性在意大利法上体现为土地租赁合同并不完全是双方当事人之间的意思自治,农业合作组织、改良规则、环境和食品保护规则都通过土地租赁规范中的引介条款被摄入其中。土地租赁当事人之间的关系受到国家、区域组织和农业合作组织的间接影响。只不过,这一“关系”更多地体现为一种复合性的规则，而非人为干预。

土地租赁合同作为典型合同的一种类型，兼具开放性和弹力性，从继续性合同和关系契约的角度对土地租赁合同进行思考有其必要性。可以说，以“一时性合同”为基础构建的古典土地租佃制度与农业社会和早期工业社会相适应，而继续性合同、关系契约则是在现代工业社会和发达的商品经济的基础上产生的契约类型，并成为适应现代土地租赁发展的契约新形态。

二、“继续性”和“关系性”在土地租赁制度中的内涵与表达

（一）继续性合同与传统合同法理论的协调

继续性合同与传统合同法理论并非不可协调，只是传统合同法理论的部分规则难以适用于继续性合同，而导致这一不适的根源就在于时间因素的引入，以及继续性合同中“人合性”、诚信原则和情事变更原则的强化适用。[①] 就具有继续性合同本质的土地租赁合同而言，其在以下三个方面与传统一时性合同具有差异。

第一，时间因素的介入较为特殊。时间和空间共同构成了土地租赁合同的存续形式，成为土地租赁时的情景因素。时间在租赁过程中被赋予了特殊含义，即农地法律领域中的时间不仅仅局限于时间本身，还体现为与时间相关的一系列变化。时间在此表现为一个范畴体系，由其相关的一系列规则集合而成。土地租赁在时间中存在，时间又在农地法律中得以生动体现；时间作为土地租赁的存续场景，对土地租赁法律规范有重要影响。土地租赁法律关系的产生、变更和消灭都是在时间的维度中展开的，土地租赁的内容也随着时间产生变化。

第二，继续性合同中土地租赁当事人之间的信赖和依附关系更为突出。从所有权的发展来看，对物关系中逐渐凸显主体的主观性，也即现代法既注重个体的独立与自由，也重视人与人之间的合作与互助。在面对共同的农地社会环境时，缔约当事人为了实现相应的权利内容，人与人之间的信赖和依附关系也就尤为突出。在继续性合同中，给付并非一次性完成，而是随着时间流逝持续性地实现，因此土地租赁合同

① Antonio Sciaudone, Il Fondo rustico nella proprietà e nelL'impresa, Napoli, ESI, 1996.

的稳定性就极为重要。这种稳定性在很大程度上依赖于土地租赁合同双方当事人之间的诚信或信赖，并在合同的存续过程中得以实现。由于时间的跨度，合同的履行期限较长，为了维持一种长期稳定的合作秩序，在当事人之间产生了一种特殊的相互结合的利益关系，这体现出土地租赁合同中的“人合性”特征。那么，在继续性特征的土地租赁合同中，债务人履行债务必须依据合同的本旨持续地履行债务，当事人之间的信赖和依附关系也就比一般合同更为突出。如此，土地租赁合同双方当事人之间不仅仅是一种债权合同关系，更体现为当事人之间的一种组织体关系，两者共存于一个农业活动共同体之中，并服从于同一经济目标。

第三，土地租赁合同中情势变更原则的适用更为强化。情势变更出现在合同依法成立之后，因不可归责于双方当事人的原因发生了不可预见的情形。情势变更致使土地租赁合同的成立基础丧失或动摇，若继续维持合同原有效力则有失公平，因此法律允许变更或解除合同。因此对情势的预见，除受当事人预见能力的影响之外，还需考察情势变更的影响程度，而影响程度通常与合同的履行期限有关。作为继续性合同的土地租佃从成立到消灭，存在一个较长的履行期间，其发生情势变更的可能性比一时性合同更大。因此，从情势变更发挥的功能出发，其在继续性合同中得以适用和强化，并充分表现为合同内容的变更和消灭。即便一时性合同与继续性合同都是为了建立给付与对待给付之间的对等关系，继续性合同也更为复杂和多变，仅对合同内容中遭到破坏的对价关系予以调整是不足的，还需要重视其中的人合性因素。

因此，合同内容发生情势变更时，土地租佃合同的当事人还需要以“合作关系”对合同内容进行调整。甚至实践中意大利法院在对具体土地租赁合同关系进行调整时，也必须审慎地从原有合同约定与现行法中寻求一种新的合作秩序来满足当事人的需求。可见，在继续性土地租佃合同当中，除要修补“给付与对待给付”之间的利益关系以外，还要基于继续性合同中的人合性因素，对后来作为交易基础的合作秩序进行补充甚至重建，并基于当事人之间的信赖和依附关系来力促合同目的的实现。但是在合同履行过程中发生情势变更，变更后的合同内容无法适应新的客观情况或无法实现合同目的时，当事人当然可以终止合同。通常，情势变更原则系以排除法律关系因情势变更所生之不公平的结果为目的，故其效力仍应先维持当事人之前订立的法律关系，止于变更其内容即可。如仅依上述维持之法尚不足以排除不公平之结果时，方采取使其关系终止或消灭之法。因此，在不足以排除土地租赁的不公平结果时，合同当事人可以基于情势变更终止合同。同时，继续性合同消灭的法律效果原则上不具有溯及力，不过根据该合同是否具有属人法或团体法的性质，例外地可以确定是否允许当事人解除合同时承认其溯及力。一般而言，应当否认存在有溯及力效力的解除权行使的可能性，而在其他情形下，即当事人之间只是存在一种简单的利益交换关系时，可终止履行合同并满足当事人寻求溯及力的救济。

按照传统合同法理论，在合同不成立、无效、被撤销时，合同自始归于消灭，合同一方或双方当事人基于合同所为的给付就失去了依据，因此应当依据不当得利予以返还。而在土地租赁合同中，由于时间跨度较长，当事人之间的权利义务较为复杂，并且当事人一方的给付还可能是无形的劳务。在这种情况下，如果使其全部溯及既往地发生消灭，令受领的当事人负担返还责任，这一处理方式在实践中必然难以操作。其结果既无法达到完全恢复原状的目的，还有可能因此损害善意第三人的利益，不利于合同公平正义的实现。一般而言，合意在土地租佃合同订立过程中位于核心地位，而在土地租赁合同关系存续期间，社会因素的参与或者个体与集体合作组织之间的特定关系，也会对土地租赁合同本身产生巨大影响。

此外，一时性合同模式的禁锢，使得具备继续性特质的意大利土地租赁合同在适用传统合同法理论的过程中出现了一些特殊的问题，如个别的给付和总括的给付、个别的请求权和总括的请求权之间的关系对整个继续性土地租赁合同都产生了很大的影响。因此，探寻具有继续性特质的土地租赁合同与传统合同法理论的协调性问题时，时间因素、当事人之间的信赖关系、合同正义理念、诚实信用原则和情势变更原则等，可为继续性合同的适用和问题的解决提供针对性的思路，同时也有益于辨别继续性合同的关系性与纯粹关系性契约之间的异同。可以说,作为继续性合同的土地租赁合同有着自己独特的品质,并促进了意大利私法理念与合同理论的现代化发展。总体上,意大利立法者为了维护意思自治原理,对"继续性合同"采取了"一时性合同化"的立法策略,同时抽离继续性合同中重要的关系性要素,如时间要素等,以满足这一特殊的合同目的。不过,经过同化、抽离或排除后的现代合同法,单纯从技术规范的角度来看,在实践中并不足以满足土地长期租赁的需要,只有立足于规范并借助土地经营经验和文化传统才能更深入地解释土地租赁问题的根源。

(二)土地租赁合同中强调"合同过程"的动态合意

根据分析视角的不同,土地租赁合同的性质分别被意大利法解释学家、法社会学家和法经济学家赋予不同的意义,合同性质也被界定为过程化契约、关系性契约或者是不完全契约。起初,意大利传统合同理论所关注的重点是合同本身,认为合同以当事人的合意为核心,承认当事人意欲追求的法律效果。这一视角并未重视合同的时间因素,认为合同的达成与履行都在某一个时间点上完成,并把合同将来可能发生的所有情形予以预设,但是土地租赁合同存续期间出现的问题无法在一时性合同模式中完全设定。现实的土地租赁合同是从合同缔结前到履行完毕的一个长期连续的过程,不仅合同订立期间是一个过程,而且合同内容的确定到合同的履行也是一个长期过程,甚至合同的内容也是一个渐进的过程,其在订立时无法完全确定。因此,相对于一时性合同而言,土地租赁的继续性特征体现出契约的过程化,即当事人在缔约合同之时就相互交涉并逐步呈现出一种深化的动态过程,租赁合同规范在当事人之间的相互关系中动态地生成和变动。这种基于合同过程取向的合同过程论,为继续性合同的再交涉义务提供了条件,土地租赁合同也从单纯的"合同行为论"向"合同过程论"进行了转向。

(三)土地租赁合同中的"关系性要素"

形成这一契约新范式的关键还在于"关系性要素",即包含了关系与交换两种要素的契约形式,其与个别性契约的不同之处就在于关系性要素在合同中的重要地位。事实上,土地租赁合同是履行过程中当事人之间各种关系的集合,当事人之间的承诺或者合意只是其中的一个组成部分或合同关系的一个片段,而社会习俗、身份、习惯及其他为人所内化的关系性要素,对于土地租赁合同的履行仍然发挥着重要作用。总体上,土地租赁合同作为关系契约至少有以下四个特点:首先,关系契约并非简单的点式交易,而是一种长期性契约;其次,土地租赁履行中的某些细节在缔约之初难以被确定,因此会采用开放条款和保留条款对合同内容进行补充;再次,土地租赁双方之间相互依存,甚至还可能延伸到相关的社会关系中;最后,关系契约中还时常包含着某种非承诺机制,尤其在关系性契约持续一段较长的时间之后,非承诺机制甚至比正式制度更为重要。

农地租赁合同既是一种继续性合同,也是一种典型的关系契约,并通过"集体"等因素发挥作用。这种契约的关系性特质还充分体现在,如果缔约双方在缔约时无法将协议中的条款简化为明确的权利和义务,那么在合同履行过程中出现争议时,关系契约中的关系因素就会发挥关键作用。上述问题尤其体现在土地租赁合同中的"集体"因素上,集体作为关系性土地租赁契约的要素对合同本身产生隐性影响。也可以说,土地租赁还体现了一种不完全契约性,正是个人的有限理性,加之外在环境的复杂性与不确定性,以及信息的不对称等原因,使得土地租赁契约当事人无法洞察一切。由此造成契约条款是不完全的,需要设计特殊机制来弥补契约条款的不完全性,并处理由不确定性引发的有关契约条款的连带问题。这一不完全性具体表现在三个方面:一是人的有限理性,人不可能把所有可能发生的未来事件都写入契约条款中,更不可能制定出处理所有未来事件的具体条款;二是信息不对称造成的契约不完全;三是土地租赁当事人再磋商的意愿。可以说,这种不完全契约在法律层面上表现为权利义务上的不完全债的关系,即不可能详细描述缔约双方在所有可能发生的情况下的权利义务关系。土地租赁继续性合同的内容只有随着时间的延展而逐渐确定,呈现不完全契约的特征。

由于土地租赁合同是一种长期性合同关系,那么在合同履行过程中应引入弹性要素去应对各种不同的情势,以避免交易关系在变化的情势下破裂。这种合同弹性的需求,促使当事人双方有意识地限制有效条款的范围和精确程度，故意在合同中预留进一步合意的空间。意大利立法者也常常利用开放性条款，在土地租赁的履行期间上给当事人以实质性的自由选择权。类似的开放性条款如价格调整条款、数量变更条款，以及可自由选择执行的风险分配条款等。当然当事人还可以采用情势变更原则来处理契约基础丧失问题，以及采用再交涉义务条款要求对方当事人再次谈判或磋商。通过这些约定的弹性条款，《意大利农业合同法》在土地租赁合同当事人之间确立一个大致的法律框架，其他的合同细节内容则留待将来的履行过程中逐步商讨。但是意大利这种立法模式也带来了一系列后续问题，即当事人在合同治理中，可以使用的法律工具弱化了，而非法律机制显得更为突出。尤其体现在当事人一方发生违约时，法律将不再是介入争议的唯一手段，解决契约问题的合同规范因关系因素而减弱，此时必须依赖一些非法律机制的介入才能有效解决契约中所产生的问题。

三、意大利土地租赁合同性质的再探讨

上述论证揭示了土地租赁合同的关系性和继续性特质，明确指出继续性合同或者关系性契约与传统“一时性”合同内容上的差异性。换言之，土地租赁继续性合同在成立时只需具备一个初步的合同架构，合同的细致内容有待于当事人在合同履行过程中逐步确定和填充。

立足于这一视角，土地租赁合同作为继续性合同在本质上是一种不确定性契约，这与一时性合同作为确定性契约的本质相对应：其一，合同内容不能完全自始确定，而是在合同存续期间内逐步确定和填充；其二，以持续履行为内容的继续性合同内容，必须随着时间的延展持续实现合同目的。在逐渐确定合同内容的实现手段上，承租人可直接与出租人协商，或仍然先按照事先约定的条件持续履行，在出现履行障碍时再进行协商。因此，土地租赁的继续性合同中，再交涉义务是当事人逐步确定合同内容的一种协商机制。

当然，继续性合同作为不确定性契约，仍然需要通过合同双方当事人的合意来完成。只不过，此时需要再考量各种关系性要素，通过当事人的协商或博弈实现一种双赢的合意。具体而言，在土地租赁合同关

系中,会出现当事人在相互交涉的过程中修正已形成的合意甚至否定已有合意的现象,但是这种再次达成的合意不能仅拘泥于合同当事人的想法。显然,在土地租赁合同的履行过程中,当事人很少会基于某种合意机械地实施履行行为,而会根据农业政策、生产状况的变动等边履行边修正合同条款,从而实现一种动态的合意。可见,土地租赁合同的继续性和关系性特征体现了过程化契约、关系性契约及不完全契约三种契约内含的属性。或者说,由于继续性合同是内容不确定的契约,那么它就必须是过程化的契约,只有在时间过程的延续中才能通过履行行为或再交涉行为来逐步确定合同内容。在合同履行或再交涉过程中,又不得不考虑土地租赁合同所处的社会和相关因素的影响,这些因素主要就是指关系性契约所描述的关系性要素。

关系性契约理论作为对传统合同法理论的一种突破,可用以解释和说明土地租赁合同所遇到的一系列问题。其中,关系性契约理论主张,在追溯契约拘束力根源时,不仅应回溯到意思自治或信赖中,还应该到更广阔的、存在于契约关系背后的社会关系和共同体的规范中去寻找依据。由此所产生的人与人之间的关系,将不再局限于合同中所订立的固定条款,而是随着合同关系的持续性,赋予契约关系更大的弹性,赋予当事人更多的自由裁量权,借此,为继续性土地租赁合同与传统合同法理论的协调指明了方向,同时将关系性契约理论的解释和认知功能导入土地租赁合同之中,也更为有效地促进了传统合同法规则在继续性合同之中的适用。

第四章 意大利土地租赁合同中意思自治的贯彻与限制

当代意大利民法学家阿尔弗雷德·格拉索(Alfredo Galasso)(以下简称格拉索)基于传统私人自治理论,认为“经济活动中的私人意思自治规范,应与宪法关于自由、人类尊严和安全对私人自治的限制相统一”,这一关于私人意思自治的论述引发了意大利民法学界对私人意思自治的高度关注。对于私人意思自治,当代意大利法学家并不认为这是一项纯粹的意思自由,而是在一种政治经济环境中对宪法规范的重新理解,当然也同时展示了意思自由这一价值的重要性。同时,格拉索在提及私人意思自治扩展的限度时,延伸到可支配利益的范围和私人享有的非财产利益的限度,超出了《意大利民法典》所持有的狭义的意思自治的内涵。此外,格拉索还认为应基于哲学“自决”的意义对意思自治进行重新思考,以挖掘个人意思自由的内涵,并审视人与物之间的关系。

在意大利近80年的农地领域发展中,私人意思自治呈现渐进式的发展,更详细地说,是贝蒂(Emilio Betti)和斯托勒菲开启了意思自治概念的争论,直到现在仍然存在私法自治基础的争论。这一论战肇端于《意大利民法典》生效的第一年,乃至于引发了意大利私法文化的争论。需要注意的是,意大利宪法文本中的“自治”一词使用了另外一种意思。宪法文本中表达的自治是一种公共自治,甚至具备一种地方性特征。宪法意义上的自治、自由通过抽象的价值观念与私法领域中的私人意思自由相联系,表达了对私法领域中私人意思自由的承认,但同时也表现出差异性。事实上,前述格拉索的总结谋求的是几种观点的混同,这种混同的风格不再完全纠结于私法史上关于意思自治观点的对立,而是寻求如何更好地落实意思自治,将意思自治理论进一步贯彻到新兴的民事领域之中。农地领域中的私人意思自治,是在上述理论的发展中逐步成熟并通过租赁期限、租金、无效合同的转让、合同内容的补正等具体制度体现出来的，换言之，农地领域的私人意思自治理论的变革正是在这一过程的讨论中得以充分解答。

第一节　土地租赁合同中私法自治的理论争议与展开形式

一、私法自治的理论变革

意大利民法学家贝蒂在第二次世界大战结束后就以“意大利民事法律行为”为主题撰写了一部标志性论著。该论著以极其概括抽象的方式解释了近代私法自治的理念。针对同一研究主题，斯托勒菲也完成了类似的学术成果。不过，在“原因”这一合同必要条件上，贝蒂和斯托勒菲引发了一场论战，即契约自治抑或私法自治如何作为合同的基础。贝蒂坚持认为合同原因具有社会经济功能，认为契约自治或私法自治之中含有规范控制合同的内在功能，并将其观点结合 1942 年《意大利民法典》予以论证。而斯托勒菲则确信，依附原因的自由主义是合同和契约的最终决定动机，合同内容和缔约者选择自由就意味着个人意思并不受限。这一争议背后实际隐藏着两种不同的意思自治观念：斯托勒菲倾向于个人主义，而贝蒂则更倾向于一种管制经济，更具一种社会化趋向。不过从历史的进程而言，贝蒂的这一观点又继承了意大利法西斯统治时期的私法自治观念，尤其是劳资合作组织关系就体现出国家权力与个人主义在私法中的结合。事实上，这一理论影响了意大利私法的各个方面，即合同具备“公共性”与个人自由相结合的特征，最终《意大利民法典》也成为一种公私法交融的法典形态。①

在意大利民事领域中，民法典规范的检讨在贝蒂和斯托勒菲之间

---

① 关于意大利民法典的特征，可参见费安玲教授等人翻译的《意大利民法典》（中国政法大学出版社 2004 年版）中的“序言”。

的论战中获益良多。《意大利民法典》第1322条规定合同意思自治是一种偏离私法自治的规范方式，实际上表达了一种限制。该条第1款规定，双方当事人应当在法律规定和行业规范的范围内自由地确定契约内容，这本质上是法律和行业规范所强加的一种一般性限制；而该条第2款其实是对第1款作出例外规定时的限制，即双方当事人可以缔结未纳入特别规范规定类型的契约，但是以旨在实现法律保护的利益为限（例如，《意大利民法典》第1323条、第1325条第2项、第1343条、第1987条、第2249条等）。因此，意大利立法者在私法自治上添加了一种渗透性的控制，法官也因此被授予一项特殊任务，即修正具体私法自治行为的正当性和效力。可以说，《意大利民法典》第1322条是对合同意思自治限制的最直接的表达，同时《意大利宪法》第41条也对契约自由进行限制并对契约自由理论产生了巨大影响。

私人意思自治在结合意大利宪法后成为一种特殊规范形态，个体都被要求履行社会、经济和社会共同体中不可推卸的义务。如此，一方面私人意思自治是私法的基础，另一方面则呈现出边界，并从财产领域扩展到人格利益。可以说，《意大利宪法》第41条对经济领域意思自治的限制是极为重要的。意大利宪法法院在财产关系领域也在推动这一理念，如在2008年11月15日N438号判决中，意大利宪法法院承认了“个体意思自治”原则具有宪法性特征，将这一原则视为私法的基础和宪法所赋予的权利，同时添加了对意思自治干预的合法性。显然，这一原则开启了传统私人自治的新篇章，同时也为传统意思自治指出了未来发展的方向。包含有宪法意义的“自由原则”逐渐演变为私法的实质性基础，如同一种“强制性”规范，强调了人类个体发展的合法利益。

二、符合社会发展宗旨的农地私法自治

在土地租赁领域，当事人实现意思自治的同时，应符合社会发展的宪法意旨。这一内容最直接的体现就是农地合同的期限问题，也即租期并非仅为当事人合意的结果。《意大利民法典》第1628条规定了土

地租赁合同的法定最低期限："如果行业规范规定了一个契约存续的最低期间，对于低于最低存续期间的合意耕地租赁，其存续最低期间延长至行业规范规定的期间。"不过，最终如何行使这一规范仍然存在灵活性。例如，立法者通过特殊法律规范对土地租赁期限进行大量干预，使得《意大利民法典》中的法定最低土地租赁期限在实践中极少保留，通过赋予租赁合同契约自由的形式完全修改了农业合同的基本规范。[1]

《意大利农业合同法》是规范现代意大利农业关系的基础文本[2]，例如，该法第 25 条强调农业合作形态中租赁内容的转变（排除了家畜租赁，同时也确定了该租赁形态的次要价值[3]）；第 27 条则确定其他农业利用合同均需使用土地租赁这一名称的形式条款。[4] 可以说，该法令在法律用语上极大地修正了《意大利民法典》中的土地租赁合同规则，并以强制性规范的形式进行预设（第 58 条）[5]，确定了土地租赁法律关系的诸多本质内涵。[6] 例如：允许具有合理事由的租赁延期，在一定意义上保护了农业企业和耕种者；当租赁一方处于弱势地位时[7]，处于强势一方当事人的意思自治受到强制性规范的限制；等等。

在对《意大利农业合同法》的内容进行词义分析时，我们可以发现该法令采用的立法技术是一项妥协的产物。[8] 除了在第 58 条中确立了违反禁止性规定无效的规则之外，该法案又同时在第 45 条和第 51 条中规定了例外规则。该法案对附属于大学、农业技术机构和农业专业

---

① Cfr. R. Alessi e G. Pisciotta, I contratti agrari, cit. , p. 26.

② 在 1990 年 2 月 14 日，该法案内容再次被修正，但是土地租赁的核心规范并未发生变动。Cfr. D. Calabrese e M. Lipari, I contratti agrari. Ex l. 3 maggio 1982, n. 203, Padova, 1992; D. Calabrese, I patti agrari. Lineamenti dotrinali e giurisprudenziali dellle leggi n. 203/1982 e n. 29/1990, Padova, 1994. Cfr. M. Giuferida, I contratti agrari tra inderogabilità delle norme ed autonomia privata, Milano, 1996; L. Garbagnati, I contratti agrari. Rassegna di giurisprudenza sulle leggi 3 maggio 1982, n. 203 e 14 febbraio 1990, n. 29, Milano, 1996.

③ Carrozza, Commentario alla legge sui contratti agrari, n. 203/1982, Padova, 1983.

④ Cfr. Cass. , 17 ottobre 1994, n. 8456, in Foro it. , 1995, I, c. 1214.

⑤ Cfr. Cass. , 21 agosto 1997, n. 7822, in Dir. giur. agr. amb. , 1997, p. 666ss.

⑥ L. Costato, Trattato breve di diritto agrario italiano e comunitario, cit. , p. 178ss.

⑦ A. Carrozza, L. Costato e A. Massart, Commentario alla legge sui contratti agrari, cit. , p. 191ss.

⑧ Cfr. V. Romagnoli, Circolazione giuridica del fondo rustico e controllo dei prezzi, Milano, 1964, p. 61ss.

机构的农业企业签订的土地租赁合同予以特殊保护，农业专业机构或其代理人从事有关科学、教育和研究活动时享有法定解除权。正是预设了一种有限的强制性规范，以及行业机构在规范适用合理性上的专业判断，使得该法令的第45条在整个土地租赁体系中的运用极为特殊。事实上，虽然该规范并不旨在引入一项效力性的强制性规定①，但是它的内涵在教义的解读中被认为是不可违背的②，只不过需要对该条款的限制性规范予以进一步解释。上述这一立法内容并非维持不变，而是在意大利农业政策的引导下根据农业发展的目标发生变化。意大利1990年2月14日第N29号法案第10条又再次强调了合意相对农业合同法律规定具有的优先性。同时，第N29号法案第9条也作出了一些创新性规定，即通过增设处理农地争议的专职法官，将合同的意思自治进一步扩大，使得合同即便在无效时仍然可以进行灵活的效力转化处理。

为更理性地解释上述问题，意大利民法学界对其进行了多样性解读：一方面，认为《意大利农业合同法》第45条应被解释为私法自治原则的辅助功能；③另一方面，认为在农业关系的内部规范中存在一种可便区分的界限，但作为一种特殊的模式，需要对具体的租赁合同的利益进行评估。后者所面临的困难，就是要详尽各种土地租赁情形的利益状况。④ 目前，意大利法学家一致赞同强制性条款的摄入应该具有主动性⑤，并且可视为对合意内容的有效参与。其实这样一种处理思路在其他农业领域体现得更为明显，如农业合作组织参与决定租赁的租金⑥、乡间技术委托、对合同相对弱势方的保护，以及对土

---

① Cfr. L. Costato, Trattato breve di diritto agrario italiano e comunitario, cit., p. 203ss.

② Cfr. M. Goldoni, La nozione di contratto agrario, Pisa, 1988, p. 216ss. C. A. Graziani, Acoordi in deroga e natura dei contratti agrari, in E. Casadei e A. Germanò (a cura di), p. 48ss.

③ Cfr. E. Casadei, Il nuovo diritto dei contratti agrari (accordi derogatori individuali e collettivi ex art. 45 della legge 3 maggio 1982, n. 203), in E. Casadei e A. Gernanò (a cura di), Autonomia privata assistita, cit., p. 391ss.

④ Cfr. R. Alessi e G. Pisciotta, I contratti agrari, cit., p. 31.

⑤ Cfr. Cass., 22 gennaio 1999, n. 594, cit., p. 2041ss.

⑥ Cfr. V. Romagnoli, Circolazione giuridica del fondo rustico e controllo dei prezzi, Milano, 1964, p. 61ss.

地的合理开发等情形。[1]

第二节　土地租赁合同中“私人意思自治的限制”与“强制性规范的界限”之间关系的解释

一、对土地租赁任意性规范的补充规则

当法律关系通过契约进行调整时，私人意思自治的形成不一定每一次都能对法律关系的内容进行准确而详细的规范。因为在大多数情况下，私人自治还意味着合同双方采用事先存在的合同内容。与之相对应的是，合同自由区分为缔约上的自由和内容形成上的自由。但事实上有时候仅仅存在缔约自由，合同关系的内容早已经全部或者部分地被强制性地规定，合同内容已无法由当事人再行约定。在这种情况下，法律通常采用强制性的合同内容，即当为了确定实现某种重要的社会目标时，为避免某些严重不公平现象或违反社会正义的结果，从而以强制性规范维护交易安全或保护第三人的利益不受损害。此外，在合同双方之间的平等地位受到干扰时，也即当一方当事人在事实上的优越地位导致双方地位不对等时，或者合同的利益偏向地位更为强势的一方当事人时，对合同自由提前施加限制是有必要的。

如果不存在上述情形，法律对合同内容的规定就可以被排除在合同自由之外。此时，只有在合同当事人并未作出不同约定时，这些法律规定才能补充适用。通过这种方式，《意大利民法典》和《意大利农业合同法》对不同的土地租赁合同的内容作出了具体规定。这些规定实质上已经被普遍接受，是对一般土地租赁合同中可能发生的典型利益冲突所进行的规制。这些利益冲突可能是合同当事人事先无法预料的，比如瑕疵问题，而这些由法律预设的任意性合同内容只有在当事人没有其他约定的情况下才可能适用。此外，在合同关系既没有强制性的规范，也没有任意性的规范的情况下，还可以借助诚实信用原则和交

---

① Cfr. L. Costato, Trattato breve di diritto agrario italiano e comunitario, cit., p. 205ss.

易习惯确定更为具体的合同义务。

因此,私人自治原则在很大程度上只不过是对已经存在的各种人与人之间关系秩序模式的选择自由,而不是全然重新地形成某种具体关系。合同也不可能对双方当事人可能想规制的所有事项作出约定,通过私人自治形成的合同自由也不可避免地存在界限。正是基于这一认识,以《意大利宪法》为代表的诸多欧洲大陆法系国家的基本法在对私人自治和自由人格的发展予以保障的同时,也规定了自由的界限,即他人的权利、合宪的秩序以及道德律。①

二、私人意思自治中的公权力摄入:以无效土地租赁契约转化与土地租赁延期为例

(一)强制性规定对私人意思自由的干预

早在 1942 年《意大利民法典》中,意大利土地租赁就得以系统化的规范。随着 1948 年《意大利宪法》生效后的一系列特别法律规范的颁布,意大利土地租赁法律制度的内容越发完善和精细。② 与此同时,土地租赁规范体系也度过了诸如农业变革中的一系列合同制度危机,其中首要的原因就是农业经济关系中国家行政权力的干预。或者说,农业合同自由这一私人自治的特定领域受到了《意大利宪法》第 41 条和第 42 条的严格限制,并以一种法解释的形式表现出来。③ 尽管如此,部分意大利农业法学者在对土地租赁合同的教义解释中还是明确反对了这一实用主义立场,认为这种教义解释与私法自治本质并不融合。当然在这一过程中,意大利法学者们还重新认识到积极限制在法解释中的作用,以及将具有经营能力的个体、土地所有权、私人意思自治等进行体系思考的必要性。④

可以说,意大利农地所有权和涉及经济活动的宪法规范都间接保

---

① 参见[德]莱因荷德·齐佩利乌斯:《法哲学》,金振豹译,北京大学出版社 2013 年版。

② V. Bassantelli, La crisi del contratto agrario(a proposito del progetto segni sulla riforma dei contratti agrari), in Riv. Dir. Agr., 1948, I, p. 163.

③ V. Romagnoli, Circolazione giuridica del fondo rustico e controllo dei prezzi, Milano, 1964, p. 60ss.

④ V. Romagnoli, Circolazione giuridica del fondo rustico e controllo dei prezzi, Milano, 1964, p. 61ss.

护和限制了土地租赁合同的意思自治,意思自治这一中心条款时常与《意大利民法典》第1339条[①](条款的自动插入)和第1419条[②](部分无效)相结合,以保持意大利法上一般规范在体系间的协调性与一致性。但是,对于农业合同的外部条款及其限制问题,农业合同相关的具体法律规范更为特殊,使得具有强制性的补充条款和自动生成条款在土地租赁合同中的适用更为广泛,以至于所有土地租赁合同都隐含了一种外部功能。[③] 也就是说,意大利农业立法者使用了引介条款,将大量补充条款和自动生成条款摄入合同之中,并在不同形态的土地租赁合同中表达了这种限制。[④]

如同上述,对合同意思自治的限制性手段,有利于对农业合同的某些特殊内容进行补充,但是这一模式并没有限制当事人(包括农业企业)实现个体利益,只要当事人根据确定的形式完成强制性义务,就能实现立法者赋予个体所能达到的最大限度和范围的利益。[⑤] 换言之,某一农业企业达成了某项土地租赁合同,该合同涉及所应承担的社会责任时,强制性规范就能对合同内容进行必要的干预。不过,《意大利民法典》第1339条和第1374条[⑥](契约的补充)针对不相一致的条款,采用了一种有条件的补充来弱化对双方当事人意思的限制,从而在合同规则的内部达成一种平衡。[⑦]

---

① 《意大利民法典》第1339条规定:法律或者行业规则确定的条款、财产价格或者服务价格是自动插入在契约内的,并且替代当事人添加的与法律或者行业规则确定的条款、财产价格或者服务价格(参见第1419条、第1679条、第1815条、第1932条、第2077条)不相符合的条款。

② 《意大利民法典》第1419条第1款规定:在契约如果没有无效部分或者无效的个别条款(参见第1354条)缔约人就无法缔结契约的情况下,契约的部分无效或者个别条款的无效将导致整个契约的无效。第2款规定:当无效的个别条款依法被强制性规范(参见第1339条、第1500条、第1501条、第1573条、第1679条、第1815条、第1932条、第1962条、第2066条、第2077条、第2115条)所取代时,个别条款的无效不导致契约的无效。

③ art. 13 1. n. 756del 1964, art. 24 1. n. 11del 1971, art. 25ss. 1. n. 203 del 1982. Cfr. , Carrozza, La conversione legale del contratto private come strumento di intervento pubblico in agricoltura, in Riv, dir. Civ. , 1964, I, p. 173.

④ Carrozza, La conversione legale del contratto private come strumento di intervento pubblico in agricoltura, in Riv, dir. Civ. , 1964, I, p. 174.

⑤ Galloni, Appunti in tema di conversione dei contratti agrari, in Riv. Dir. Agr. , 1979, I, p. 337.

⑥ 《意大利民法典》第1419条规定:契约不仅在载明的情况中,还在所有根据法律或者在没有法律时根据惯例和公平的情况中均对当事人有约束力。

⑦ 在双方当事人之间的农业关系中直接摄入了某种特殊条款就如同修改了农地合同的原本内容。

（二）无效土地租赁合同转化的适用规则

当事人的内部合意与要实现的某一既定的社会经济利益目标可能并不一致，又或者在该项合意后续的履行过程中可为后者进行调整。通常，既定的社会经济利益囊括在农业合同的原因因素中，基于当事人的合意有更新合同内容的可能性，这种可能性就使新旧合同具有一种内在的联系。[①] 很明显，这一“新旧合同之间的转化”就是《意大利民法典》第 1424 条所表达的“无效合同的转化”情形，即当事人之间的契约无效时，为力求达到当事人的真实目的，应当推定当事人之间的无效契约具有产生另一个契约的效力，只不过后者仍然应当包括合同成立的实质要件和形式要件。[②] 在意大利学者看来，土地租赁合同中的这种转化是极为必要的。当事人之间的无效合同实质上具备了另一新合同的形式和实质要件，只要满足了当事人所力求达到的某一目标时，就能够合理地认为第二项契约有效地替代了第一项契约。据此可以推论，立法者在《意大利民法典》第 1424 条中，通过推定当事人之间的意思去激活无效合同的效力。[③] 当然，立法者意图将无效合同转化成有效合同，也可以说是一种排除当事人意志而考虑社会经济政策的一般理性。[④] 只不过，这种基于某些前提、原则和功能去构造农地合同的法律转化规则的前提，是不得违反效力性强制性规范。

当违反效力性强制性规范时，无效合同就不能转化为有效合同，那么农地规范的教义必须在转化合同和非转化合同之间划分出合理的界限。[⑤] 在《意大利民法典》第 1424 条的转化规则中，合同绝对无效是因为合同中的某一本质性因素受损，而可以转化的合同则是依据立法者的价值判断在经济和社会功能层面所寻求的一种解答方案，当然此种解决方案仍然要依靠当事人之前的合意内容。此外，在无效合同的转化中，立法者还必须重申补充解释功能对合同的干预性，也即，如何从

① Galloni, Appunti in tema di conversione dei contratti agrari, in Riv. Dir. Agr., 1979, I, p. 391.

② 《意大利民法典》第 1424 条规定：如果当事人知道契约无效（参见第 1367 条），在涉及当事人力求达到的目的时，则应当推定使无效契约得产生包括实质要件和形式要件在内的另一个契约的效力是当事人所希望的。

③ V. Bigliazzi-Geri, voce Conversione delL'atto giuridico, in Enc. Dir., X, Milano, 1962, p. 528.

④ Galloni, Appunti in tema di conversione dei contratti agrari, in Riv. Dir. Agr., 1979, I, p. 341.

⑤ V. Ros. Alessi, Autonomia private e rapporti agrari, Napoli, 1982, p. 270.

一个无效事实要件转变为另一个有效事实要件。通常，农业合同的有效转化是基于经济和政策价值，这种“一致性”体现在无效合同的构成要件仍然要满足这一目标。例如，《意大利农业合同法》第27条规定的所有土地租赁合同的承租人优先享有延期的权利，就是一种对合意的具体干预。[①] 事实上，该法案独有的规范模式，还直接或者间接地规范了租赁价格与土地租赁目的之间的关系。[②]

可见，无效农业合同并非必然无效，在满足立法者价值导向时仍然可以转化为一种有效合同，甚至无须考虑合同的内容或性质是否发生了变化，只需考虑可替代性、非效力性强制规范和挖掘他项合意等关键内容。农地租赁无效合同的转化规则，也完全体现了意大利现代法尽量让合同有效的立法理念。针对农业合同而言，这种无效合同转为有效合同的规定使得《意大利农业合同法》第27条更具价值，其形成了一种更有效、更理性和更具竞争力的新合同，并且最大限度地满足并平衡了社会经济利益和个人利益。

三、对土地租赁合同意思自治进行限制性干预的合法性

在上述论证的基础上，农业合同当事人意思自治限制的合法性根据还可以在1984年N138号意大利宪法法院的判决中得以确认。[③] 这一判决承认了在分益耕种或佃农租赁情形下，即便承租人未经出租人同意，合同的转让也具有合宪性。这一判决与《意大利农业合同法》共同构成了对私法自治加以限制的合法性基础。只不过，这种干预的基础更为复杂。一方面，需要重新认识到承租人所享有的特殊权利，以纠正出租人不关注分益耕种时的立法缺陷；另一方面，立法者应当尊重租赁合同的其他利益相关者，从而作出一种更为优化的社会经济安排。

在具有独立耕种特质的分益耕种契约中，意思自治的限制得以进

① Cimarossa，Considerazioni in tema di contratti<riconducibili> e di contratti <vietati>：Il caso delle soccide convertibili，in Riv. dir. Agr.，1991，Ⅰ，p. 387.

② V. Ros. Alessi，Autonomia private e rapporti agrari，Napoli，1982，p. 263.

③ V. C. cost. 7 maggio 1984，n. 138，in Riv. dir. Agr.，1984，Ⅱ，p. 258ss. 这一判决的影响扩展到1982年N203号法令第25条第2款中的共有合同以及家畜租赁合同。关于合伙农业租赁合同转化的1982年N203号法令的修正和补充，参见Sgarbanti，Commento alL'art. 2（专有转让），in Costato e Casadei，Commentario alla legge 14 febbraio 1990，n. 29。

一步确认，即“立法政策应将合同自由臣服于社会经济的秩序和目的，合同自由应当充分考虑宪法的旨意”①。同时，意大利法院的判决进一步承认了企业利益最大化保护的裁判基础，这与意大利 1962 年 2 月 27 日的 N7 号判决观点保持了一致，即认为企业只要在专有经营权范围内行使权利，就不能被视为侵犯了出租人的经济利益。② 因此，立法者强加的限制意欲将承载意思自由的合同内容与社会经济目标协调一致。农地承租人的个体意思受限于合同内容所承载的社会效果，同时社会责任在土地租赁规范群中成为企业的一种内在要求。在这种背景下，意大利法院进而对出租人的消极行为进行规范，要求出租人在社会责任上应当与承租人保持积极合作，否则就应当承担相应的补充责任。

四、土地租赁合同内容的补全及限度

从上述分析可见，意大利农业法教义学关注土地租赁内容形成的原因，并为农业租赁合同设定一些“强制性”规范，以保障和限制当事人之间的意思自治。与其说意大利立法者通过禁止性规定等条款调整当事人之间的利益，毋宁说为了所有权人的利益和承租人的利益的“双赢”，以及农业合同的原则和特别立法的相互协同，在农业生产和经营活动中以土地租赁合同制度为中心规范现代农地活动。因此，在租赁规范中必定会拟定一些有关农业企业活动的特别规范，其主要的目的在于引导农业企业遵守《意大利宪法》第 41 条和第 44 条的规定，③尤其是《意大利农业合同法》第 45 条的适度限制，从特殊农业立法的角度上弥补当事人对效力性强制性规范认识的不足。

在意大利农业租赁合同领域中，“意思自治”和“强制性规范”之间的教义解释极为有趣，而且这一对概念的博弈也是不可避免的。例如，农地改良作为一项强制规则，就能改变土地租赁合同的合意规则。如

① Galloni, La legittimità costituzionale della conversione dei contratti associattivi in affitto nelle prime decisioni delle sezioni specializzate agrarie, in Giur. Agr. It., 1983, p. 76.

② Giur. Cost., 1969, I, p. 461.

③ Cfr. Rook Basile, I cardini della disciplina delL'affittoi poteri di iniziativa, nel Vol. Gli accordi collettivi. Dopo il Convegno sulL'art. 45 della legge n. 203. 1982. Atti del Convegno, Firenze, 14-15giugno 1991, Milano, 1992, p. 95.

同上文所述，强制性规范也存在一些限制因素，这些因素被明确定义并且构成了土地租赁的基石。也即，对企业合同的强制性修正也是有限制的。[①] 如果必须具体明确《意大利农业合同法》第 45 条中“基石”的内涵，那么除了改良，与劳动组织相关的能力、耕种轮换的安排以及产品的贸易都应涵括在内。

《意大利民法典》第 1419 条第 2 款又规定，当无效的个别条款依法被强制性规范(《意大利民法典》第 1339 条、第 1500 条、第 1501 条、第 1573 条、第 1679 条、第 1815 条、第 1932 条、第 1962 条、第 2066 条、第 2077 条和第 2115 条)所取代时，个别条款的无效并不导致契约的无效。同时这也是《意大利民法典》第 1374 条对契约补充的适用结果，也即，不仅在土地租赁合同没有载明的情况下，而且在没有法律根据或者在需要遵循惯例的情况下，强制性条款均对当事人有约束力，这也吻合一般合同的解释规则。此外，法律或者行业规则确定的条款或价格等要件，自动插入在契约内，并且替代当事人修正与其意思不相符合的其他条款(《意大利民法典》第 1419 条、第 1679 条、第 1815 条、第 1932 条和第 2077 条)。

根据上述论证，《意大利农业合同法》第 45 条关于土地租赁协议的效力为土地租赁的合同主体设定了一个意思自治的边界，同时还可以从以下三个方面予以理解。[②] 其一，1971 年 2 月 11 日第 N11 号法案第 23 条被《意大利农业合同法》所替代，即除了农业合同现行规范之外，当事人之间的合意应当遵守农业专业组织的规定，其纠纷由省级农业组织行会和专门的农业法法官进行调解。[③] 其二，禁止拟定分益耕种合同、共同租佃合同，以及农场主和农业工人共同投资之外的共同农业耕种合同，同时季节性契约和家畜租赁契约的合同内容不得与《意大利农

---

① Cfr. Rook Basile, I cardini della disciplina delL'affittoç i poteri di iniziativa, nel vol. Gli accordi collettivi. Dopo il Convegno sulL'art. 45 della legge n. 203. 1982. Atti del Convegno, Firenze, 14-15 giugno 1991, Milano, 1992, p. 99.

② Luiso, Considerazioni sui processo agrario, nel Vol. Metodi e contenuti del diritto agrario modero. Atti del Convegno di studi, Pisa 7-8 giugno 1985, Milano, 1986, p. 604.

③ 需要特别指出的是，特伦托(Trento)和波尔扎诺(Bolzano)对土地租赁合同有单独的规定，但是省级农业专业组织与其他省份一样，也可以通过代表协助组织。特别值得注意的是，意大利特伦托省也是存在集体土地所有权的地区。

业合同法》的强制性规范相抵触。其三,在任何情况下,农业专业组织都能够设立集体合意的规则,以干涉具体的农业租赁合同。

第三节 土地租赁利益衡平中的诚信与合意

一、诚信原则对当事人合意的补充:以不可抗力导致的非常损失为例

(一)土地租赁非常损失规则的理论基础:诚信抑或公平

为进一步分析意大利土地租赁合同意思自治的限制,解析诚信对土地租赁合同合意的影响极为必要。鉴于土地租赁中诚信与合意之间的复杂关系,本节选择农地因意外风险产生减租的一种具体的非常损失规则[以下简称风险减租(Remissio mercedis)]来说明和解释这一问题。不过,该问题的解释离不开对罗马法的研究,或者说依托罗马法才能解释得更为清晰。

农地风险减租成熟于罗马法古典时期到欧洲共同体之间的一段历史时期,并同时涉及民法体系的三个不同阶段(罗马法、日耳曼法和现代民法)。通常,因非常损失导致的减租适用于不可预见和不可抗力情形,即承租人本身并无过错,只是因不可抗力事件损害了承租人对物的使用和收益的权利。同时,罗马法上的土地租赁非常损失规则还是一个深入罗马实践并与罗马租赁市场相吻合的法律工具,这一补救措施的具体规则也是在农业实践中逐步形成的。风险减租的文献资料源于罗马法古典时期的租赁文本,减租是给城市租户和农地承租人的一种补救措施,是诚信对意思自治的一种补充。当然,梳理这一问题的目的还在于试图真实反映风险减租这一弥补机制的起源。

土地租赁成为罗马主要的租赁方式不仅是由罗马农业社会的形态决定的,还在于罗马土地所有者认为租赁是一种固定的投资形式和一项稳定的收入来源,因此罗马租赁的适用主要集中在土地租赁方面。此外,由于土地租赁市场因坍塌或火灾引发风险的概率较小,并且能提供农产品和带来丰厚的利润,因此土地租赁也是罗马人最喜爱的土地利用规则。不过,在罗马农业实践中,可靠且无债务的承租户的数量是有限的,土地所有者常常不得不向这些无债租户妥协,试图将他们挽留

在自己的土地之上。而风险减租作为一种补偿机制，成为承租人对抗出租人的有力工具。只不过，此时的土地租赁风险减租还只是建立在实践的基础之上，法学家并没有体系化地论证风险减租的合法性和合理性。但可以说，土地租赁合同作为罗马法律科学中最古老的一种合意合同，其中的风险减租无疑具有重要功能。

在风险减租中，诚信在解释合同条款时扮演了基础性的角色，而该规则在实践中也极大地促进了后世法学家对于诚信原则的深入理解。在公元前2世纪期间，诚信在罗马合同领域的作用发生了重要变化。尽管诚信之前被主要用作确定双方当事人履行合同义务的一项标准，但是这一阶段的罗马法已经开始通过诚信原则的合同纠正功能来改变协议的框架，因此出现了更为先进和明确的诚信概念。① 当然，依据诚信原则而承担的合同责任并没有导致法律适用的不确定性，也没有动摇罗马法的根基，只是在合同基础的情势发生变化的时候才对其进行纠正和补充。同样，在土地租赁合同中具有调整功能的还有平等原则，用以合理平衡租金支付和租赁物使用之间的关系。当这一平衡被不可归责于双方当事人，且因不可预见和不可抗力的事件破坏时，可借助平等或诚信这样的弹性原则予以恢复。虽然已有很多法学观点着力于解释风险减租的基础，但古典时期的罗马法学家们大多将对土地所有权人的限制作为补救的理论出发点。②

《学说汇纂》第19卷中列明了如下具体规则："(1)如果承租人没有被允许享有租赁物(无法享有全部或部分土地，抑或房屋、马棚或其他庇护牛群的地方没有被修缮)，或者如果他们所达成的租赁合同中的某一条款未被履行，就会导致承租人主张相关权利。(2)如果承租人受到灾难性风暴的袭击，那么出租人应该为承租人承担所有的责任吗？塞尔维学派认为所有权人应该为承租人遭受的灾难承担责任，如洪水、寒鸦、欧椋鸟以及发生相似的事件或者敌人的侵略；但是如果这种瑕疵是由物体本身所引发的，那么损失则由承租人承担，如农作物被害虫或

① Paul J. du Plessis, *Remissio Mercedis-Agricultural Rent Abatement in Roman Law*, SIHDA(La Société Fernand de Visscher pour l'Histoire des Droits de l'Antiquité), Rotterdam, 2001.

② Luigi Capogrossi Colognesi: Remissio Mercedis, Jovene, 2005.

野草所毁损。但是,如果土地发生自然滑坡而导致整个农作物被损坏,那么损失就并非由佃户承担。同理,如果霜冻毁损了橄榄作物或者由非常态的热浪所引发的,损失将由所有人承担;但如果发生的损失并非由非常态事件所引发的,损失则应当由佃户自己承担。同理,如果一支过往的军队悍然偷窃,也应当根据上述规则处理。同理,如果因地震摧毁土地,以至于土地不复存在,那么应由土地所有权人承担损失,因为他必须提供土地才可能让承租人实现永佃权。(3)当某人宣称自己的农庄被烧毁并寻求减租或其他救助时,该承租人应接受这样的一种规则:土地的耕种者不能因不可预测的大火而不予救济。(4)帕皮尼安在他的第四部敕答中说道,如果出租人在一年内允许承租人因土地贫瘠或减产而减租的话,那么出租人要确保减租行为在接下来的几年中对其没有损害,并认为长期租赁下公地的损失也可适用同样的规则。(5)当某人抱怨承租土地的收成减少时,安东尼努斯有一个不予减租的诏书,认为无须考虑这种请求;但另一个诏书主张依据种植物的年龄而予以减租。"①

《学说汇纂》D. 19. 2. 15. 2 充分解答了不可抗力情形下出租人的责任。上述观点也主要由塞尔维法学派支持,认为土地所有者应该替佃户承担非常损失。也即,"如果承租人受到灾难性风暴的袭击,那么所有者应该为承租户的这种不可抵抗性灾难承担责任;但是如果这种瑕疵是由物体本身所引发的,那么这种损失由承租人承担。但如果发生的损失并非一种超常状态引发的,损失则应当由佃户自己承担。"②上述罗马法的原始片段,明确了农地作为出租物时的风险与责任,并分别规定了减租情形与租金恒定两种处理方式。这一规则阐明了塞尔维法学派对土地租赁风险责任分配所持的观点,也在罗马共和国时期真正开启了风险减租的研究,进而成为后世三大非常损失规则之一。③

(二)中世纪及后续时期风险减租的实践

直到罗马帝国时期,罗马法中农地租赁的风险减租问题才演变为

---

① Cfr. D. 19. 2. 15. 2.

② Cfr. Paul J. du Plessis, *Remissio Mercedis-Agricultural Rent Abatement in Roman Law*, SIHDA(La Société Fernand de Visscher pour l'Histoire des Droits de l'Antiquité), Rotterdam, 2001.

③ Cfr. Paul J. du Plessis, *Remissio Mercedis-Agricultural Rent Abatement in Roman Law*, SIHDA(La Société Fernand de Visscher pour l'Histoire des Droits de l'Antiquité), Rotterdam, 2001.

关于“合同自由与限制”的讨论,并在戴克里先宪法体系的关照下,形成了具体规则。这一过程与诚信原则的发展密不可分,后者以一种宏观的视角来看待土地租赁风险减租,这项罗马法遗产被后世欧洲大陆法系所继受和发展。因此,推动土地租赁风险减租发展的根源还是在于罗马法中诚信原则的发展。事实上,罗马法中的诚信概念在12世纪期间才被中世纪法学所接受,当时的法学者们极力解释这一原则的功能。① 在中世纪学术史中,由于诚信原则在“依理性构建权威”为基础的规则体系中适用范围不大,因此在早期的中世纪法学规则中并不精细。即便注释法学派通过很多方式试图理解和解释这些原则,诚信和平等原则起初对租赁合同双方当事人仅具有道德约束,并不影响合同的内容,以至于大部分的中世纪法学者都认为减租问题是土地租赁制度的一种具体应用,未将问题聚焦于土地租赁合同甚至是合同本身。

鉴于中世纪时期的社会现实,农业活动在这一时间段备受关注,导致城市租赁的减租问题远少于农业租赁所受到的关注。中世纪法学家也饶有兴趣地探寻买卖合同和土地租赁合同在风险减租文本上的相似性,试图将买卖合同中的风险条款引介到土地租赁合同之中,以此对出租人和承租人之间的损害进行公平划分。但是这一观点受到了教会法学家的反对,后者明确指出买卖和租赁之间的“风险责任”制度差异很大,不适用同一条款。于是注释法学家们开始就风险减租的基础进行讨论,并形成了不同观点。② 一些学者认为应将土地租赁合同中的“风险责任”制度设置为减租问题的基础,另一些学者则指出如何修复租金数额和租赁使用之间的平衡关系才是补救的关键。③ 随着亚里士多德伦理学的重新发现,中世纪学者围绕风险减租基础的争论焦点继而从对诚信的解释转移到合同交换平等教义的理解上。交换平等的理论由亚里士多德所创立,经由托马斯·阿奎那的交换正义理论所改造,结合罗马法形成了另一种非常损失规则(主要是 *laesio enormis*)。此外,在中世

① Cfr. Paul J. du Plessis, *Remissio Mercedis-Agricultural Rent Abatement in Roman Law*, SIHDA (La Société Fernand de Visscher pour l'Histoire des Droits de l'Antiquité), Rotterdam, 2001.

② Luigi Capogrossi Colognesi, Remissio Mercedis, Jovene, 2005.

③ Paul J. du Plessis, *Remissio Mercedis-Agricultural Rent Abatement in Roman Law*, SIHDA (La Société Fernand de Visscher pour l'Histoire des Droits de l'Antiquité), Rotterdam, 2001.

纪期间，土地租赁的风险减租问题还常常与一些模糊不清的补救措施相联系，如罗马法上的第三种非常损失规则（*clausula rebus sic stantibus*）。[①]

16 世纪和 17 世纪初期，西班牙法学家在思考这一传统民法问题时提出过极为独特的研究视角，尤其是托马斯·阿奎那对风险损失规则的教义分析。甚至于有文献显示，在罗马法和亚里士多德哲学之间第一个真正对此问题进行分析的是托马斯·阿奎那。[②] 这位西班牙法学家在理论思考的推动下，以及立足于保护经济弱势地位租户的理念下，经常偏离法律规则而直接适用平等、诚信以及习惯等原则和规则，并进而对具体问题深入剖析。此外，虽然这一时期的法学家很清楚风险减租有利于土地租赁合同的补救，但是也强调法院在确定合同补救具体方案时的各种不确定性和困难程度。与托马斯·阿奎那支持的西班牙各地区涉及减租的习惯条款相比，L. 莫利纳（Luis Molina）认为应当废除农地领域中的部分的风险习惯条款，其理由在于这些条款中承租人应当承担偶然性风险。显然 L. 莫利纳并没有主张整体废除不可预见和不可克服情形下的风险减租，而只是认为西班牙法院在具体案件的审理过程中证明习惯因素有困难，因此主张应该尽可能谨慎地废除这些模棱两可的习惯条款，以便统一风险减租。[③]

可见，基于不可抗力导致的土地租赁减租问题，传统民事私法史上的诚信和公平原则与之联系密切。只是从罗马法到中世纪再到现代法，非常损失规范中诚信的重要性和制度内涵发生了变化，减租作为合同补救方式的重要性也随之变化。[④] 后世意大利法学家则认为，过分地

---

① Luigi Capogrossi Colognesi，Remissio Mercedis，Jovene，2005.

② Luigi Capogrossi Colognesi，Remissio Mercedis，Jovene，2005.

③ Paul J. du Plessis，*Remissio Mercedis-Agricultural Rent Abatement in Roman Law*，SIHDA（La Société Fernand de Visscher pour l'Histoire des Droits de l'Antiquité），Rotterdam，2001.

④ 就可利用的历史资料而言，这一补救方式最先出现在古典罗马法时期，因农业实践而产生，尤其适合于当时的罗马法土地租赁市场。同时，这一补救规则建立在租金数额与承租人享有租赁财产的平等观念之上，最终这一等价概念通过古典罗马法上的诚信概念得以保留。随着 12 世纪罗马法研究的复兴，土地租赁中的减租作为一种重要的合同补救方式复苏了。不过，即便中世纪法学家们致力于理解罗马法上平等概念的复杂性，但因不可预见和不可克服事件导致的减租基础问题仍然模糊不清。直到亚里士多德哲学的复兴，交换平等的教义学解释才成为土地租赁风险减租的解释基础，并成为当代非常损失规则的主流学说。只不过，由于这一补救方式与中世纪教义学联系密切（如：laesio enormis 意义上的非常损失规则和 clausula rebus sic stantibus 意义上的非常损失规则），因此在 19 世纪制定民法典的过程中对是否采用非常损失（风险减租规则）予以了极大的怀疑。

倾向于承租人利益的补救方式与当时的实证主义法学是不相融合的，与其规定具体的非常损失规则，不如让诚信等原则在具体的土地租赁争议中直接适用。然而，对非常损失进行规制的立法模式仍然在南美、荷兰和美国路易斯安那州得以保留。① 这一不同的立法态度只能说明合同法中的诚信和平等概念在不同法律体系中的表达有所不同。每一体系又试图将不可预见和不可克服导致的减租规则设计成独特的解决方案，以适应该体系的个体需求。如今基于不可预见和不可克服导致的土地租赁"风险减租"的留存被视为如同罗马斗兽场一样的实用主义的纪念牌，唯有在土地租赁利益衡平的教义解释上，租金的增减才成为诚信对合意进行限制的一种手段。②

二、租赁租金的合意与限制

（一）租金角色的转变：从自治到管制

到现代法中，大陆法系各国针对租金都制定了调整规则，旨在适应农业经济活动中突发的变化。土地租赁合同内容的变化源于租期较长，而合同缔结时拟定的租金价格可能因为多种原因在合同履行时存在不公平。从上文的论证可知，与其说土地租赁私人意思自由是整个农地制度的核心，毋宁说解释与适用的关键在于自由与强制的交汇点，如租金的自由与强制。因此对土地租赁租金问题的分析，不仅有助于评价现行法中土地租赁法律制度的优劣，还能厘清土地租赁合同意思自治的边界，甚至有益于提炼限制合同自由的一般理论，为民法上诸如显失公平、违约金调整、约定解除等制度的限制提供具体的参考。

对于租金问题，首先需要厘清的是租金管制的合理性。针对这一问题，边沁在 1816 年就总结性地批评了管制租金的各种理由③：其一，既然租金属于双方当事人意思自治内容的范畴，为什么法律还要管制双方自愿设定的内容，并且仅对高额的租金进行一定的限制？其二，通

① Paul J. du Plessis, *Remissio Mercedis-Agricultural Rent Abatement in Roman Law*, SIHDA (La Société Fernand de Visscher pour l'Histoire des Droits de l'Antiquité), Rotterdam, 2001.

② Luigi Capogrossi Colognesi, Remissio Mercedis, Jovene, 2005.

③ 参见许德风：《论利息的法律管制——兼议私法中的社会化考量》，载《北大法律评论》2010 年第 1 期。

过租金的管制是否可以防止食利阶层的产生,为什么法律要对私人意思自治的内容加以强制性干预?其三,怎样的租金范围较为合理?上述分析,可以视为自罗马法到近现代租金管制的基本框架,这一框架包含三个方面的内容:首先是租金管制的正当性问题,主要体现为限制租金与合同自由的关系;其次是建立有效的管制规则的可能性,以及如何制定合理的管制规则;最后是管制效果与管制成本的相对性,也即租金管制的成本问题。

(二)合理租金的判断标准

在围绕租金管制的争议中,确定合理的租金额成为这一问题的关键,同时也是最难解决的法律症结。齐默尔曼等众多法学家认为,租赁体系中所谓的合理价格只不过是一个概念游戏,因为在市场经济的条件下,人们可能永远无法在真正意义上解决该问题。[①] 不过,不能完全精确地解决并不意味着不能确定一个大致能够妥善解决的方案。针对合理价格,古罗马法学者阿库留斯(Acursins)在判断是否构成合理价格时,认为应以充分的样本为依据。但此后的中世纪法学家托马斯·阿奎那认为,合理价格的确定并不能根据抽样进行判断,而是要确定一个价格幅度,在这个价格幅度之内的拟定价格皆为合理价格,只有在明显超越这一合理价格幅度时才会具体讨论当事人之间的定价是否合理。

然而,究竟何种幅度才是租金的界限仍然是一个难以解释的问题。换言之,如果说以市场价格为租金变动幅度,那么什么才是真正的市场价格?不同地区的市场价格又如何进行协调?如果土地租赁争议案件中所达成的价格是在市场环境下完成的,那么双方达成的价格是否能成为市场价格的组成部分?事实上,在现实市场经济中,同一土地进行租赁仍然有可能出现价高或价低的情形,其原因可能是为节约时间而怠于询价,或者是较为富裕者对价格缺乏敏感度,又或者纯粹是市场本身的波动。甚至在一个或几个土地租赁平台的交易日内,其成交价格幅度本身也无法确定。在计算合理价格时,若将这些价格全部累加起来求均值,可能也会与土地租赁市场的真实价格背道而驰。针对以上

---

① Reinhard Zimmerman, *The Law of Obligations: Roman Foundations of the Civilian Tradition*, Juta, 1992.

不确定性，C. 托马修斯（C. Thomasius）从主观主义的视角出发，认为合同的公正价格就是当事人达成一致的价格，在此之外并不存在其他公平价格的可能。在英国普通法上，也是基于同样的考虑而不过问对价是否绝对合理。土地租赁合同中，只要求一方不得以他方受损而获取不公的利益，而怎样的合同价格下才能达到真正的交换正义在客观上难以精确判断。而租金规则解释的作用，仅仅在于实现分配的正义和交换的正义。因此，与亚里士多德的正义观相关联的政治观念，认为国家应当充当交易公平监督者的作用。基于亚里士多德的正义观的租金问题，本质上在于探寻双方当事人的主观合意，尔后才是一种客观的评判。

（三）关于“租金—风险减租”入典的探讨

土地租赁租金问题引发的法律疑难问题，还在于因租金在合同的动态履行过程中属于不稳定因素，因此 18 世纪、19 世纪的民法学家针对租金规则是否应被纳入民法典产生过争议。这一争论焦点尤其体现在，现代民法典是否应将因非常损失导致的减租规则纳入民法典之中。具体而言，其一，合同法乃至整个民法典确立的基本原则是合同自由原则（意思自治），而风险减租从本质上与此相悖，强调了一种在特殊情形下的强制性干预。其二，传统的风险减租要求有具体的比例范围，这一范围在实践中出现明显不符合社会经济需要的情形，倘若试图制定其他的比例范围又有相当的难度，尤其是难免会损及交易安全。其三，租金问题除了借助风险减租进行调整之外，土地租赁合同当事人在交易价格明显不对等的情形下，还可以通过错误等民事制度去寻求相应的救济。更何况，《意大利民法典》已经规定了悖俗行为的法律效果，针对不平等租金的规制再进行风险减租的调整会产生制度功能上的重叠。其四，通过一部单独的土地租赁立法即可对暴利问题进行规范，无须将其设置于民法典之中。

1942 年《意大利民法典》和《德国一般商法典》在很大程度上接受了上述观点，从而放弃了风险减租入典的模式，实现了由当事人自己主导价格的立法旨趣。在以上四项理由中，第一项最为重要也最具争议，其在本质上是一种贯彻民事领域意思自由的观念，明确规定租金限制与民法典存在理念上的冲突。而与之相对的是，基尔克（Gierke）等当代法学家基于法社会学的主张，认为应当将非常损失明确规定在民法典中，将其作为对合同自由的必要限制。还有一些学者也认为应当在规定合同自由的同时对其进行明确的限制，同时认为此项限制并非合同自由原则的例外，而是合同自由原则的应有之义。

此外，黑格尔对于自由的分类也对租金问题的限制产生了很大的影响。尤其是积极自由与消极自由的思想在欧洲大陆的广泛传播，对传统自由主义的影响尤为深远。总体而言，法律应从对租金规则的解构出发，为租金设定一定的上限，使得无论是非常损失还是资本获利都有一个可控的范围。租金标准也自然从限制自治的工具过渡到实现自治的工具，同时其所代表的风险管制的功能还可以使农地以最优的目的进行租赁耕种。也鉴于此，意大利立法者在农业活动中制定了土地租金调整的强制规则，规定调整主体为乡村农业专业委员会，以此实现某一地区租金的实质公平。

（四）意大利土地租赁中的租金立法

对于土地租赁租金问题，意大利法上的土地租赁规范群形成了一套有效的方案，并通过如下立法得以成熟和完善。首先，《意大利民法典》对土地租赁租金进行一般性规范；其次，1962 年 N567 号法令规定租金的补救方式、租金公平原则，并引入合宪价值的解释方案；最后，1971 年第 N11 号法令修改租金计算的具体内容，并对 1939 年就已制定的地籍收入和租金平等规则进行修正。

除以上租金规范群之外，意大利宪法法院发布了一系列具体规则和个案判决：（1）1972 年 N155 号法令及 1973 年 N814 号法令中有关租金规范条文的解释；（2）1977 年 N153 号法令关于宪法法院决议和平等原则批判的解释；（3）1977 年 N153 号法令中关于租金规则的逻辑推演，1978 年和 1979 年确定的缓冲性规则，1982 年《意大利农业合同法》中确定了能够适用于个案的租金公平规则；（4）1984 年宪法法院 N139 号判决，进一步阐释了 1982 年意大利土地租赁租金改革之后的租金公平学说，认为该规范适合于解决土地所有者与农业企业劳动者之间的冲突，同时还认为《意大利农业合同法》实现了实质平等。可见，意大利土地租赁的租金规范经历了一段相当复杂的发展期，并且在意大利农业实践过程中，立法者为了合理公正地分配农业收入，很早就明确了立法干预规则。这一理念在1936年10月6日第N1764号法令中就能找到与之相符的适用规范，以及所采取的类似的立法指导思想。

（五）《意大利农业合同法》中的租金规则

直到1982年《意大利农业合同法》颁布后，立法者才通过租金"平均分摊"制度来实现当事人之间的公平。该规则的立法取向，一方面，是为了保护承租人能对抗所有权人过分增长租金的要求；另一方面，结合实际经济情况，适当提升土地租赁的租金金额。因此，《意大利农业合同法》旨在使用一种一般性的规范标准去实现"平等与公正"和"土地的合理利用"，同时还尽可能地关照同类农业地区的土地租赁，借助农业专业委员会实现租金的实质公平。甚至可以说，这一制度的核心就在于支付承租人及其家庭劳动者以公平的报酬，在考虑所有权人的相关利益的基础上，对参与劳动活动的承租人给予一定的优惠。这样的原则不但在同一法律中多次予以说明，同时还体现在宪法制度层面。可以说，1982年《意大利农业合同法》的颁布确定了意大利的租金平等原则；同时，既肯定了之前立法中土地收益的确定标准，也在新的土地地籍册中确定重申租金公平规则。城镇农业专业委员会也被授予了一项特定任务，即在租金的最大额和法律规定的最小额之间，根据不同地区当事人之间的具体租赁情况来考虑租金额。这一结果，最终实现了在不同农业地区的个体之间平摊租金的合理结果，同时还为同质农业区拟定了一份详尽的最小和最大租金价格的参照表。

与此同时，意大利宪法法院认为①：一方面，1971年N11号法令采用的标准适用于土地收益的增值，并且遵守宪法第42条和第44条对土地耕种进行的限制；另一方面，为"具有出资性质的承租人"和"以自己或家庭劳动耕作的承租人"设定了不同的租金适用标准，并与《意大利宪法》第3条"国家有责任消除一切在经济和社会秩序方面限制公民自由和平等的行为"的规则保持一致。进一步分析可见，《意大利农业合同法》第2章中关于"租金公平规则的修改"的规定，实质上统一构

① 参见意大利宪法法院1972年7月23日，N155号判决。

建了租金公平原则,也确定了现代意大利租金公平原则的初始框架。该原则的建立,吸取了意大利农业法学家对土地租赁租金立法的理论贡献,不仅设置了一个与租金相关的相对公平的劳资冲突解决方案,还促进了土地租赁价目表制度的发展。此外,《意大利农业合同法》还规定了确定租金公平所遵循的程序性规范。① 该法规定,城乡农业专业委员会在每年 5 月 31 日应针对租金进行修正,依据农产品生产价格指导来调整租金标准。事实上,确定价格的乡间专业委员会的首要任务就是确保承租人及其家庭劳动者有一定的收入,并且有规可循。也可以说,《意大利农业合同法》第 9 条(租金价目表)事实上与该法第 24 条(租金的计算)保持了一致。②

(六)意思自治限制中租金公平的实现

正如上文分析,租金的强制性规范与土地租赁合同当事人之间的意思自治是存在冲突的,这一冲突主要体现在 2002 年宪法法院对土地租赁租金进行的干预,限制了私法自治。实际上,参照农地租金价目表确定的幅度范围对具体租赁租金进行调整的规则在 1962 年 N567 号法令第 1 条就被确定,尔后体现在 1975 年 N814 号法令第 1 条,但是

---

① Cfr. Mauro Paladini, L'importanza delL'inadempimento nella risoluzione dei contratti di affitto, Tra codice civile e legislazione agraria, Riv. dir. agr. ,1990.

② 在达成一致性的过程中,意大利宪法法院在 2002 年和 2004 年还通过对租金干预的规定,细致地考虑了违宪例外情形的规范标准,这一标准正是通过国家干预实现土地租赁当事人之间的租金公平。在确定租金公平的过程中,还存在一个有意思的影响因素,即货币贬值。意大利立法者在 1939 年的土地租赁租金详细估价表中,标明了影响土地租赁价格的多重因素,同时规定多重因素的最终影响结果所造成的价格波动范围是 500 里拉,不过这一具体规范忽略了一项重要事实,也即这一期间中里拉存在贬值情形,从而导致这一衡平规则无法成为最终的租金公平规则。虽然宪法法院对此进行过反驳,认为土地租赁的主要收益应该是一个非常简单的特定数值,因为这一计算并不像价值一样难以确定,所以货币贬值不应当是计算收益的决定性因素。但是意大利宪法法院在 1984 年又指出了 1982 年 N203 号法令这一复杂体系的"不足与不协调",并在新的地籍估价临近之时,明确采取了进一步的立法措施以达到重新确定租金标准的目的。通过这一立法思路的改变,意大利宪法法院明显感觉到"新地籍估价利用的不成功"应该有"体系的内在理性问题",租金的衡平规则更应当符合现实的需要。正是经历了以上挫折,意大利最终形成了目前的估价修改模式,这一模式确定了 1982 年 N203 号法令第 62 条关于"前期地籍价目表的修正"规范的持续价值,同时也使宪法法院 2002 年所作的立法干预实际上并没有产生完全的实效,即宪法法院在 1984 年(针对 1982 年 N203 号法令第 8 条)所采取的预设措施并没有成为一项完全有效的规范,从而导致了意大利土地租赁立法规范的一个真空带,直到现在仍然没有有效的"确定性的"规范进行绝对有效的填补。Cfr. Carrozza, Commentario alla legge sui contratti agrari, n. 203/1982, Padova, 1983.

1982年5月3日第N205号法令中的租金规则对此进行了一定程度的修改。后者禁止其他租金调整方式的适用，同时也确定了土地租赁中涉及“赠与、免费和无报酬的给付”的条款无效。

在一些特定情况下，双方当事人还是可以超越法律强制性规范的限制以及价目表中的规定，只不过需要满足特别规范所设定的特殊条件。[①] 当然在多数情况下，土地租赁双方当事人根据租金公平原则，在合同中确定的租金由《意大利民法典》第1339条所确定的“条款自动嵌入规则”所规范，即法律或者行业规则确定的条款内容，如财产价格或者服务价格自动嵌入契约内，并且替代当事人添加的与之不相符合的条款，双方当事人的自治内容让步于严格的租金公平原则。此外，1971年N11号法令第7条和第9条确定了关于租金分摊和当事人的轮流制定租金协议的规则；1982年《意大利农业合同法》确定了租金调整的法定程序。

上述分析充分论述了意大利土地租赁合同中的租金规则。[②] 值得注意的是，在确定租金的问题上存在一个基本角色的转变，即从过去“国家委托”的立法思路转变为依据“同质农业地区的地方性委托”的路径。这一转变的关键意义在于，地方性租金规范的技术委托角色，承担了一种与法律规范同等法律效果的功能，甚至能确定法律规定的最小和最大限制之间的尺度，从而确定可以直接适用的“租金价目表”。尤其是计算同质农业地区的租金时，该价目表列明了每一种植品种和地籍册上某一类品种的价格变动因素。但是不难发现，这一立法模式还体现在《意大利农业合同法》第10条所确定的规则中。

不过，“租金价目表”的确定和私人自治之间的博弈，在随后的土地租赁规则的发展中还是存在诸多问题。针对租金教义规范的部分，2002年意大利宪法法院的判决又重申保护私人意思自治的第一性，即在既不干预出租人的解除权也不干预租金自由的基础上，根据具体情

① Cfr. Mauro Paladini, L'importanza dell'inadempimento nella risoluzione dei contratti di affitto, Tra codice civile e legislazione agraria, Riv. dir. agr., 1990.

② 有必要再次提及意大利宪法法院2002年N318号判决和2004年N315号判决，因为上述判决对于租金规则的重大意义在于，其确定了1982年N203号法令第9条、第14条和第62条违宪，指出1982年所确定的租金公平制度的破裂，并否定了依据价目表决定租金的标准。

况确定租金,并对后续的司法实践产生深远影响。① 由此,一方面存在法定的租金确定规则;另一方面又存在某种标准留给当事人进行意思自治的空间。在这一框架下,必定会涌现出相互矛盾的解释。② 为此,2003 年 7 月,意大利农业专业机构的代表共同约定了一种具有互助性的"全国性合意",旨在成立一个全国范围内的租金规则平台。③ 在全国性集体合意的基础上,意大利农业专业机构的代表试图统一确定土地租赁租金的新标准、租金形式的构成、租赁租金争议的诉讼方式、租金诉讼的支付与费用分担方式,以及因不可抗力产生减租的标准等规则,以修正以《意大利农业合同法》第 45 条为中心的租金规范群。④

① 这一判决还针对租赁的法律期限进行了革新,甚至影响了之后所有的土地租赁关系。

② 这一空洞的立法势必再次产生补充具体规则的需要,而这一补充又必定导致 1982 年 N203 号法令第 2 章中的一些基础规范的废除。事实上,1984 年意大利宪法法院就意欲在确定租金的制度上实现一种完全的自由化,但这一自由也需要一种确定的标准,确定租金的规则又不可能建立在一种不变的经济关系上。显然,意大利宪法法院对初始确定的制度作出了前后不同的限制,起初只是重申私人意思自治的价值和宪法价值之间的协调,而后是审查那些具体规范从而得出具体的实施手段。或者说,租金规范的缺乏已经被随后的法学家所填补,其基础正是对私人自治进行的重新评估;又或者说,从限制的角度已经对出租人和所有人之间的关系进行了合理规范。同样具有意义的是,在意大利宪法法院 1982 年 N318 号判决产生之后,议会农业委员会代表大多数专业的农业机构认为,为了填补法律空白作出特殊法律草案是没有任何必要的,因为这一调整必定是具体的,所以形成一种不变的规范是没有意义的。这一观点在由农业协会提供的相关统计数据中得到了论证,这一数据恰恰就是针对《意大利农业合同法》第 45 条所作的实证分析,同时还充分说明为了调整租金而违背当事人的合意是完全没有意义的。Cfr. Mauro Paladini, L'importanza delL'inadempimento nella risoluzione dei contratti di affitto, Tra codice civile e legislazione agraria, Riv. dir. agr. ,1990.

③ 参见穆尔吉达(Murgida)关于旨在解决确定农业租赁合同租金的观点。Cfr. Accordo nazionale per la definizione delle controersie in materia di determinazione del canone di affitto agrario, in Dir. giur, agr. amb. ,23/2004.

④ Cfr. in Dir. giur, agr. amb. ,11/2002. 土地租赁租金的确定并非基于 1996 年土地租赁中的集体合意,而是基于 1982 年 N203 号法令第 45 条确定的省级集体合意。

第五章　平等与公平原则下意大利土地租赁规范体系与核心要素的构建

1982年《意大利农业合同法》(本质上是土地租赁合同法)的颁布，确定了意大利土地租赁规则体系，尤其是完善了土地改良、租金规则和一般租赁原则，使得土地租赁体系相对独立。同时，永佃权在利用层面的制度内涵几乎被一般土地租赁规则所吸收，后者成为统一的土地租赁利用形态。这一结构修正了自罗马法形成的土地租赁二元结构，即永佃合同和土地租赁模式。同时，《意大利民法典》土地租赁规则被划分为四个部分：其一，罗马法解体后租赁模式的一般规定，分别在债权体系(物的租赁和产生承揽契约的承包租赁)和企业劳动体系(雇佣租赁——劳动租赁、佃农契约、土地租佃契约和家畜租赁契约)中予以规范；其二，《意大利民法典》所有权编中规定永佃权；其三，在债编契约类型的租赁契约中规定生息物的租赁(耕地与自耕农的租赁)；其四，在劳动编的农业企业部分规范分益耕种契约、共同耕种契约和牲畜饲养契约。《意大利民法典》作为意大利私法的一般规范仅仅对土地租赁问题作一般性规范，《意大利农业合同法》在此基础上进行了改革，并代替了民法典成为农地利用的核心规范群。《意大利农业合同法》的基本结构框架如下。

第一编　土地租赁规则及补充规定

第一章　自耕农租赁合同

第一条　自耕农租赁

第二条　合同存续期间

第三条　部分租赁

第四条　隐性的革新；新租赁合同中的优先购买权

第五条　租赁合同的撤销和解除

第六条　自耕农的定义

第七条　自耕农的平等

第二章　租金公平规则

第八条　土地收入

第九条　租金价目表

第十条　决定租金公平的方法及程序

第十一条　乡村技术委员会的构成

第十二条　乡村技术委员会的职责

第十三条　区域规范的附属因素

第十四条　特别规范

第十五条　农业年度的结算

第三章　自耕农租赁的其他规范

第十六条　改良、添加和改造

第十七条　改良、添加和改造的规则

第十八条　所有权人的改良

第十九条　承租人改良的能力

第二十条　留置权

第二十一条　转租、授权转让及代理权

第四章　非自耕农租赁的规范

第二十二条　合同期间的计算

第二十三条　延期

第二十四条　租金的计算

第二编　分益耕种合同、共同缔结耕地合同、共同投资农业合同及家畜租赁合同(向土地租赁合同的转化)

第二十五条　合同的转化

第二十六条　转化的效力

第二十七条　合作合同的延期

第二十八条　出租人要求的转化

第二十九条　转化的除外情形

第三十条　特别规定

第三十一条　生产力不足的生产单位

第三十二条　复合农业企业

第三十三条　特许经营土地租赁的转化;续——出让人的反对

第三十四条　合作合同转化的期间

第三十五条　取得农业资产的优先权;续——农业资产

第三十六条　让与人和受让人的形式

第三十七条　公平分配规则

第三十八条　土地租赁合同的延期

第三编　一般和最终规范

第三十九条　农业年度

第四十条　延迟制度的终止

第四十一条　超过九年的合同

第四十二条　回复权

第四十三条　对承包经营权人的补偿

第四十四条　有利于小规模土地出租人的规定

第四十五条　同意的效力

第四十六条　和解及其程序规定

第四十七条　农业争议及和解

第四十八条　家庭耕种企业

第四十九条　继承权

第五十条　作为建筑租赁的土地客体

第五十一条　国有和遗产土地的农业利用

第五十二条　用于放牧的山地

第五十三条　当前法律中的规范关系

第五十四条　对改良及类似行为的延伸

第五十五条　符合土地租赁关系的条件

第五十六条　适用本法的专门性合同

第五十七条　特伦托和博尔扎诺自治省的特别规定

第一节　意大利与欧盟农业一体化进程中的农地改革

一、欧盟共同法中的农业政策与实践

（一）欧盟农业共同政策的价值变迁

“农业和渔业领域的共同政策”是在欧盟领域内实施的第一项共同法律政策,立法者主要从价格政策和结构政策两个方面对农业进行规制,试图建立一种共同的市场组织。与此对应的是,《罗马公约》第33条第1款也明确规定了欧盟农业共同政策的目标,试图通过推动农业生产要素的完善和农业技术的进步来提高农产品的产量,提高农民收入,保障农业群体与其他群体的生活水平,稳定农业市场,保障农产品供应以及保障消费者能以合理价格获得农产品,并试图为上述目标设立一套规范群,为共同体内的农业经济活动设定一个共同目标。这一目标经历了从单纯地提高农业生产率,到与农业生产、农业环境和食品安全相关联,从基本权利的角度体现了个体的利用。

在第二次世界大战结束后的几十年中,意大利农业的生产效率最大化是农业活动的核心价值。一方面是因为食品的短缺,另一方面则是农业生产率较低,提高农业生产率成为农业生产的主要目标。总体而言,为满足人类最基本的需求,提高农业生产率成为农业生产的首要问题,提升农业产量也就成为农业政策最直接的目标。因此,无论是农业技术、农业规模、农业生产组织还是农业价格政策,都旨在促进农业产量的提高。基于此目标,《意大利宪法》第44条规定,为了实现合理地利用土地和建立衡平的社会关系,根据各地区和农地地带的情况限

制私有财产的面积，促进且责成改良土壤，改造大地产，重建生产单位并帮助中小产权者。同时，《意大利宪法》第41条还规定，法律应当提供适当的计划和控制手段，以引导和协调公共和私人的经济活动朝着良好的社会目标前进。意大利立法者通过上述立法，在基本法层面保障农民权益，通过优惠的经济政策和先进的技术手段鼓励农民经营适当规模的农场。上述规则连同《意大利民法典》最小土地面积的调整规范，共同规定了适合现代农业需要的中小型耕种面积，旨在基本满足中小农户的耕地需求。在此农业立法和政策背景下，1968年，欧盟通过了"蒙索尔特计划"（Piano Mansholt），该计划通过直接支付农民补贴和创造其他就业机会以减少农民数量，重新划分所有的农用地以适应现代化农业生产，并创办具有一定经济规模的农业企业等。[①] 这一计划还包含一项涉及农业主体改革的内容，即将多元耕种企业转变为单一耕作企业。单一耕作企业主要指生产的统一化，或者说是通过联合或股份化的方式来建立较大规模的企业，形成欧盟重点扶持的现代农业企业形式。[②] 但农业社会化的目标与私法领域的个体所有权观念存在价值冲突，在物权领域长期占有主导地位的个体所有权很难完全融合到该政策之中。于是欧盟一些国家，如意大利就采取了一种变相的支持手段，采用直接对农民家庭企业补贴的方式，使农业领域的劳动者的收入能够与非农业劳动者的收入相当，进而实现农业社会化的目标。

在平等和公平原则具体适用的这一过程中，欧盟还通过一系列的农业指令对欧盟的农业结构进行调整，尤其是欧盟第72/159号指令规定了农业企业从业人员的主体资质、农业收益与非农业企业相对等的政策，对农业生产企业作出了极大的政策性倾斜。因此，这一时期涉及农业主体的法学研究成果非常丰富，包括农业家庭、农业组织、农业行会、农业企业，以及农业合伙等，甚至农业主体问题还成为意大利农业法两大学派共议的热点话题。[③] 针对主体的金融配套措施，立法者还通过经济管理手段帮助农业经营主体实现制度的优化。不过，并非所有

---

① Cfr. Serafino Scrofani, Ritruttuzione dell'agricoltura. Piano Mansholt, R. Patron, 1969.

② Cfr. Serafino Scrofani, Ritruttuzione dell'agricoltura. Piano Mansholt, R. Patron, 1969.

③ Paolo Grossi, Giangastone Bolla e la cultura giuridica italiana nel novecento, Riv. dir. agr., 1987.

从事农业活动的主体或者企业都能获得扶持，只有当农业活动及其收益占整个企业经营及收益的一半以上的农业主体，才能够享受欧盟的农业补贴政策。这一规定一方面刺激了农业生产者为获得补贴必须对农业生产付出努力，另一方面从政策上对农业地区给予了极大的支持，使得农业地区不再因为农业获利较低而放弃农地耕种，从而使整个欧盟地区能够获得基本的粮食保障。此外，欧盟还通过第 160 号指令和第 161 号指令，对农业生产人员进行相应的职业培训和资质认定。因此，这一时期以农业生产率为核心的价值观，使农业效率大幅提高，农业生产也逐渐步入了机械化和现代化。但是这一价值追求的背后却蕴藏着极大的风险，尤其是对生产过剩、环境污染和食品安全方面提出了严峻的挑战，甚至所产生的负面影响在不断地扩大。于是，立法者对以农业生产率为核心的农业生产价值观进行了修正，欧盟共同农业政策体系中开始呈现一种新兴的观念，即不再单纯地追求农业生产率，而是要求欧盟农业生产要保持一种生态和生产的良性平衡。至此，土地租赁也不再仅仅追求租赁效率的最大化，还强调承租人对土地进行积极改良，甚至纯粹地保有农地品质，维持优质的农地生产条件。

从 20 世纪 80 年代开始，欧盟的共同农业政策就开始考虑上述负面影响，并开始对一些非市场化的价值目标进行有效保护，尤其是农业环境保护和食品安全监督在农业法领域越来越突出，欧盟农业政策的侧重点也发生了极大的改变，从之前的单一关注农业生产率，发展为多元的农业价值目标。这一多元的价值取向在欧盟第 797/85 号指令中获以检验，该指令将更宽泛的农业价值目标融合到农业政策之中，不再将农地局限于纯粹的农业生产，而是从农业生产、农业生态、农业结构和农业关系等角度全方位地为农地设定政策保障。欧盟进而通过价格政策、激励措施以及补贴手段，影响区域内的农业企业生产，从根本上解决农业地区发展不均衡的问题。[①] 不过，这一计划不得不通过直接补贴的方式予以支持，其结果是过于加重了欧盟的财政负担，以至于欧盟最终不得不废除农业补贴与农产品产量挂钩的统一补贴法，转为“单一性对象支付”方式。该支付补贴的扶持对象仅面对满足欧盟关于食品

① 参见陈小君等：《田野、实证与法理：中国农村土地制度体系构建》，北京大学出版社 2012 年版。

安全和食品品质要求的农业生产者，同时欧盟还对环境保护、公共健康、文化保护和自然风景设定了一定的门槛，只有完全满足上述标准的农业生产者才有资格享受欧盟的财政支持。这一方面减轻了欧盟的财政负担，另一方面也对农业生产者提出了更高的要求，产生了大量符合上述要求的现代化农业生产者。

（二）欧盟农业政策对意大利土地租赁制度的影响

欧盟旨在提升农业竞争力的价值导向在受到环境保护、土地耕种条件和食品供需平衡等问题的影响后，转而朝向改善农业结构和促进农村发展的新发展道路，这一思维的转变带来的法律和政策调整，间接地对欧盟各成员国的农地制度及其结构安排产生了深刻影响。就土地租赁而言，除在土地改良上受到很大影响之外，租赁主体的革新也是不可忽视的因素。在上述"单一性对象支付"的政策指引下，享受补贴政策的主体标准在一定程度上促进了土地租赁主体的优化，进而导致农地的适度集中与规模化经营，形成了以自耕农为主体的各式中小型农业企业。欧盟在扶持现代化农业企业的同时，对小块土地的所有权人和承租人造成了冲击，向更大规模农业企业倾斜的政策则进一步推动了农地经营的规模化。①

围绕土地租赁结构，农业补贴支付方式的改革对农地所有权人与承租人的利益分配产生关键性影响。欧盟的农业补贴支付成为农业生产者主要的资金获取方式，其补贴标准与农业生产企业的生产面积、生产规模直接相关，并将补贴份额化。当农地租赁时，补贴按照租赁的土地份额一并转移。这一补贴方式将对土地的直接补贴转变为对农业企业的补贴，形成了补贴与土地相对独立的状况。那么，享受补贴权具有独立于土地的价值，并可以作为享受企业补助资金的一项财产自由流转。这样的补贴结果同时也会导致补贴直接归农业承租人（实际耕种人）所有，土地的资本价值成为农地利用的助推剂。当然，这一方式也会带来新的土地租赁纠纷，即承租人在租赁合同终止时带走农地补贴

---

① 个体农户逐渐发展成为具有特定行业农业资质、建立了企业账簿并制定了长远企业发展规划的现代化农业企业。Giovanni Anania，La riforma delle politiche agricole dell' UE ed il negoziato WTO：Ⅱ contributo di alcune ricerche quantitative alla valutazione dei loro effetti sulL'agricoltura italiana，Milano，Franco Angeli，2005.

权,出现所有权人和出租人之间新的纠纷类型。

意大利和欧盟农业一体化过程中的诸多改革,进一步在承租人和所有权人之间建立了新的利益平衡关系,以农业补贴政策形成的"一揽子"农业改革方案最终采取了更有利于承租人的模式,并辅以现代企业的经营方式、土地改良、租金调整和租赁期间规则。平等和公平原则导向下的意大利当代土地租赁利用模式,进一步掏空了永佃权仅存的实践价值,使得永佃权在功能上几乎完全被一般土地租赁所替代。同时,这一改革还使得短期土地租赁和长期土地租赁之间不再具有明显的区别,甚至一般租赁制度的发展还进一步占领了土地的其他用益权能,并成为整个农地利用的核心制度。①

二、当代意大利土地租赁立法

《意大利民法典》将平等、公平和意思自治原则作为土地租赁的一般条款予以规定,同时对土地租赁的一些次要原则也进行了规定,如第1632条(改良)、第1633条(改良)、第1650条(期间延长)和第1653条(主体替代)等。不过,第1632条和第1633条关于农地改良的条款、第1650条关于自耕农租赁延期的规定,以及第1653条自耕农租赁中出租人对承租人的替代情形,均在1971年2月11日被废除并重新系统规范。同时,基于1971年N11号法令第29条和1982年《意大利农业合同法》第58条第1款的规定,《意大利民法典》中大量与新规范不相容的法典规范也均被废除,土地租赁在事实上形成了以1982年《意大利农业合同法》为中心的土地租赁新体系。事实上,这一模式完全不同于1865年的旧《意大利民法典》和1804年《法国民法典》,后两者本质上只是将罗马法中的土地租赁制度进行形式上的体系化。因此,在接受新的土地租赁法律规范的同时,意大利民事法律中土地租赁的现行规范也获以修正,当然这一颠覆性的土地租赁合同立法改革方案也大幅改变了民法典规范的现行秩序,必然会伴随一定程度的消极评价。② 这一消极反映在意大利土地租赁实践中并不能简单地从具体规

① Natalino Irti, Sviluppo storico e posizione sistematica del diritto agrario italiano, Riv. dir. agr., 1977.

② 在意大利最高法院2005年的判决中(Cass.,16-3-2005, n. 5689),并没有出现与整个民法典的相关规范不相兼容的情况。

则中直接剔除，而只能在土地租赁理论和实践的法解释过程中逐步剥离，并通过 2002 年和 2004 年宪法法院的进一步解释得以完善，最终才形成了意大利目前稳定且具有可操作性的土地租赁规范群。①

依据时间脉络，意大利的土地租赁立法如下②：

(1)1962 年 6 月 12 日 N567 号法令：《土地租赁法律规范》；

(2)1964 年 9 月 15 日 N756 号法令：《农业合同法律规范》；

(3)1965 年 5 月 26 日 N590 号法令：《促进耕地所有权发展的法律规范》；

(4)1966 年 7 月 22 日 N606 号法令：《非自耕农租赁的法律规范》；

(5)1971 年 2 月 11 日 N11 号法令：《土地租赁的新原则》；

(6)1973 年 8 月 9 日 N508 号法令：《1973 年 8 月 8 日关于土地租赁法律规范的适用》；

(7)1973 年 12 月 10 日 N814 号法令：《对 1971 年 2 月 11 日 N11 号法令的修正》；

(8)1978 年 5 月 10 日 N176 号法令：《土地租赁的临时性规范》；

(9)1982 年 5 月 3 日 N203 号法令：《意大利农业合同法》；

(10)1990 年 2 月 14 日 N29 号法令：《对 1982 年 N203 号法令中共同农业合同租赁相关转变的修改和补充》；

(11)1992 年 11 月 24 日 N458 号法令：《农业租赁紧急规范》；

(12)2001 年 5 月 18 日 N228 号法令：《农业部门的定位及其现代化》；

(13)2004 年 3 月 29 日 N99 号规范：《2003 年 3 月 7 日 N38 中第 1 条第 2 款中的第 d、f、g、l 项中关于农业企业主体、行为、统一体以及农业行政管理的简易规定》。

---

① Cfr. Emilio Sereni, Storia del paesaggio agrario italiano, Laterza, 1961; Mauro Paladini, L'importanza dell'inadempimento nella risoluzione dei contratti di affitto, Tra codice civile e legislazione agraria, Riv. dir. agr. ,1990.

② Cfr. Mauro Paladini, L'importanza dell'inadempimento nella risoluzione dei contratti di affitto, Tra codice civile e legislazione agraria, Riv. dir. agr. , 1990; Nazzano anna Carla, Affitto di fondi rustici, in P. Perlingieri(a cura di), Manuale di diritto civile, Napoli, ESI, 2007.

正是借助上述规范群,意大利关于土地租赁的基础性规范和补充性规则均已齐备,而在上述一揽子土地租赁法律规范中,1982 年《意大利农业合同法》无疑处于中心地位。该法案不仅在民事基本法层面取代了《意大利民法典》中土地租赁的相关规则,而且在后期土地租赁立法中也仅有少部分修正。可以说,该规范对所有典型的土地租赁规则进行了立法引导,并且以强制性规范的方式来保障条款的稳定性。同时,该立法认可了对不同特征的具体农地租赁合同予以特殊规范的模式,使得具体的土地租赁合同有了极为详细的适用规则,也使得后续的立法采取一种柔性的原则来引导意大利土地租赁制度的发展。

值得注意的是,这些土地租赁合同条款还与意大利宪法中的农业经济关系相互呼应,满足和进一步发展了宪法对于农业经济的要求,即“为了实现合理利用土地和建立衡平的社会关系,法律对私有土地财产设定各种义务和限制,根据全国各地区和农业地带的情况限制私有财产的面积,改造大地产,重建生产单位,帮助中小产权者,促进且责成承租人改良土壤”(《意大利宪法》第 44 条)。同时,上述土地租赁规则还涉及社会责任。与土地租赁利害相关的社会组织以社会成员的相互依存为基础,具有相应的社会责任,因此农业社会组织功能的定位极为必要。

不过,宪法与上述土地租赁法案之间的关系也表明,对于土地租赁立法的干预较为清晰和明确,如 2002 年宪法法院对土地租赁直接干预,对租金平等作出了详细准确的规范。此外,土地租赁合同规范中的引介条款的使用,阐明了农业租赁合同关系中的强制性规范。但是强制性规范并不具有完全的统一性,如在 1971 年 N11 号法令第 29 条重新阐明了 1964 年 N756 号法令第 1 条中所确定的原则,但同时作出更有利于自耕农承租人的规定。而对于土地租赁规范体系的违宪判断可以从 2002 年和 2004 年宪法法院的判决中找到根据:意大利宪法法院明确确定 1982 年《意大利农业合同法》所强制确定的租金平等规范违宪,但也因此制造了一个严重的法律缺陷和空白,而这一空白在随后的立法中并没有找到一个合适且可替代的方案。[①] 为了凸显这一问题的

① Cfr. Mariarita D’Addezio, L’eguaglianza tra le parti nelL’affitto di fondo rustico, Scientifiche Italiane, 1984.

复杂性，意大利农业法学家还指出，传统租金具有某种客观性，只能基于之前的价值基础进行确定（生产费用、农产品价格等），因此并不能依照租金的公平来提供一些确定性的规则，尤其是合同缔结后的若干年内应被支付的租金。同时，缺乏土地估价并非公共机构的过失，而是一个合理确定的估价必然会面临难以客观评估的困难，即无法准确地确定农场主在未来农地耕种中支付的费用和产品买卖所能带来的未来的收益。

尤其值得注意的是，在农业现代化过程中，农地改良、合同期限和租金调整被视为整个意大利土地租赁内部制度最为重要的因素。核心要素具有重要性的同时还具备灵活性，以致这些要素超脱于整个农地租佃体系，成为意大利农业利用的核心。换言之，上述要素在土地租赁制度的发展和农业现代化的进程中，逐渐超越了土地租赁合同本身，越来越具有相对的独立价值。① 这一发展的间接结果是，土地租赁中的短期租赁、长期租赁和永佃权制度之间的本质区别越来越模糊，甚至改良、期限和租金因素吸纳了永佃权作为独立权利的关键因子，促成了农地一般租赁合同成为农地利用形态中最为关键的一种利用方式，并以此为中心构建了整个农地利用体系。

三、作为租佃重要主体的中小型耕种者

（一）中小型耕种者大量涌现的原因

欧洲农业改革本质上是一项关于农业合同功能的改革，同时还着重从农业组织与土地租赁具体制度两方面进行完善，力求在对旧法修正和批判的基础上统一法律适用文本。一系列的改革在于顺应自 20 世纪后半叶以来的社会变革，尤其面对农业变得工业化和现代化、农业经营规模逐渐扩大、土地租赁从个体农民逐渐转向所有权与经营权合一的家庭农场等情形。农业耕种主体的变化归因于两个方面，一是立法旨向的引导，二是农业工业化的必然结果。在立法旨向上，1948 年《意大利宪法》第 44 条第 1 款明确规定合理利用土地和建立衡平的社会关系。该立法目标就是要形成一定规模的中小型农业生产者，同时

---

① Alberto Germanò, Manuale di diritto agrario, Giappichelli, Torino, 2016, p. 213ss.

提高农业生产率和重建农业耕种主体,形成以家庭耕种为主的新型农业种植主体。与此同时,立法者从宪法层面就明确要对农业生产单位以及农地耕种面积进行限制,甚至对农地承租人的权利行使予以一定的约束,从而间接地制约农业企业的结构和规模。

可以说,意大利自20世纪50年代之后的立法目的与其他欧盟国家有着相似之处,其希望在对农业大庄园进行改革的同时,形成新的中小型农业耕种主体,试图通过大量的中小型耕种主体的农业耕种来提高农业生产率,从而实现立法政策引导的最终目标,即形成以自耕农为主要耕种主体和家庭农场为主导的农业生产格局。如此,自耕农与非自耕农之间,不再仅仅强调耕种主体与土地耕种之间的关系,而是更多地注重于耕种效率。优化耕种主体的类型也与农地耕种的现代化密不可分,不再是简单的自耕农或者非自耕农,更多的是发展中小型耕种者群体并鼓励其开展与之相匹配的机械化生产活动。意大利和其他欧洲农业国家自20世纪以来就一直推行农业机械化,但是机械化的实施过程受制于欧洲的地理环境,尤其对于意大利而言,超大面积的机械化耕种并不现实,只有当机械化和规模经营达到一种适当平衡时,农业效率才可能实现最优化。因此,意大利立法者力图在耕种方式、耕种条件和耕种目的之间找到一种最为适当的处理方式,这一处理方式也就直接导致了中小型耕种者的大规模涌现。

(二)家庭经营成为中小型耕种主体的关键

在欧盟农业一体化的过程中,意大利认识到因地制宜进行农业种植和进行农业特色经营是本国农业高质量发展的关键。超大规模的农地耕种方式无法与精细化和特色化的耕种相调和,而且简单划一的耕种模式与意大利国情也不相符。中小型农地耕种主体的存在既可以达到特色耕种的目的,还能最大限度地提高农业生产率。更重要的是,中小型耕种者一般都以家庭为耕种主体,此种主体形态使得耕种主体内部形成一种良好的耕种协作关系,比单纯以利益为纽带的耕种关系更能达到农地保护与利用的合一。同时,以家庭为主的农业劳动主体能与土地形成直接的耕种关系,排除了纯粹的资本食利。显然,这种耕种主体的制度设计与我国家庭联产承包责任制在提高农业生产效率方面有着类似之处，通过家庭的灵活性对农地实行更为适宜的耕种，在提高农业生产积极性的同时还提高了农业生产率，以灵活的耕种方式满足市场的需要。

可见，欧洲农地的耕种规模遵循的是一种因地制宜的立法策略，并非片面地追求规模经营。在这一立法改革过程中，家庭经营为主的农场模式成为农业企业的主流形态。农地规模经营应与社会经济需求相适应，与其盲目地扩大生产经营规模，不如注重从质的方面提高农业生产率和农业产品的品质。当然，在提高农业生产率和农业品质的同时，农业劳动者必然会通过现代化和机械化的方式进行土地耕种，并适当地扩大土地经营规模。意大利也正是借助以家庭耕种为主的中小型农业耕种者，实现从传统农业耕种方式向现代农业耕种模式的转型。这一转型过程中，包括意大利在内的欧洲各国政府还采取了一系列引导措施和倾斜政策，从技术推广、金融支持等方面为农业耕种主体提供技术和资金帮助，并在农业土地耕种格局和农业生产结构的调整上发挥着主导作用。① 上述多重因素的发展，显现出在意大利农业现代化的进程中，中小型农业耕种者的涌现并非特例，而是在支持农地的政策、技术和财政方案的背景下出现的。因此，意大利在土地租赁主体的构建上，除了形成以中小型农业耕种者为主体的主体结构之外，还通过金融、技术和土地改良等措施予以配套支持农业合作组织，形成当代意大利农业租赁体系的又一特色。②

四、规模化导向的土地调整

（一）土地调整中的“最小耕种单位”

意大利农地流转和限制政策旨在保障个体交易的公平和效率，并且意大利政府在这一过程中起到了一种引导作用。土地的流转与土地的稳定之间的协调成为意大利立法者无法忽视的问题，而如何保障土地稳定基础上的农地流转恰是农地利用制度的关键。农地不仅与农地

① 参见陈小君等：《田野、实证与法理：中国农村土地制度体系构建》，北京大学出版社2012年版。

② Giovanni Anania，La riforma delle politiche agricole delL' UE ed il negoziato WTO：Ⅱ contributo di alcune ricerche quantitative alla valutazione dei loro effetti sulL'agricoltura italiana，Milano，Franco Angeli，2005.

所有权人和利用者相关，还与社会利益和社会稳定密切相关。因此，意大利政府一方面要引导农地实现土地效益的最大化，另一方面在平衡农地利用双方当事人利益的前提下，规范农地的社会责任。鉴于上述目标，意大利对土地的调整持“最小耕种规模”的立法基调，也即土地的耕种应保证法定最小耕种规模。确定最小耕种规模的理由还在于，建立在一定规模之上的土地利用可以给整体土地利用形成稳定的租赁环境，而这种稳定的租赁市场环境又可以给承租人带来更为稳定的收益。

尽管包括意大利在内的多数欧盟国家都规定农地和其他土地类型一样可以自由流转，但是为了避免土地耕种过于分散化，以及为了保障土地规模经营和农产品的充足供应，意大利对农地的流转予以诸多限制。这一限制直接体现在 1942 年《意大利民法典》第 846 条至第 856 条中，以“乡村土地所有权的调整”为中心的规范成为当代意大利土地调整的基础性规范群。总体上，土地调整与“最小耕种单位”紧密联系，其意义在于防止土地被过分地分割，同时鼓励农业生产者以适度的规模进行农业生产。“最小耕种单位”多由行政机关在听取农业行业协会的意见之后，根据各地的生产规划和人口情况来确定。“最小耕种单位”是用于耕作或者适宜耕作的土地上的最小耕作面积，也即一个农业家庭劳作所必需的最小耕种土地面积，但根据农业技术规则为某一耕作的需要而特定划分的土地不在此限。① 对于违反“最小耕种单位”规

① 参见《意大利民法典》，费安玲等译，中国政法大学出版社 2004 年版，第 720 条、第 722 条以及第 846 条。对于最小耕种单位，意大利民法典进行了规定：在转移用于耕作或者适宜进行耕作的土地的所有权、分割或者以任一名义分配用于耕作或者适宜进行耕作的土地时，抑或在上述土地之上设定或者转移物权时，必须以最小耕作单位（参见第 720 条、第 722 条）为基础进行操作。同时最小耕作单位分两个层面理解，一方面为一个农业家庭劳作所必需的土地面积，根据农业技术规则（参见第 847 条、第 849 条、第 850 条）为适合某一耕作的需要而划分的土地不在此限。如果在遗产中有不适宜进行分割的不动产（参见第 560 条），或者对该不动产的分割将会损害国民经济利益（参见第 722 条、第 846 条）或者破坏环境卫生，或者不将不动产拆散就无法进行分割，则应当整体保留不动产并且由取得不动产的继承人向其他共同继承人承担以现金返还超出自己应得份额遗产的责任。该不动产可以分配给对其享有最大份额的继承人，也可以在数名继承人共同提出请求的情况下，分配给提出请求的继承人。如果没有继承人提出请求，则对该不动产进行拍卖（参见第 2646 条）。另一方面确定根据国民生产利益不得分割的财产。如果遗产中包括根据国民生产利益的需要（参见第 846 条、第 848 条），法律规定不得进行分割的财产，则在特别法未另行规定的情况下，准用本法第 720 条和第 721 条最小耕作单位规定。

定的行为，利益关系人或农业行业的监察组织可以提请行政机关予以撤销。

（二）不得调整的例外情形与土地调整的法定程序

意大利立法者还认为，为满足特殊农业耕种规律，承租人可以请求土地所有权人转让或由承租人向第三人转租土地。在双方当事人无法达成合意的情况下，承租人可以提请司法机关作出决定，后者在听取行业协会的意见之后可以作出有效判决。在属于不同所有人的数块彼邻的土地上耕种时，若均低于"最小耕种单位"，司法机关可以根据利害关系人的提请或者由行政机关提议，以合理利用土地为由将上述土地组成规模土地并适用规模土地的经营模式。

为了更好地规划耕作土地，行政机关可以在满足特定条件的情况下征收、强制转移或者调整土地。同时，《意大利民法典》第852条以例外的方式规定了不得强制转移的内容，即下列土地不得根据法典第850条的规定进行强制转移：（1）民房或佃农用房所占用的土地；（2）毗邻建筑物以及附属建筑占用的土地；（3）建筑用地；（4）菜园、庭院及公园；（5）工业企业或者商业企业为存放物品所必需的场地；（6）水灾、山崩或者其他重大灾害发生地；（7）属于特殊用途、特殊地理位置或因作物的特性而使土地具有不可分割性的土地。此外，土地调整还可以根据新规划的需要设立新地役权，以及保留或者解除原地役权。此外，如果担保物权从属于用作交换的土地，同时上述权利并非在所有权人享有的全部土地上设定，那么农地上的担保物权就从属于与担保土地价值相等的部分土地之上。这一规则当然适用于小块土地进行抵押的情形，也即如果抵押部分不是所有权人的全部土地，那么抵押权从属于与原抵押权所设立土地价值相等的那部分土地。

关于土地调整，意大利制定了详细的程序性规定。首先，被调整土地的土地所有权人应当制订详细的改造计划，并且应当事先通知利害关系人。其次，如果被调整土地的所有权人对改造计划持有异议，那么该所有权人可以按照特别法规定的程序和期限，通过行政途径向行政机关提出。再次，行政机关对不予通过调整的决议应当说明理由，对通过的改造计划决议则应当在不动产所在地的不动产登记处登记在册。

最后,在行政机关通过相关的改造计划之后,小块土地的所有权人就应当按照法定的形式进行所有权和他物权的变动。在这一过程中,司法机关应保护利害关系人的利益不受土地调整的影响,同时保障与改造计划相关的债权人享有优先受偿权,但不得裁定对改造计划进行重新审核,因此,意大利法从多个方面强制并限制农地的最小规模,并借助土地流转的方式确保农地进行适当规模的生产,防止土地规模的过分细碎化以及中小型农业企业的瓦解。“最小耕种单位”的立法思想甚至还影响了意大利农地继承的分割模式。[①] 不过,农业生产的适度规模经营并不在于实现完全的机械化生产,而是在追求农业生产效率的同时,保护农业环境、保障食品安全以及优化农业结构。

五、土地租赁主体的多元发展及对“农地中心价值地位”的超越

意大利自20世纪60年代开始,就致力于扶植中小规模的土地租赁承租人,并推进承租主体的多元化。为了达成这一目标,首先,意大利对租赁的规模进行了限制,成立了专门的机构征收超额土地,并负责将征收取得的土地转卖或者出租给农民,将土地转移到那些进行积极农业生产和有强烈耕种意愿的农业耕种者手中,并通过信贷优惠、技术培训多方面提供财政和技术支持。其次,意大利丰富农业企业(多为土地租赁的承租人)制度,实现了灵活的土地租赁主体制度。这一改革的效果极为明显,使得中小型农业主在意大利迅速崛起,形成了一种新的农业耕种关系,并在农业耕种环境、食品质量、食品安全和土壤改良等方面取得了极大的成效。[②]

这一过程中,传统的自耕农和非自耕农的区分成为土地租赁主体的基本区分模式,并在实践中促进了农业主体的多元发展。同时,从20世纪70年代开始,意大利农业法研究就出现了两类不同学派:经济技术学派和法解释学派。[③] 农业法研究的学派划分,一方面说明了农业经济的发展和农业技术的适用在农业活动中日趋重要,另一方面则说明

---

① 原则上,少于一定面积或一定价值的农业土地只能由其中一个继承人继承,不允许其他继承人对土地进行分割,他们只能获得相应的价金补偿。

② Alberto Germanò, Manuale di diritto agrario, Giappichelli, Torino, 2016, p. 213.

③ 参见陈小君等:《田野、实证与法理:中国农村土地制度体系构建》,北京大学出版社2012年版。

了农业主体规则在实践中的不足。为了满足农业经济活动的多样性，意大利农业法解释学派作出了大量的努力，对以承租人为主体的农业活动的主体形式进行了深入研究，使得农业活动的主体构建成为农业法律制度研究的重点。意大利从对以农地所有权为中心的农地制度研究，转向对以土地租赁主体和土地租赁利用内容为中心的制度研究。甚至，企业作为生产的社会工具，在利益保护中的地位已经超越了所有权人，农业租赁法律规范也主要围绕农业企业主体进行修正。①

在传统的农地与农业企业关系中，农地逐渐仅作为农业活动的一种生产要素，与其他农业资产以及农业劳动者共同纳入农业企业的生产体系之中。而在农业功能多元化之后，农业活动以及农业企业的界定越发宽泛，农业企业类型并不必须依托农地才能多元发展，同时农业企业的独立发展也成为彰显现代农业的标志之一。一些重要的动产和专业性劳动也逐渐超越了土地本身的价值，农地也不再是现代农业生产的唯一基础。农业现代化的进程体现了农业对土地的绝对束缚，农业主体（企业）自然也就超越了农地所有权（土地）成为农业法律制度的核心，农业企业也能够独立地与农地共同对农业活动产生影响。

六、以土地租赁为中心的复合农地利用体系

在农业企业逐渐成为农业活动中心的同时，意大利农地制度并未忽视稳定的土地权属对农地利用的基础性作用。稳定的农地所有权一方面能够降低土地归属所耗费的成本，保障投资的追加和利润的提高；另一方面土地权利的稳定性程度直接关系到潜在的土地权利受让人能否对土地形成合理的预期，而土地租赁只有建立在理性预期之上才能活跃发展。可以说，稳定的农地所有权可以促进土地的良性流转和高效租赁，而长期的土地租赁关系以及适宜的流转也能给土地使用人或者潜在的投资者以稳定的预期。②

意大利农地法规范一直试图在稳定的农地所有权和灵活的土地租

① 对于这一问题的研究，意大利农业法学家 G. 博拉（Giangastore Bolla）所作的贡献对意大利农业法研究具有一种基础性价值。Paolo Grossi，Giangastone Bolla e la cultura giuridica italiana nel novecento，Riv. dir. agr.，1987.

② 参见陈小君等：《田野、实证与法理：中国农村土地制度体系构建》，北京大学出版社 2012 年版。

赁制度之间找到一种同时满足两者需求的制度设计,长期租赁自然也就成为整个土地租赁体系的核心利用方式。从前文论述可知,长期租赁从改良、租金和期间等方面吸收了永佃权的优势因素,将古典时期的永佃权特征融合到长期租赁之中,同时还与农地短期租赁相融合,使得体现债的性质的农地长期租赁成为农地利用的稳定模式。因此,长期并自动续期的、有保障的土地租赁完全替代了土地所有权在实践中的制度价值,从经济和社会功能等方面实现了以任何所有权类型为基础的制度模型。同时,意大利现有土地租赁制度赋予土地利用者安全稳定的、可转让的、长期的租赁权,并获得稳定的权利保障和丰厚的投资收益。[①]

比较土地租赁和土地转让之间的实用性就会发现,土地租赁形式的灵活性以及相对的低成本已经替代了通过土地转让进行规模经营的目标。意大利土地租赁制度的良性发展甚至可以起到进一步稳定土地所有权的功能,使得农业活动能在稳定的土地归属的条件下灵活经营,以此进一步提高农业生产效率,全面保障农业生态环境。[②] 此外,土地租赁在进一步消除了土地所有权的细碎化和土地投机等负面问题的同时,还保留了土地多元流转形式的相对优势,为市场主体提供更多的选择空间。这一多元的农地利用方式允许市场主体根据自己的判断选择适合自己的农地流转方式,促进了农地资源向更有效率的农业生产者转移,从而更有效地实现了农地资源的优化配置。在土地租赁成为主要的农地利用方式的同时,意大利大多农业企业都建立了以家庭经营为主的土地租赁,此种适度的农地规模也与社会经济状况和农产品的市场需求相适应。意大利也正是在这一背景下,实现了土地租赁制度中几大核心原则的协调,并以《意大利农业合同法》为中心构建了独立的农地利用体系。

因此,意大利农业活动围绕土地租赁构建了复合型农地利用体系,这一体系的核心就在于土地长期租赁规范。在土地长期租赁中,不可

① [德]克劳斯·丹宁格:《促进增长与缓减贫困的土地政策》,贺达水、张惠东译,中国人民大学出版社2007年版。

② 参见陈小君等:《田野、实证与法理:中国农村土地制度体系构建》,北京大学出版社2012年版。

忽略的是《意大利农业合同法》对平等理性的精细追求，结合《意大利宪法》第44条中的社会正义与社会目标，《意大利农业合同法》对意思自治和限制进行了复杂而精细的解释，使得租赁当事人之间的权利义务维持一种实质平衡。换言之，意大利土地租赁是在宪法原则下规范了土地租赁的基本价值，并通过宪法法院对法律平等原则进行了适当的修正，然后再通过特别法对土地租赁制度进行规制，进而实现了土地租赁规则群的逻辑性和合理性。也正是《意大利宪法》对农业平等性的关照，使得土地租赁理论和实践中有关租金、改良、期间和保护因素得以凸显，甚至土地租赁的整体制度最终都围绕这几项重要的因素运行。

第二节　意大利当代土地租赁核心要素的独立构建

一、农地最小租赁期间

（一）租赁最小期间的分立与统一

从《意大利农业合同法》对《意大利民法典》农业利用部分的修改内容来看，该法案呈现一种明显变化：建立了以自耕农性质为主的土地租赁合同规范，同时还认为非自耕农租赁在整个土地租赁体系中扮演配角。[①] 此外，意大利立法者还试图依不同租赁主体设定不同的土地租赁规范，即便这种区分并不能将土地租赁合同形成两类性质截然不同的典型土地租赁合同形式。本节在于揭示自耕农土地租赁合同和非自耕农土地租赁合同之间的差别对于体系精细的意大利土地租赁规范并非至关重要。事实上，承租主体在适用土地租赁规则时差异细微。

上述结论的检验首先表现在土地租赁合同的期间规则中。土地租赁的长期性是农业生产稳定发展的前提，因此欧洲各国均明确规定土地租赁合同的期限。在《意大利民法典》第1628条[②]（租赁的最低期

① 立法者主要规范“自耕农租赁”和“资本性质的租赁”。

② 《意大利民法典》第1628条规定：如果行业规范规定了一个契约存续的最低期间，对低于最低存续期间的合意耕地租赁，其存续最低期间延至行业规范规定的期间。

限）和第 1630 条[①]（没有确定期限的租赁）中，土地租赁合同的期间也只是一项原则性规范，并未依承租主体进行区分，其最短租赁期限为 15 年。但是《意大利农业合同法》进行了区分立法，即在自耕农租赁和非自耕农租赁（尤其是资本租赁）中，仅仅确定自耕农租赁合同的最短期间为 15 年。[②] 实践中，租赁双方当事人可能协定一个最短期限（这一最短期限也受行会规范的最短期限的限制），或者拟定一个不确定期限的合同。在这种假设中，所拟定的期间当然受第 1630 条规范的最小农业轮作期间的限制。[③] 因此，《意大利民法典》在规范土地租赁期限时，并未进一步区分这两种土地租赁模式的最小期间。[④] 从规范意旨来看，《意大利民法典》和《意大利农业合同法》其实并无本质上的不同，即便两者的立法出发点存在差异。

意大利自耕农租赁和非自耕农租赁的租赁期间在文本上产生的差异，最初源于 1944 年 6 月 3 日第 N146 号法令，该法案明确规定对自耕农采取一种监督方式，即通过法定续期程序确定自耕农租赁实质上含有最低租赁期限，同时将不得续期作为例外情况处理。这一法案将非自耕农排除在外，自然造成了自耕农租赁和非自耕农租赁在租赁期间上的实质区分。意大利 1966 年 7 月 22 日第 N606 号法令进而规定，对于非自耕农租赁合同，最少租赁期间为 6 年，并且赋予合同双方当事人在合同到期前的 10 个月内才享有合同解除权。赋予法定解除权正是为了让非自耕农合同有获得延期的可能，以便与自耕农享受同等的最低租赁期限。只不过，从体系解释的角度，《意大利农业合同法》除了在第 1 条第 2 款中为自耕农租赁合同界定了一个最少为 15 年的合同期限限制之外，还规定在此期间结束，自耕种者成为一个非耕种者的时候（第 22 条），就不再受 15 年期限的限制，自耕农的延期程

---

① 《意大利民法典》第 1630 条规定：未定期间、以轮作为目的的土地租赁，被认为对必要期间进行了约定，以使得承租人可实施并完成土地上的轮作。

② Cfr. G. Pisciotta, I contratti agrari, cit., p. 196; M. Giuffrida, in L. Costato (a cura di), Trattato breve di diritto agrario italiano e comunitario, cit., p. 263ss., A. Massart, sub art. 1, in A. Carrozza, L. Costato e A. Massart, Commentario alla legge sui contratti agrari, cit., p. 4ss.

③ 这一期间的确定方式被视为农地的自然本质，是对自然生产原则的尊重。

④ 参见《意大利民法典》第 1628 条、第 1630 条。

序也就自动结束。[①] 显然,意大利在 1966 年试图统一两种土地租赁期间的立法目标再次破灭,反而在 1982 年更加明确了两类土地租赁合同期间的差异。

单就自耕农租赁而言,土地租赁续期在不同历史时期有着不同的期限规范,租赁期限与法律颁布的时间相关。例如:在 1939~1940 年建立的自耕农租赁合同,最短期限规定为 10 年;在 1940~1941 年和 1944~1945 年建立的自耕农租赁合同,最短期限规定为 11 年;在 1945~1946 年和 1949~1950 年建立的自耕农租赁合同,最短租赁期限规定为 13 年;在 1950~1951 年和 1951~1959 年建立的自耕农租赁合同,最短租赁期限设置为 14 年;而在 1959~1960 年订立的自耕农租赁合同,最短期限则规定为 15 年。此外,针对小块土地,自耕农最短租赁期限是 6 年。[②] 而依据《意大利农业合同法》第 42 条的规定,最短租期的设计被认为是有利于租赁关系中的农业轮作期。

《意大利农业合同法》第 22 条主要规范非自耕农租赁,认同了 1971 年 N11 号法令第 17 条对非自耕农规定的最短期限。即便这一期间仍然是所有土地租赁合同应当存续的最短期限,也即 1966 年 N606 号法令中规定的 15 年,但是该条的意义在于逆向考虑了非自耕农租赁合同的内涵(合同概念、合同变更、默示的延期)。尽管在意大利的法律规范文本中仍未找到自耕农和非自耕农租赁期间区分的直接依据,但是上述个别规范的区分和统一过程体现出意大利立法者对两种农地规范的不同认识。[③]

（二）土地租赁的续期

即便立法确定了最短租期,但租赁当事人仍然可以用合意的方式规避法定租期的适用。对此,不能仅从规范性质的角度予以思考,而是应结合意大利农业立法和实践进行分析。如前所述,在意大利一系列土地租赁合同法的立法和解释中,我们可以发现 1966 年 N606 号法令第 1 款规定了一个不低于正常农业轮作周期的期间,这一最短期间规

① 1982 年 N203 号法令第 40 条表示废除农业合同延迟及其例外的法律规范。

② Cfr. P. Perlingieri, Proprietà, impresa e funzione sociale, in Riv. dir. impr., 1989, p. 223.

③ Cfr. Codice civile e leggi collegate, Università di Milano, Zanichelli, 2009.

定为15年。[1] 无论是自耕农租赁还是非自耕农租赁，实际上均受这一期限的限制。在这一立法出台之前，即意大利1964年N756号法令第14条就明确表示，所有面临续期的农地合同都能依法续期，即便是缺少明确的最终期限的土地租赁合同，也能在法律规定的最短租赁期满后继续租赁法律关系。这也就意味着土地租赁（尤其是自耕农租赁）形态如同一种非定期的法律关系，仅仅依照法律的预设条款就能解决。剖析这一规范的意义在于，法律批准一个明确的期限[2]，但是续期将两种不同的租赁模式的差异进一步缩小。[3] 尤其是在政策性立法中，参照自耕农管理的企业与非自耕农的附属劳动者，在租赁期限上也无差别地适用最短租赁期间。

少数意大利学者认为，最短期限实际上也意味着租赁截止期，甚至为了排除土地租赁15年过后的续期，他们主张为土地租赁双方当事人确定明确的到期处理方式。[4] 当然，多数学者认为，土地租赁合同属于意思自治领域，应充分尊重当事人意志并采取一种消极的规范模式，即便有纠纷，也应由专业农业组织来判定自耕农和非自耕农的意图。[5] 然而这一分歧在于，一方面，土地租赁法律关系的存续期间和法律关系转让的原因均需要一个结构上更完善的规范体系；另一方面，需要建立统一协调的规范群，以消除对各类土地租赁合同规范解释的误解（分别是针对非自耕农租赁的1966年N606号法令第1条，1971年N11号法令第17条，1982年N203号法令第1条、第3条、第5条、第22条、第42条，以及针对自耕农租赁的1982年N203号法令中的第1～5条）。

（三）最短期间统一模式的原则、例外与限制

意大利土地租赁的最短租赁期限的立法最终走向了统一，即单独规定自耕农租赁的最短租赁期间，对非自耕农采取灵活的立法方式，根据当事人意思、轮作周期和具体租赁情况，参照自耕农租赁确定最短租

---

① 意大利违宪规范的例外情形在Cass.，20-5-1976，n. 121条中确定，并由Cass.，22-7-1976，n. 2917条具体规范，而这一违宪例外情形主要与宪法条文第41～43条相关。

② L. Bigliazzi Geri，U. Breccia e U. Natoli，Diritto civile，2，Diritti reali，Torino，1988，p. 14ss.

③ M. Giorgianni，Contributo alla teoria dei diritti di godimento su cosa altrui，Milano，1940，p. 5ss.

④ E. Casadei，Frutti apontanei，in Dig. Disc. Priv.，Sez. Civ.，Ⅷ，Torino，1992，p. 564ss.

⑤ Cfr. Carrozza，Commentario alla legge sui contratti agrari，n. 203/1982，Padova，1983.

赁期间。这一模式统一了所有的土地租赁合同期限，被视为意大利农地立法中颇具特色的解决方式。① 易言之，所有的土地租赁期限均不得少于 15 年，并在租赁期满前 1 年内通知解除。② 同时，《意大利农业合同法》第 53 条还试图消除之前所有土地租赁合同最短期间适用不统一产生的其他问题，将续期规范的适用范围扩展至处于租赁期的所有土地租赁。

不过，最短期限的统一处理模式中还存在一个特别情形，并体现在《意大利民法典》和《意大利农业合同法》第 3～23 条中，也即，对小块土地以及具有特定价值的土地租赁作例外处理。③ 尤其是针对山地等特殊区域，除提供用于夏季高山放牧所必备的建筑物、为放牧者提供住宿和牲畜躲避灾害的场所之外，租赁期限也呈现出更符合畜牧发展的理性处理方案，以满足季节性或两季轮作期间耕种模式的特点。这些特殊性的产生，还与农业企业活动中存在大量非土地类型的农业租赁契约相关。④

需要着重指出的是，如果非自耕农承租人通过自动续期续租，那么也能在期限结束前 1 年的任何时刻中止这一法律关系，那么最短期间对出租人也具有约束力。⑤ 合同当事人试图突破最短期限通常是不可行的，这一理性规定的实践来源就是农业活动的社会性需求。承租人一般也不会无理由地中止土地租赁合同关系，尤其在立法对承租人进行了直接保护和予以补贴的情形下更不会发生。⑥ 因此，最短期限规范的单一模式事实上替代了整个农地法律规定中的不同期间规范，续期也应在最短期限结束时才发生，在最短期限结束前的续期与最短期限存在体系解释上的冲突。如同《意大利农业合同法》第 40 条所述，所有规定农业合同续期的法律规范或者例外规定续期的规则，均因本法最

---

① Cfr. Nazzano anna Carla, Affitto di fondi rustici, in P. Perlingieri (a cura di), Manuale di diritto civile, Napoli, ESI, 2007.

② Cfr. M. Giorgianni, Contributo alla teoria dei diritti di godimento su cosa altrui, Milano, 1940.

③ Cfr. M. Tanzi, Godimento del bene produttivo e impresa, Milano, 1998, p. 99s.

④ Cfr. Carrozza, Commentario alla legge sui contratti agrari, n. 203/1982, Padova, 1983.

⑤ L. Mosco, I frutti nel diritto positive, Milano 1947, p. 5ss.

⑥ Cfr. D. Messinetti, Oggetto dei diritti, in Enc. Dir., XXIX, Milano, 1979, p. 809s.

短租赁期限规则的颁布而自动废止。[①] 可以说,《意大利农业合同法》土地租赁最短期限的单一立法模式,在整体土地租赁规范体系中产生了一种法技术层面的革新。[②]

(四)土地租赁期间起始时间的差异性

关于土地租赁的期间,除上述自耕农和非自耕农最短租赁期间的区别外,租赁起始时间点也存在区别。简言之,适用不同的租赁期限规范,土地租赁起始的时间不尽相同。《意大利农业合同法》第 22 条第 1 款规定,自耕农租赁从租赁合同生效时计算,而资本租赁(非自耕农租赁)的租赁时间一般自当事人订立合同时伊始。针对这一问题的解释理由有所不同,但通说认为这一区别主要源于两类合同起始条件的差异。[③] 事实上,意大利立法者在研究这两类农地规范时,涉及两种完全相对的情形。

第一种,在非自耕农租赁合同中,一方面,《意大利农业合同法》并无系统化的规范群,而是参照适用自耕农规范,通过法解释工具象征性地扩大了最短期限。换言之,将合同订立日设为租赁期限的起始日是将最短期限最大化的一种解释策略;另一方面,在非自耕农租赁中,对土地进行有效管理需要设计必要期间,因此参照自耕农租赁对土地的经营管理,赋予至少 15 年的期间也具有合理性,自合同订立时为合同双方利益的起算日(*Dies a quo*)较为合理。

第二种,对于自耕农租赁合同而言,租赁期限的起算点又有所不同。15 年的最短期限能保障自耕农租赁关系的持续。将自耕农租赁合同的生效日作为起始期限,实际上是在满足租赁条件的情况下对承租人的一种保护手段。如同《意大利农业合同法》第 22 条规定所述,在合同持续过程中很多间接因素会影响租赁合同的履行内容,甚至会导致合同终止。[④] 在土地租赁合同成立之时,承租人很少考虑后续的租赁情

---

① Nazzano anna Carla, Affitto di fondi rustici, in P. Perlingieri(a cura di), Manuale di diritto civile, Napoli, ESI, 2007.

② C. Lazzara, La nozione di affitto agrario, in Riv. dir. Agr., 1972, I, p. 433.

③ Carrozza, Commentario alla legge sui contratti agrari, n. 203/1982, Padova, 1983.

④ 值得注意的是,土地租赁合同还是一种分阶段到期的制度,即对进行中的合同固定了单一期间,这一规范主要是出于对自耕农劳动进行的细化保护。参见 G. Pisciotta, in R. Alessi e G. Pisciotta, I contratti agrari, cit., p. 198。

形是否与合同成立时一致，基于信任承租人能力订立的自耕农租赁合同的最短期限规范无须自合同订立时计算。显然，立法者规定租赁最短期限的起始时间，体现出对承租人和出租人保护的平衡。

（五）小结

意大利以1982年《意大利农业合同法》为中心构建当代土地租赁期间体系，该体系以《意大利民法典》规定的期间原则为基础，添加续期规则作为补充。《意大利农业合同法》第4条规定土地租赁合同可以采取默示的方式续期。① 虽然该条款的适用对象特指自耕农租赁合同，但该法第23条又未直接排除资本租赁（非自耕农租赁）的适用，于体系上仍然存在混乱。基于1966年N606号法令第1条第2款和第4款的租赁平等条款②，《意大利农业合同法》第23条在重申平等条款的强制性规定性质之外，还将15年的最短期限的规定视为农地租赁的一项强制性规定。③ 当然，这也意味着土地租赁合同无法定原因不得解除。

进而，《意大利农业合同法》第3条规定，特殊小块土地适用6年的最短期限；第52条规定，牧地的租赁也适用同样的期限。至于当事人口头约定的最短期间，当然也应满足法定最短期间的要求。④ 显然，立法者基于承租人的能力和土地的品质，对土地租赁合同期限采取"预期立法"。即便对特质土地采取了特别规定，但意大利农地期间总体上仍在"单一模式"的基础上构建。⑤

二、农地改良规则的革新与发展

（一）农地改良规范的立法发展

在意大利新近的农业实践中，农地生产率和农业企业效率从一项

① Cfr. A. Massart, sub art. 4, in A. Carrozza, L. Costato e A. Massart, Commentario alla legge sui contratti agrari, cit., p. 12s.

② Cfr. G. Pisciotta, in R. Alessi e G. Pisciotta, I contratti agrari, cit., p. 197ss.

③ Cfr. G. Bivona, Affitto di fondi rustici. Affitto coltivatore diretto, cit., 29s. 这一规范也即土地租赁两种模式的轮换规范。Cfr. G. Pisciotta, in R. Alessi e G. Pisciotta, I contratti agrari, cit., p. 206 s.

④ Cfr. E. Rook Basile e A. Germanò, La riforma dei contratti agrari dopo dieci anni, Bilanci e prospettive, Milano, 1993, p. 217ss.

⑤ Cfr. M. Giuffrida, in L. Costato, Trattato breve di diritto agrario italiano e comunitario, cit., p. 263ss.

纯粹的私人事务提升到关乎国家农业发展的关键指标,这种变化势必导致农地政策对农业活动的引导与干预。为提升农业生产率和农业企业效率,土地的改良成为一剂有效的良方。就土地改良而言,其绝非一项私人事务,而是国家通过立法干预并借助公共财政刺激农地发展的一项工具。① 对此,意大利法从凸显土地所有权人利益的阶段,过渡到重视土地租赁双方当事人权利义务实质平等的阶段。②

从土地改良的法律规定来看,虽然《意大利民法典》关于改良的规范已被废止(第1632条、第1633条和第1651条),但废止的主要原因是1971年N11号法令第11~16条对土地改良作出了更为细致的规定,从而替代了《意大利民法典》的土地改良的制度功能。在这一特别法的基础上,意大利宪法法院通过司法解释予以补充,并最终体现在《意大利农业合同法》第16~20条的修订上。③ 正如《意大利农业合同法》第16条所述,新的农地改良赋予了土地租赁合同的任一方当事人自主改良土地的权利,承租人享有独立改良土地的自由。当然,如果非改良方不愿改良方(一般为承租人)对土地实施改良,那么其在收到改良通知后,应当在60天内自行完成相关改良内容。倘若非改良方对改良行为予以拒绝或者沉默,那么改良方通常可自行实施改良行为,并通过土地改良的特殊程序获得补偿。此外,倘若农业委员会等机构同意自主改良规划,即便此时所有权人不同意该项土地改良计划,承租人仍有权自主完成改良计划。④

同时,意大利法律未对改良行为予以限制,几乎允许当事人行使任何形式的农地改良活动,只要该行为旨在培育和提升土地品质。换言之,只要改良行为未改变土地的用途或未与地区发展规划相冲突,那么基于土地上的任何改良、改革生产制度,甚至对农业建筑物的改造均受法律保护。⑤ 对此,《意大利农业合同法》第16条规定,在不改变土地

---

① Cfr. M. Giorgianni, Contributo, cit. p. 22s.

② D. Messinetti, L'atto di amministrazione nel diritto privito, Milano, 1971, p. 34ss.

③ O. T. Scozzafava, I beni e le forme giuridiche di appartenenza, cit., p. 378ss.

④ F. Ferrara, Trattato di diritto civile italiano, I, Dottrine generali, 1, il diritti, i soggetti, le cose, Roma, 1921, p. 843.

⑤ Carrozza, Commentario alla legge sui contratti agrari, n. 203/1982, Padova, 1983.

的农业用途、遵守地区发展规划或者在不违反该地区耕种属性的前提下，承租人可以单方面实施改良。同时该法第 17 条进一步规定，允许土地改良者在不违反法律禁止性规定的前提下，可以自由实施改良行为。可以说，《意大利农业合同法》第 16 条和第 17 条实质上改变了《意大利民法典》第 1632 条关于改良需经特别授权的规定。这一立法转变赋予了承租人更为宽泛、更自由的单方改良权，承租人的土地改良权甚至可以对抗所有权人，土地租赁的权利义务内容也随之发生巨变。当然，农地改良和各方利益的协调也非不受限制，意大利对此专门设立省级农业监察机构，后者对各地区具体的土地状况进行考核和监督，享有土地改良的否决权。[①] 即便对改良行为的预估未必精准，但各省的农业监察机构所作出的决定仍然具有否定的效力。借此，不同地区的土地改良方案因土地状况而有所区别，将改良行为置于一种多样性的框架中能有效地保护租赁双方当事人的利益，也有利于合理监督。同时，土地改良不受租赁合同内容的限制，承租人可以作出超出租赁合同内容的改良行为，除非违反法律的其他规定。当然，土地改良与意大利农业发展目标的联系极为密切，后者往往对前者予以方向性的指引。此外，随着农业技术的进一步发展，农业相关技术部门对农业种植也能提供技术支持，也为土地改良指明了方向。[②]

(二)土地改良权行使的界限

通常，由承租人对其所占有的土地实施改良行为更为经济和便利。对承租人而言，改良意味着承担对土地改造的责任，应当尽到如同土地所有权人或者管理人的职责。单从这一意义来讲，改良并非土地管理和利用的衍生行为，而是农业生产的一项本质需求。换言之，遵循农业规律提升农地生产率，重于租赁合同自身的利益，甚至维持较长周期的土地生产效率，成为土地利用的基础。[③] 所有权人对改良行为的补偿，自然也应纳入土地价值之中。如此，改良与土地品质、地理状况息息相关。所有权人或者承租人可以超越租赁合同，基于自主改良提升土地

---

① Carrozza, Commentario alla legge sui contratti agrari, n. 203/1982, Padova, 1983.

② Cons. Stato, sez. Ⅵ, 6-6-1978, n. 719, in Riv. Dir. Agr., 1979, Ⅱ, 457.

③ Cfr. Carrozza, Commentario alla legge sui contratti agrari, n. 203/1982, Padova, 1983.

品质，即便是有损生产效率的合理改良措施也会被允许。

事实上，《意大利农业合同法》第16条除具有农业经济目标的导向功能之外，还针对农地建筑物的改造、农业生产力的改善、土地所有权人的改良提出了规范标准。此项创新立法，一方面是技术进步和农业机械化发展的结果，另一方面也源于农产品市场对高品质、多样性农产品的需求。从技术发展的角度，电力、供水设备等与土地改良的联系也极为密切。因此，改良行为并不意味着土地生产制度的变革，而仅从耕种行为上促进农业生产，所以即便使租赁双方产生暂时性的经济损失，也能通过改良制度加以调和。在这一预设中，法律需要担当的角色是促进承租人主动通过自己和家庭的劳动去实现高品质和高水准的耕种，但应以土地的良性发展为前提。正所谓农地改良的"经济目的说"，一方面认为改良应适应经济发展，另一方面认为保持农业环境和提供可持续性发展的土地耕种条件对出租人同样重要。[①]

在上述改良理念的基础上，改良行为几乎包含了所有的劳作形态，同时改良行为被立法者设计为一种特殊的补偿之债，但该行为通常不与企业经营管理直接关联。在传统农地立法中，关于改良权利自主性的限度一般从出租人和承租人两方面予以分析，并辅以土地利益的考量。对出租人而言，改良追偿权旨在回复土地权利的完整性；对承租人而言，改良行为则不能与其利用土地的权利相冲突。也正是保留了权利上的完整性，承租人主动对农地进行管理才有意义，这也意味着承租人必然能从出租人那里获得补偿。此外，对所有权人和承租人而言，改良行为均为其所负义务。其一，即便所有权人不欲或者不认同承租人的改良行为，又或者认为承租人很难作出最经济的改良行为，但只要承租人采取了合理的改良措施，所有权人（出租人）就需负担此项义务。[②] 其二，承租人的改良义务不仅基于最低耕种条件，还会基于投资和土地价值的提升。此时承租人不仅要考虑经济风险，而且

---

① Cfr. Carrozza, I miglioramenti delle cose nella teoria generale e nei rapporti agrari, Milano, 1965. Tului, Note in tema di miglioramenti e rapporti agrari, in Riv. Giur. Sarda, 1987, p. 366.

② Isp. Prov. Agr. Napoli, 25-1-1974, in Nuovo diritto agrario, 1974, p. 279.

还要考虑改良的必要性。①

（三）土地改良后的追偿权

在意大利农地改良实践中，影响改良的关键因素包括因所有权人改良农地导致的涨租，以及承租人改良所产生的追偿权等。改良的分歧在于改良行为的适用基础，即改良行为是一种法律预设抑或当事人之间的协议规定。土地改良被意大利农地法学家分为两个层面进行探讨：

第一，改良追偿权的法律基础。根据《意大利民法典》第1592条的规定，除法律或者习惯有特殊规定，承租人对租赁物的改良不享有追偿权。但是如果经出租人同意，出租人可在改良费用与改良成果的有效价值之间，选择其中一项（通常是金额较低的一项）偿付。在《意大利民法典》规定承租人没有法定求偿权的情况下，1971年N10号法令和N11号法令对此予以修正，其结果是赋予承租人改良求偿权，使得土地改良的补偿成为意大利土地租赁合同中的重要内容。改良后的补偿并不依据租赁双方当事人的协议，而是依据法定的改良追偿权。换言之，出租人改良时，可以通过提高土地租金来获得补偿；如果是承租人所为的改良，则可以向土地所有权人追偿。当针对改良的法定的追偿请求权被所有权人拒绝时，承租人可以通过司法途径主张权利并要求出租人履行法定义务。

第二，改良的灵活性。土地租赁当事人之间可以协议同意或者排除某些改良行为，只要这一行为不违反宪法和法律对土地利用的限制。改良乃法律赋予的权利，租赁双方当事人均可自主行使，具体的改良措施亦可由双方当事人自由创设。承租人也可以自己或家庭的劳作实现土地的改良。改良的灵活性形成了更为自由化的耕种制度，甚至还节省了立法成本。对农产品的品质、农业生产力的增长以及农业生产者的劳动保护均有促进作用。尤其是农业技术飞速发展之后，农地改良技术也在逐步提升。承租人实施改良行为后能获得基本的保障，即租赁期满后承租人对投入的改良行为能获得补偿。此外，对具体的改良

① 这一驱动是由市场所决定的，而农产品市场是根据消费结构确定的，最终市场形成了不同类别的产品需求。参见 Dir. Giur. Agr.，1998，p. 282。

措施,意大利立法还展现了一系列的具体规则:其一,改良补偿权可以转让,出租人和承租人都可以通过改良行为将改良补偿之债转移给第三人。其二,意大利对重大农地改良行为规定了程序要求,即形式上应当向公共行政机构备案。其三,如果改良实施者不具有农业企业主资格,在需要改良资金时可以通过特定渠道获得金融资助。[①]

三、土地租赁中的双重主体模式

1942 年《意大利民法典》颁布之后,土地租赁合同得以初步系统规范,其在具体制度构建上遵循精细立法的原则,围绕《意大利农业合同法》构建了独立和内在协调统一的土地租赁体系。自《意大利民法典》生效后,在非自耕农和自耕农之间,依然存在劳资双方的传统冲突,而《意大利农业合同法》的目标之一就是要解决土地租赁中的这一内在冲突。这一立法同时也被视为农业租赁体系改革中的历史转折点,对后世的意大利农地租赁合同制度产生了全面的影响,以至于这一针对土地租赁合同的立法法案以《意大利农业合同法》的形式出现。[②] 从《意大利农业合同法》中的具体规则变化和背后的逻辑演变出发,可借助土地租赁法律关系窥视其中的农地法治思想的流变。

(一)自耕农和非自耕农的区分

对土地租赁主体进行有效保护的立法模式,是将土地租赁主体与可耕作农地相联系,那么首先影响的就是自耕农承租人。[③] 从前述意大利及欧盟的农业政策和意大利近现代农地改革的情况来看,自耕农因与土地的直接利益相关联,所以目前是意大利最主要的土地租赁主体。同时,现代农业政策对农业企业限定资格的方式使得农业主体逐渐个性化,农业企业的组织功能和经济指向也受到了一定的限制,农业耕种环境和家庭劳动生产过程也发生了变化。[④] 这一变化还随着农业生产

---

① 这一标准在 1975 年 N153 号法令第 12 条中被确立,1982 年 N203 号法令第 17 条则进一步确立了改良的赔偿标准。

② Cfr. Carrozza, Commentario alla legge sui contratti agrari, n. 203/1982, Padova, 1983, p. 126.

③ Cfr. Nazzano anna Carla, Affitto di fondi rustici, in P. Perlingieri (a cura di), Manuale di diritto civile, Napoli, ESI, 2007.

④ Cfr. Luigi Costato, Trattato breve di diritto agrario italiano e comunitario, seconda edizione, CEDAM, 1997.

过程中的制度创新，共同使得农业生产者在生产过程中更加专业化和组织化，并区别于传统的土地劳动者。

土地租赁主体的角色随之发生了转变，主体发展趋势由农业市场所引导，同时也受立法政策的调整，尤其是添加了金融形式之后，其主体价值在农业企业生产中已然置于首位。[①] 即便如此，在农业精细化耕种和地区个性化耕种的需求下，土地租赁仍然呈现一种"以自耕农租赁为主、非自耕农租赁为辅"的双重租赁主体模式。这一模式在《意大利农业合同法》上有直接体现，其甚至将取得农业或森林学学士学位的自耕农的年龄限定在 55 岁以下，并规定他们亲自耕作土地的时间不少于 9 年。[②] 对于取得兽医学学位的毕业生，若要取得自耕农资格则需在畜牧领域的企业工作，同时还必须同农业劳动者、有组织形式的团体建立耕种合作关系。[③] 可以说，立法者对土地租赁主体的规范最先从自耕农开始，并从自耕农租赁关系中提炼了一些普适性规范，从而将这一规范延伸适用至非自耕农之上。

从农地私法史的角度来看，自耕农租赁在土地租赁规范体系中的主导地位是通过以下具体规范实现的[④]：其一，自耕农合同的形式规范（1982 年《意大利农业合同法》第 41 条）；其二，自耕农的租金标准（1982 年《意大利农业合同法》第 24 条）；其三，自耕农改良（1971 年 N11 号法令第 13 条第 2 款；1982 年《意大利农业合同法》第 19 条第 1 款）；其四，自耕农租赁关系的继承和转让（1982 年《意大利农业合同法》第 49 条）；其五，除斥期间（1982 年《意大利农业合同法》第 28 条）。上述繁杂的自耕农适用规则，仅凭自耕农的概念是无法明晰其内涵的，必须结合司法实践方可解释。在解释自耕农的适用规则时，不能因租赁主体符合自耕农要件就当然地适用自耕农规则，而应考量租赁主体是否持续性地满足自耕农的具体规则，方可识别土地租赁主体是

① Cfr. Luigi Costato, Trattato breve di diritto agrario italiano e comunitario, seconda edizione, CEDAM, 1997.

② Cfr. Emilio Romagnoli: L'impresa agricola, UTET libreria università, 1986.

③ Cfr. Nazzano anna Carla, Affitto di fondi rustici, in P. Perlingieri (a cura di), Manuale di diritto civile, Napoli, ESI, 2007.

④ 参见意大利 1982 年 N203 号法令第 13 条、第 19 条、第 24 条、第 28 条、第 41 条和第 48 条。

否为自耕农。

可见,判定是否具有自耕农资格极为关键。自耕农一般以农户为组织形式,有时也采取专有经营的企业形式。[①]《意大利农业合同法》第6条提炼了自耕农的本质,并明确了取得自耕农资格需具备的条件,即耕种者及其家庭的劳动不可或缺。[②] 显然补充家庭体力劳动在自耕农租赁中也同样有需求,即便是以耕作为目的劳动雇用。[③] 因此,当部分耕作是由第三方完成时,其必定与家庭相关耕作存在区别,也即第三方提供的劳动相对于自耕农而言只能是辅助性的。[④]

(二)自耕农和非自耕农在规则适用上的差异

如同《意大利农业合同法》第49条对自耕农继承权的规定,其并没有要求所有的农业耕种都必须由承租人独立完成。意大利法院在具体案例中所提供的解析也认为补充性的耕种劳动应适当放宽,协作的主体可以是同承租人有着长期合作关系的亲属,并且不需要通过固定的组织形式参与协作。[⑤] 法院确定自耕农的标准,应从农业企业的角度,对耕种面积、耕种种类、耕种设备等方面加以衡量,同时还应关注农业活动组织或企业的规模。[⑥] 在现代企业中,若承租人实际管理农业企业或通过自己的主要劳动履行租赁合同义务,那么即便第三方辅助完成了适当的农地耕种活动,此时承租人也具备自耕农资格。[⑦]

鉴于农地租赁重在土地的利用而非实现交换价值,因此原则上禁止农地转租。倘若转租,那么次承租人不再享有承租人对抗出租人的权利。意大利土地租赁中的转租面临两个待决问题:一是转租的合法性;二是转租的具体规则。对于前一问题,禁止农地转租源于出租人出

---

① Cass.,19-5-1972,n. 1548;Cass.,20-1-2006,n. 1107.

② Nazzano anna Carla,Affitto di fondi rustici,in P. Perlingieri(a cura di),Manuale di diritto civile,Napoli,ESI,2007.

③ Cfr. Carrozza,Commentario alla legge sui contratti agrari,n. 203/1982,Padova,1983,p. 126.

④ Cfr. Carrozza,Commentario alla legge sui contratti agrari,n. 203/1982,Padova,1983,p. 126.

⑤ Cass.,15-12-1987,n. 9288;在 A. Campobasso,22-1-1986,in Vita not.,1986,1284 中,作者作出了详细描述。在农地长期租赁中,虽然自耕农或者相当于自耕农的耕作家庭,如同婚姻组成的家庭一样,仅包含家长和一同居住的儿女们,那么小型农业企业就如同家庭一样的联合经济组织,由亲属关系和姻亲关系的所有农业劳动者构成,意大利农业学者认为这一企业形式也可以适用土地租赁合同。

⑥ Cass.,11-4-1980,n. 2320.

⑦ Cass.,26-5-2005,n. 1197.

租时对承租人耕种条件的选定,即土地租赁合同具有一定的“人身属性”。转租不仅可能不利于原承租合同的履行,而且还会导致土地利用的不稳定。因此,《意大利民法典》第1649条规定,自耕农承租人未经出租人许可不得转让,而对于非自耕农的转让行为则予以完全禁止。这一立法情形主要出于以下两种原因:其一,非自耕农并不自己耕种土地,而是在非自耕农的管理下经营土地,如果允许转租,就可能导致资本在农地利用中的滥用。其二,对于自耕农而言,自耕农进行农地耕种主要是以自己或其家人的劳动为主,在出租人同意下的转租也源于自耕农无法进行有效的生产,此时转租可能会带来更好的农地利用和保护效果。不过,在承租人死亡后,鉴于农业活动的延续性,租赁权继承意义上的“转租”也被立法者所认同。当然,根据《意大利民法典》第1627条的规定,在承租人死后的3个月内,农地出租人与承租人的继承人均有权以通知的方式来解除租赁合同,并在农业年度届满时生效。农业租赁合同的继承人,亦可以通知的方式向出租人表达其继续承租的意愿,并有权继承该原农业合同的权利义务内容。

四、土地租赁合同中的集体因素

(一)农业乡间监察机构的行政行为

意大利土地租赁合同中的“集体”因素,主要体现在农业乡间监察机构和农业行业组织对当事人意思自治的限制。如同前文所述,土地租赁的当事人在面对管理性的强制性规范时仍有合意的空间,但需要接受省级农业监察机构的监督,尤其是土地改良行为。与此相关联的是,省级农业监察机构还是承租人自耕农资格的授权单位。结合《意大利农业合同法》第16条的规定,意大利农业乡间监察机构与土地租赁关系形成了紧密联系:(1)设立省级农业监察机构,并在租赁当事人意思自治的基础上享有建议权;(2)通过农业乡间监察机构实现公共利益(土地的合理开发、农产品规模和质量的发展等)和私人利益(适宜的改良方案、农业企业等等)的平衡;(3)双方当事人就改良达成合意时,省级农业监察机构应当在60日内对改良项目予以明确评价;(4)监察机构可以对改良项目进行技术性修改,修改意见以通知的方式发出并对土地租赁的当事人产生法律效力。

农业乡间监察机构对租赁当事人改良内容的评估，本质上也是对租赁当事人意思自治的一种合理限制。与农业乡间监察机构相类似，农业地区的政府专业办事处也能依据授权针对改良提出反对意见。虽然评估改良的程序较为复杂，但对于自耕农和非自耕农而言，固定的监察程序是极为必要的。对此《意大利农业合同法》第19条规定，承租人应当在改良前20日告知出租人，该通知可以挂号信或其他书面形式作出。实际上，即便承租人未经所有人同意，或者缺乏改良技术，在农业行业组织或者农业监察机构的帮助下也可以实现改良目的。换言之，预先通知是为了使改良工作更便于实施，而不是源于对出租人权利的保护。对于监察机构而言，其自身还承担有裁判角色，可依据具体情形对改良的补偿作出合理的判断。对于农业乡间监察机构是否能够胜任职责，意大利则通过实践中的案例对改良额纠纷进行具体判断。

（二）集体合意与集体议价所遵循的“原则—例外”模式

在对土地租赁双方当事人合意的研究中，意大利主流的农地法学家均认为农业工会充当着隐性角色，即租赁当事人之间的合意是一项预设的合意，在农业工会的协助下实现当事人的意思。[①] 毫无疑问，集体合意在协助私人实现意思自治的过程中具有积极作用，使得当事人能更为经济和便利地签订合同。同时，集体合意本身也是一项成熟的合同内容，对土地租赁法律体系中的核心问题有着理性的认识，使得合同内容能主动规范后续易于出现的争议。同时农业工会作为农地利用的重要参与方，还有助于促进土地租赁双方以及劳资合作双方更高效地从事农业活动。[②]

农业合作组织和农业工会占据强势地位，主要源于立法者保护承租人的需求。农业耕种者的联合可以形成农业合作组织和农业工会，并对个体农业合同产生影响。《意大利农业合同法》第45条规定，农业组织是集体合意介入个体合同的桥梁，也即农业集体合同具有一种特殊效力。事实上，该条所确定的规范通过例外规则的方式，明确了应在

---

① Cfr. Carrozza, Commentario alla legge sui contratti agrari, n. 203/1982, Padova, 1983, p. 126.

② Cfr. Lazzara, il contratto di locazione, p. 133.

农业工会组织的参与下拟定农地长期租赁契约的情形。虽然第 45 条规定了农地租赁领域所有可预见的禁止性规定，并且当事人的意思与之相冲突时无效，但该条第 2 款又强调当事人意思的核心价值。[①] 当实践越来越复杂的时候，这一貌似“二律背反”的规范更需依托实践进行解释。意大利农业司法实践实际上起到了明确《意大利农业合同法》第 45 条规范的作用，也即当事人在工会组织的协助下，即便是有违现行禁止性农业法律规范的农业合同也是有效的。[②] 显然，农业工会组织的协助于当事人意思自治而言具有极大的补充价值。换言之，只要获得了农业工会集体合同的肯定，当事人就可以排除农地法律规范的规定。[③]

当然，集体合意所产生的规范内容必然会引发责难，尤其是当农业集体合同不能协助议价、不能确保对承租人予以有效的保护时更是如此。类似的问题还在于：其一，土地租赁合同当事人拟定具体农业合同时，意欲排除工会组织的干预；其二，当事人想排除典型集体合同所能提供的模式，仅仅只想达成简单的协议；其三，当冲突解决规则的合意有违法律规范时，集体合意存在过度干预的质疑。因此，为了合理解释《意大利农业合同法》第 45 条，意大利立法者又重新引入了一项规则，即集体合意并不能完全与农业合同现行规范相悖。不过，这样的价值判断形成了否定再否定的局面，反而使规则更加不明确。的确，如同上述所言，集体合意的干预并没有对农地私法体系产生过度的影响，即第 45 条的例外情形并没有无限扩大，该条只是在引入解决方案的同时，认同了议价等问题需接受农业工会组织和农业合作组织的指导。甚至即便集体合意与《意大利农业合同法》第 45 条所设立的规范产生了冲突，从法教义学角度来看也并无不当。

单就集体议价而言，为保护由多数承租人所预先设定的集体性规则，意大利宪法法院认同了集体议价的合理性。[④] 从承租人的角度来

① Cfr. Nazzano anna Carla, Affitto di fondi rustici, in P. Perlingieri (a cura di), Manuale di diritto civile, Napoli, ESI, 2007.

② Cfr. Carrozza, Commentario alla legge sui contratti agrari, n. 203/1982, Padova, 1983, p. 126.

③ Cfr. G. Pisciotta, in R. Alessi e G. Pisciotta, I contratti agrari, cit., p. 198; Cfr. Nazzano anna Carla, Affitto di fondi rustici, in P. Perlingieri (a cura di), Manuale di diritto civile, Napoli, ESI, 2007.

④ Cfr. Nazzano anna Carla, Affitto di fondi rustici, in P. Perlingieri (a cura di), Manuale di diritto civile, Napoli, ESI, 2007.

看，对于自耕农而言，产品价格占据了关键地位，而对于非自耕农而言，农产品的国际市场化，尤其是在欧盟经济一体化中维持意大利农业特色发展至关重要。在这样一种大背景之下，基于国家补贴和政策偏向性的立法也要求集体性组织起到一种引导作用，并对个体承租人产生积极的影响，集体议价就具有先验的合理性。因此，拒绝专业组织的协助是有违政策和法律的，毕竟意大利农业租赁合同中的承租人与农业集体单位具有天然的联盟关系，前者仍需后者的协助来促进农业经济的发展和租赁市场的繁荣。①

五、土地租赁合同中的其他特殊规则

（一）对转租规则的再思考

意大利土地租赁合同作为一种特殊的租赁合同形态，在诸多具体租赁规则的适用上都具有独特性。例如，意大利土地租赁后转租时，不仅需要出租人同意，转租时的合同还必须完全覆盖原租赁合同的权利义务内容。同时，为了有效利用租赁物，以及保障承租关系存续的长期性，必须考虑转承租人的承租能力，以及在特殊需求下转租的必要性。②此外，农地转租契约还极为重视次承租人的农业耕种能力，要求转承租人符合《意大利民法典》第 320 条、第 374 条和第 394 条所规定的农业领域中的代理能力、行为能力和耕种能力。甚至意大利法为了避免转租带来的不稳定性，还规定了 1 年的期限来禁止转租（《意大利农业合同法》第 5 条和第 23 条），并对因特殊需求产生的转租进行限制。

除上述一般性农地租赁的转租之外，《意大利民法典》还在第 954 条③（依托地上权并以地上建筑物为标的订立的租赁契约）、第 976 条④

① Cfr. Luigi Costato, Trattato breve di diritto agrario italiano e comunitario, seconda edizione, CEDAM, 1997.

② 对于特殊管理的类似的立法，出现在《意大利民法典》第 180 条中，即对于夫妻共有财产的管理，夫妻双方应共同行使属于特殊管理范围的行为。

③ 《意大利民法典》第 954 条规定：以地上建筑物为标的订立的租赁契约于地上权期限届满的当年（参阅第 999 条）终止。

④ 《意大利民法典》第 976 条规定：本法第 999 条的规定（参阅第 954 条、第 1596 条、第 1599 条）准用于由永佃权人订立的租赁契约。

(由永佃权人订立的租赁契约)、第999条[①](用益权人订立的租赁契约)、第1026条(对有关用益权规则的适用)中规范农地转租行为。尤其是第1599~1606条设置了若干关于转租的一般性规定(租赁物的特定转让、转让前的持有、承租人的损害赔偿、租赁对抗第三人的效力、租金的免除或转让、出租人权利的消灭等):(1)第1599条,租赁优先权。租赁物转让时,在此之前设定的租赁契约可对抗善意第三人(参阅第1602条)。(2)第1601条,对原承租人的损害赔偿。如果承租人因出租人的转让而导致损害,则出租人承担损害赔偿的责任。(3)第1602条,租赁对抗第三人的效力。第三人自其购买之日起,将保留(参阅第1599条、第1603条)原租赁权利和义务内容。(4)第1603条规定,如果租赁契约在租赁物转让时得被解除(参阅第1599条、第2923条),那么主张解除权的买受人应当根据第1596条第2款的规定,通知承租人在一定期间内退出承租地,否则应向承租人承担损害赔偿责任(参阅第1223条),除非有相反约定。

(二)土地租赁合同的解除的特殊规则

在土地租赁解除规则中,也存在一项非常特殊的规定,即如果土地租赁关系仅存续1年时承租人死亡,那么合同自动解除。虽然以上规则是土地租赁合同的法定解除情形,但是对于承租人的继承人而言,在租赁合同解除后进行补救并不困难。补救方式的基础是《意大利农业合同法》的第49条,该条实质性地排除了以《意大利民法典》为中心的土地租赁解除方式,也即,如果承租人的继承人是以自耕农或农场主要耕种者的身份进行农业活动的,租赁合同并非自动解除而是当然继承。因此,该法第49条第1款规定了农地租赁合同解除的例外情形,认为只要承租人的继承人能从事农业活动,土地租赁关系就可得以延续。

同时,《意大利农业合同法》第5条第1款也对承租人的解除权进行了规范。从该规范的教义内容可见,合同双方当事人享有的解除权

---

① 《意大利民法典》第999条规定:由用益权人在用益权即将消灭时订立的或者在用益权消灭以前的某个确切日期(参阅第2704条)用公证书(参阅第2699条)或者私证书订立的租赁契约,均按照契约规定的期限继续执行,但是,这一期限自用益权消灭之日(参阅第1599条)起不得超过5年。

并不一致。一方面,该法第 5 条没有规定承租人行使解除权的前提条件,只是设定了 1 年的预先通知期;另一方面,出租人无法定原因时无权解除合同。可见该法在保护承租人方面,尤其着重于对自耕农承租人的保护,通过具有偏向性的合同解除处理方式稳定了土地租赁合同。[①] 此外,《意大利农业合同法》第 23 条包含了非自耕农期间的适用规范,也被认为是一种以相反立法的方式对自耕农进行的保护。因此,意大利土地租赁合同法采取以自耕农和非自耕农为区分标准的立法方式,在合同解除等问题上更好地保护了自耕农的权益。[②] 而对于非自耕农而言,由于其农业活动更符合现代经营管理方式,立法者则更着重从现代企业的角度对劳动者的权益予以保护。[③]

(三)租赁合同书面形式的强制适用

针对土地租赁合同的形式,《意大利民法典》第 1350 条规定,超过 9 年期限的非自耕农租赁契约必须采取书面形式。虽然 9 年的期限并没有与《意大利农业合同法》所规定的期限相一致,但是意大利通过司法解释将 9 年以上的书面非自耕农租赁合同规定为一种特殊情形,认为在此类合同中需对耕种者采取特殊保护,因此非自耕农租赁合同在形式上强制采取书面形式。[④] 对于自耕农而言,双方租赁关系的存续因合同可自由延续,尽管意大利立法者在 1966 年 7 月 22 日 N606 号法令第 3 条中强调书面形式的重要性,但是在后续的法律实践中并未将其作为农地租赁合同的必要条件。鉴于此,针对超过 9 年的自耕农农业合同,《意大利农业合同法》第 41 条规定,无论是口头的或其他非书面的合同形式均有效。由此可见,《意大利民法典》对于土地租赁合同的形式仅作个别性的强制要求,9 年期限非自耕农租赁合同之外的合同无须书面形式,只不过在缺乏登记行为的情形下无法有效对抗第三人。

(四)对农地公益征收的反思

在因公共利益产生的农地征收问题上,意大利立法从利益平衡的

---

① Cfr. A. Massart, sub art. 1, in A. Carrozza, L. Costato e A. Massart, Commentario alla legge sui contratti agrari, cit., p. 14ss.

② Cfr. M. D'Addezio, L'eguaglianza tra le parti nelL'affitto di fondo rustico, Napoli, 1984, p. 99.

③ Cfr. G. Bivona, Affitto di fondi rustici. Affitto a coltivatore diretto, cit., p. 47.

④ 意大利宪法法院在 1976 年 5 月 20 日 N121 号司法解释第 17 条中,将这一标准上升为一种宪法性规范。

角度进行反思，也即公益征收为农地带来了另外一种利用可能，只要足以弥补承租人等主体的损失。可以肯定的是，承租人通过征收能马上弥补其受到的损害，因此原土地租赁合同的解除具有合法性基础。《意大利民法典》第1638条规定，如果租赁的土地因公共利益被征收或者临时被征用，那么承租人均有自出租人处获得对未收获果实或者欠缺的收获进行补偿的权利。[①] 同时，意大利1986年6月28日N2359号法令第27条和第28条就指出，只要征收所造成的损失是可控的，公共利益导致的征收就可以成立，毕竟用益人、承租人、所有权人和他物权人等在征收客体之上享有的权利均可获得补偿。

---

① 参见《意大利民法典》第1638条。

第六章　以集体所有和多元利用结构为中心的中国农地租赁制度思考

农业农村发展需建立在稳定的土地制度之上，使得土地问题通常被列为中国农村问题研究之首，土地政策创新和法律制度的完善也持续推动着乡村振兴。自家庭联产承包责任制改革以来，基于土地实践基础之上的用益物权立法逐渐完善。在土地利用应追求稳定抑或体现灵活性的实践和学说争议中，“增人不增地、减人不减地”的国家政策趋于前者，后续被《物权法》（已失效）通过物权性的土地承包经营权进一步明确。土地承包经营权奠定了土地稳定利用的坚实基础，但如何有效地利用土地则成为后续民事立法不可忽视的重要命题。“三权分置”在集体所有权和土地承包经营权的基础上衍生出土地经营权，再次将多样化的农地利用置于整个农地体系的核心，以此发展农业和农村。自罗马法发展形成的土地租赁“统一与区分”立法模式、“多元所有权—用益为中心”的土地利用结构等理论，依然是农业实践经验的有益总结，各种土地利用形态为中国土地经营权等土地利用制度提供了参考。当然，中国农地制度建立在集体所有权基础上，土地的利用需紧密围绕特定主体享有的土地承包经营权进行构建，土地经营权则在提升农业效益、开展特色经营、规模经营等方面展示出极大的优势。

第一节　中国土地租赁制度的实践解读

一、中国现行农地租赁的法律规则与政策制度

《中共中央关于推进农村改革发展若干重大问题的决定》（以下简称《农村改革决定》）指出：“加强土地承包经营权流转管理和服务，建立健全土地承包经营权流转市场，按照依法自愿有偿原则，允许农民以

转包、出租、互换、转让、股份合作等形式流转土地承包经营权,发展多种形式的适度规模经营。有条件的地方可以发展专业大户、家庭农场、农民专业合作社等规模经营主体。”此后我国的农地立法和政策进一步放活农地流转方式,允许农民采用股份合作的方式进行农地利用,将市场化运作模式引入土地承包经营权流转领域,同时还赋予了农民更大的经营自主权,鼓励在有条件的地方培育规模化经营主体。《民法典》和《农村土地承包法》规定了土地承包经营权可以转包的方式进行流转,承包方可将部分或全部土地承包经营权以一定期限转给同一集体经济组织的其他从事农业生产经营的农户。同时《农村土地承包法》还规定土地承包经营权可以采取出租的方式进行流转,即承包方将部分或全部土地承包经营权以一定期限租赁给他人从事农业生产经营。

中央的一系列农村改革决定和民事立法对农村租赁制度产生了深刻的影响,不仅丰富了租赁主体的组织形态,还从农业功能的角度引导了土地租赁制度的未来发展方向。在实践中,农村土地租赁的租期较短,究其原因在于农户在短期租赁中可以及时收回土地承包经营权,维持稳定的承包权利并通过土地来保障其基本生活。可以说,以转包或出租方式流转土地承包经营权,是农户理性权衡成本与收益的结果,也是实践中首选的流转方式。同时,土地承包经营权转包比出租更为广泛,一方面,因为农民对家庭承包地的过分依赖和对未来生活风险的担忧,转包给集体内熟悉的农户较为稳妥;另一方面,农地出租的租金相对较低,农地出租本质上无法改善农户的生活条件,因此在租金收益较少的情况下采取稳妥的转包方式更为重要。当然,也有学者认为出租和转包共存并无意义,主张两者之间并无区别,无分别规定之必要。[①]事实上,土地承包经营权转包和出租之间的区别仅在于承租对象的不同,转包仅针对同一集体经济组织内部的农户,而出租则不限定租赁对象。因此,农地承包经营权的转包制度完全可以安排在出租制度之下,形成统一的土地租赁概念。

事实上,我国农村土地租赁制度并不完善,其法律适用仍在一般租赁合同框架下,实践中出现的土地租赁难题仍有待解决。如何在稳定

① 参见陈小君等:《田野、实证与法理:中国农村土地制度体系构建》,北京大学出版社2012年版。

土地承包经营权的基础上利用土地，在租赁价值偏低时如何通过自发有序的租赁规则形成良性的农地利用方式，以及如何完善农地流转的操作平台仍然有待规范。事实上，仅从经济目的抑或农村保障的角度考察农地租赁制度仍有不足，农地制度的设计还应释放土地租赁制度应有的功能，以凸显土地租赁作为土地利用主要工具的作用。

二、中国农村土地租赁的社会实证解读

在农地租佃的田野调查中可以发现，转包和出租仍然是当前农村社会主流的流转方式，也是农民最希望采取的流转方式。“股份合作”与“反租倒包”在农户的观念中类似，但后者曾经因为部分地区村集体变相收回农民的土地承包经营权而导致侵害农民权益的不良后果。从实践出发，“股份合作”以尊重和保护农民的土地承包经营权为前提，农民在流转土地承包经营权后，获得了股权并从中享受利益，而村集体在获得农民承包地后可以进行规模化经营以发展、壮大农村集体经济，尤其对于人均耕地面积较多、机械化耕作程度较高的北方地区极具推广价值。虽然反租倒包与股份合作产生的结果可能类似，但是后者可出租给第三人，比反租倒包更为宽泛。然而，无论是新型的流转方式抑或传统的转包，本质上都是以租赁的方式利用农地。

通过承包地的转包和出租，农民从土地中解放出来，并且可以通过其他劳动增加收入。通过为土地租赁设置灵活期间，出租人（承包经营权人）仍然可以重返土地，也可以通过租赁他人的承包地进行耕种，这使得规模耕种成为可能，也同时给予返乡农民生活上的保障。因此实践中，土地租赁大量存在。相对于东北等农地效益高的地区，中西部地区的种地收益并不高，加上村中适合耕种的劳动力缺乏，收益型流转在中西部地区很难形成。不过，无偿型租赁仍然有一定的优势，其既不会导致土地荒芜，并且在收回土地后农民仍可自行耕种。可见，租金的高低也并非农地出租的绝对因素，还需考虑承包地是否存在抛荒和难收回的潜在风险。为防止承包地抛荒，不愿种地和耕种效益不高的农民，低价出租甚至将土地无偿出租，如此使得有技术和有能力的种植户能利用更多的土地，产生租赁的规模效益。就有偿型租赁而言，最终影响

农民流转土地承包经营权意愿的主要因素还是耕种经济收益。一般而言，外出务工比在家种地的收入要高，而专业农民能通过规模土地和特色经营产生更大的经济效益，租赁收益也会随之提高。因此，在此基础上区分自耕农和非自耕农就极为必要。[①]

此外，在熟人社会的中国农村，村委会在信息传播方面有重要作用，同时其作为土地流转平台的作用也越来越重要。原因在于具有权威性的组织或平台所传递的信息更被农户所信任，而私人中介组织的信息经常因其逐利性而备受质疑。因而地方政府在推动承包地流转市场建立时应立足于服务功能，还应引导、扶持中介机构建立规范化运作的承包地流转服务中心，帮助农户和企业及时获得流转信息。除信息平台，租赁合同的形式在社会实论层面也有特殊的意义。在短期租赁中，农户表示仅签订合同（书面或口头）即可，当然这与当地承包地流转价格不高和1年的租赁期间相关，出租人即便与承租人发生矛盾也可在次年收回农地。从当前实践来看，口头协议并不必然导致纠纷难以化解，但是从土地租赁的长期发展来看，书面协议属于直接的效力根据。当然，村委会也能对合同产生隐性的影响，尤其表现在与集体之外的人员缔结租赁合同时，经村委会同意体现了对合同效力的认可。实际上在土地租赁纠纷中，村委会也是协调当事人双方利益的最佳中间人，对纠纷最为了解也最能妥善处理，并且还能从情理上让双方当事人信服。

第二节　“统一与区分”立法模式对中国农地租佃体系的借鉴

一、以“长期租赁”为中心构建农地租佃模式

从罗马法到现代法中的土地租赁理论，为制度规范提供了参考范式。从罗马法到中世纪法，再到意大利等欧陆现代法，土地租赁的发展历程一直体现为“统一与分裂”的动态模式。事实上，罗马法上的农地

① 在农业回报逐渐增高的情形下，尤其是资本下乡后，区分自耕农和非自耕农就极为必要了，这一区分对纯粹的资本逐利有一定的约束作用。

租佃体系就为这种“统一和分裂”提供了大量的理论基础和实践素材,甚至决定了后世土地租赁体系的发展模式。首先,在罗马法中已形成明显的土地租赁二元区分,基于不同的功能形成了一般土地租赁和永佃权两类不同性质的租赁类型。可以说,农地短期租赁、长期租赁和永佃权一开始就混同在一起,租赁时间与租赁性质并没有明显的区分,其是在农地实践中逐步形成的若干不同的租赁需求。不同的租赁制度为了满足这一需求而从事实分类转变为法律上的区分,短期租赁、长期租赁及永佃权之间的共性与差异才逐渐显现。其次,永佃与租赁的二元区分自始就不是一种先验性的逻辑区分方式,而是在实践中形成的两种性质迥异的土地租赁利用形态,这一区分在农地实践后期不断调整,使得土地租赁体系也随之发生变化。特殊之处在于,长期租赁和永佃权存在事实上的合一,两种租赁形式相互依存,在罗马赋税田等土地形态的基础上,后者得到了极大的发展。同时,立法者根据租赁时间对租赁当事人赋予不同的权利义务,以至于改良和租金等重要的租赁因素超越了租赁性质本身,成为土地租赁的核心要素。

上述从统一走向区分的过程体现了租赁合同的分化,一方面,农业实践需求彻底改变了土地租赁结构;另一方面,这种分裂形成的以永佃权为主的土地租赁格局在租赁因素(占有、改良、租金、期间)的独立发展过程中发生了巨变,农地的利用彻底地偏向了农业(租赁)合同,并直接导致了永佃权在欧洲大陆法系制度中的消减之势。永佃权和长期租赁中的核心要素土地改良的独立,使得土地租赁在改良的制度层面上实现了稳定的租赁状态,甚至可以有利于承租人的方式限制出租人的权利。这种以租赁权限制所有权的制度设计,直接导致了土地租赁体系的重大变革。换言之,意大利现有租赁制度赋予耕种者一种长期性的保障,这一长期性与永久性虽然在语义上有所区别,但是对于耕种超过30年的租赁而言,并无本质的区分意义,其根本在于两者之中涵括的诸如改良、租金等关键因素是否存在差异。

当代我国土地租赁体系的构建,要对土地租赁这一有名合同进行体系性规范。其一,以民法典租赁合同为基础,对一般租赁与土地租赁进行区分,并在土地利用的法律规范中对土地租赁合同进行有名化处理，为制定土地租赁合同规范奠定基础；其二，应依托《农村土地承包法》系统规范土地租赁合同，统一规范租金、最短租赁期间、土地改良等核心要素。

二、传统永佃与土地承包经营权的理论衔接

对永佃权的阐释不应只是讨论近代到现代私法中的权利存废问题，还应检视古典时期和封建社会永佃权对土地、个人意思自由以及农业生产的影响，借助永佃权内涵的变迁来理解土地租赁体系结构中不同租赁制度的功能。罗马法上的长期租赁与永佃权相互配合，永佃权与两种所有权（*dominio e proprietà*）观念逐渐分离。由此，从土地权利结构层面解析长期租赁与永佃权极为重要，尤其在从《狄奥多西法典》到《优士丁尼法典》永佃权的发展过程中，正是财产性永佃利益的产生，使得罗马社会对永佃制度产生了需求，为继受希腊永佃制度提供了制度和理论的衔接平台。在永佃权从对一般租赁权的依附到独立权利形态的形成过程中，永佃利益的保护、土地改良、租赁期间和租金得以长足发展，而上述核心要素的相继独立最终导致了永佃权内涵的虚化。作为永佃权制度的替代品，一般土地租赁（体现为一种债）在租赁权、改良、租金和期间的契合下，最终成为后世农地利用制度的核心。因此，解析永佃权一方面需要与所有权、地役权和用益权互动，另一方面还在于从永佃权制度的发展过程中挖掘出长期租赁的核心要素。

上述土地租赁结构的分化和统一，既是农业实践对制度的需求，也是土地租赁体系优化的结果。正因为改良和租金要素的独立发展，农地的利用最终以农业（租赁）合同为中心。永佃权对我国土地租赁制度的借鉴意义在于，一方面，永佃权的历史发展过程展现了大量的制度内涵，了解其历史演进才能了解土地租赁制度的全貌；另一方面，承包经营权承担了集体所有权中对于个体权属的归属责任，对永佃权这一永久租赁的研究本质上有助于对我国土地承包经营权的研究。[①]

① 事实上，欧洲大陆法系中永佃权的优势逐渐被一般土地租赁所替代，永佃权的特殊内涵彻底地被所有权和一般土地租赁所瓜分，所留存的仅仅是历史性残余。这种从统一到分裂，再到统一的过程对研究我国土地租赁制度有很大的借鉴意义。

吸收了永佃权和农业企业优势的农业租赁合同在我国仍处于初始状态，这一重要租赁制度的缺陷也必然导致我国农地利用的不足。在对土地租赁制度进行关注的同时，以时间为线索，将永佃权定义为一种特殊的土地租赁类型也是极为必要的。物权性质的土地租赁权不可或缺，其与一般土地租赁制度在功能上相互配合，这也是传统永佃权的核心内容。永佃权在现代法上的颓势并不代表永佃制度在私法体系中的消失，其本质是永佃的制度内涵与一般土地租赁制度更紧密地结合，后者吸收了前者的制度优势。土地承包经营权的制度设计，不仅关涉三权分置中的核心要素，还关涉农地利用体系的系统构建。

第三节 “集体所有和多元利用”结构下农地租佃具体规则的展开

一、归属所有权基础上的个体利用

自 2007 年《物权法》颁布后，农村土地承包经营权从债权性转变为物权性，这一转变的最大意义就在于农地承包经营权从长期使用权的角度稳定了土地归属关系，确立了集体所有权与农村土地承包经营权相协调的二元物权结构。但是，土地承包经营权在转化为物权性权利之后，本身所代表的农地利用功能被限定在单一的归属层面，本身灵活的债权性经营利用方式不复存在，扼制了农地本应发挥的经济功能。换言之，农地承包经营权虽然也是从集体中获取的土地租赁权，但是这种长期租赁的主要功能是从个体的角度稳定土地归属关系，并没有从农地利用的角度进行规制。事实上，大陆法系农地制度建立在不同的所有权结构上，但是最终都是从个体的角度安排农地归属。从所有权的历史发展来看，欧洲大陆法系国家虽然以私人所有权为基础，但是本质上还是一种以“个体”（私人或者国家）为中心的所有权体系。而中国在以集体为单位对农村土地制度进行主体构造时，立法者通过他物权性质的农村承包经营权从“个体”的角度对农地主体进行再次确定。无论是认为集体所有权虚化，还是纠结于中国的集体所有权主体的“不确定性”的学者，都不能否定土地承包经营权对农户“个体”进行确权的意义和价值。

因此，在农地所有权性质巨大差异的表面之下，存在稳定的“个体—农户”享有土地权利的共识。纠结于所有权形态的差异以及集体所有权主体的内涵，对比较研究我国和其他国家的土地租赁制度并无实质意义。我国土地承包经营权的主要功能是向“个体”提供稳定的农地权利“归属”模式，尤其在土地禁止调整的规定下更加具有意义。具体而言，大陆法系传统农地所有权通过私人和国家的所有权确定，以传统大陆法系对所有权的规制方式，直接地完成了对“个体”权利的确认，而中国集体所有权是借助农村承包经营权来达到稳定“个体”权利的目的。

二、复合式集体所有权下的农地租佃

土地承包经营权作为我国农地用益的基础，在功能上与传统的财产性永佃权类似。从前文分析可见，传统永佃权的内涵在归属层面被农地所有权所吸收，在用益层面被现代法上的土地租赁所替代。因此，永佃权权利内涵空心化，失去了权利存在的基础。我国农地承包权类似于财产性的永佃权，有别于封建制度下“人身性”的永佃权，仅在于突出稳定的土地利用关系。由于我国集体所有权无法进行“个体”区分，所以就必须借助于农地承包经营权来实现土地的“归属功能”，尤其是财产性永佃权的农村承包经营权成为农地定分止争的关键。农地承包经营权在承租期限内可以对抗集体所有权，只要不违背法定情形损害集体所有权，农地承包经营权利人就能自由地利用土地。从功能的角度分析，被土地租赁制度吸收的财产性永佃权的利用部分，表现在我国的农地承包经营权之中。只不过土地承包经营权不仅承担着农地归属确权的功能，还担负着农地利用的功能。因此，纯粹以农地承包权进行农地利用是狭义的租赁利用方式，是一种仅仅以固定主体进行土地租赁利用的形态，通过土地经营权以及灵活的土地租赁制度（出租、转包）去完善我国整个土地租赁体系显得极为必要。

三、土地租佃制度内在逻辑的再探讨

在农地传统理论中，土地租赁的特殊性源于客体农地的生产性特征,但现代意大利法学者认为纯粹从“生息物”的角度思考土地租赁过于消极,而应该以农地利用中的“目的”为核心构建农地体系。可以说,这一目的不仅仅引导着土地租赁合同的功能,还揭示了土地租赁合同的继续性和关系性合同的本质。换言之,农地当事人之间的目的在于发挥土地效益,并由当事人的意思所主导。因此,农地当事人之间的意思自治的行使和限制是贯彻整个农地利用规则的主线,并且在这一规则适用中必不可少地要从平等和公平的角度对土地租赁规则进行系统梳理,才能从中归纳出农地改良、期间和租金等关键因素的内涵。

因此,农地的性质与土地租赁合同目的之间的争论,本质上是围绕当事人意思自治及其限制展开的,其中涉及的合同功能、合同主体身份的转换规则都是出于对不同农地利益的保护。而针对这一复杂情况,意大利法学家找到了一种有效的处理方式,即在充分利用土地租赁合同意思自治的同时,配合强制性规范去保护农地的利用,赋予承租人一定范围的最大自由,通过租金、合同期限、土地改良补偿等法技术手段衡平当事人之间的权利义务。立法者及法适用者还通过租赁主体的主观和客观层面的规范,以私人意思自治为核心构建了合理的农地流转制度,赋予土地占有者更多的土地改良权利,在农地价值最大化的同时实现土地租赁合同的社会功能。

上述土地租赁制度的内在逻辑是土地租赁中的共同法则,即便在具体规则上存在不一样的表现形式,但是租佃理论是一致的。不过,目前我国农地学者还未对土地租赁理论的内在逻辑进行过系统论证,土地租赁合同也未被特别法规范,立法者仅参照一般租赁合同规则和少量的出租(含转包)规则对其进行规范。可以说,产生这一结果的原因是多方面的:首先,土地承包经营权转化为物权性权利后,所代表的农地利用功能却局限在单一的归属层面,农地承包经营和土地租赁之间的关系被割裂开,无法在统一的土地租赁视野下有效利用农地,扼制了农地本应发挥的经济功能。我国农地是一种集体所有权和农村土地承包经营权相协调的二元物权结构,集体仍然是农地所有权的主体,但是集体不能在承包期限内剥夺具有物权性特征的农民的承包经营权,因此农地承包经营权成为实现土地长期稳定的手段。这一立法转换在稳定农地承包上具有积极意义，但同时也对农地的利用进行了限制。而“三权分置”中，土地经营权的出现恰恰是构建以“租赁”为中心的农地利用制度的关键。其次，正是立法者单纯地追求农地的稳定及其社会效应，误将土地租赁是农地归属的对立面，将租赁与不稳定性简单地捆绑在一起，从而忽略了土地租赁这一主要利用工具。再次，立法者没有从纯粹的农地利用角度对租赁主体进行分类，导致立法者将农地利用主体禁锢在集体的范围之内，无法以耕种方式开展“身份性”区分，无法从土地的经济利用方面去构建以租赁为中心的农地利用框架。最后，自《民法典》确定了“集体所有权—土地承包经营权—土地经营权”的三权分置结构后，土地承包经营权在“归属”层面稳定了农地关系，土地经营权可以发挥租赁的内涵，完善土地改良、租金、租期等核心要素，进而从租赁的角度促进农地利用体系的发展。对以上问题解答的同时，也论证了农地立法从所有到利用的一种转变。①

四、积极改良下的自耕农租赁

土地租赁合同不是传统意义上的“一时性”合同，而是一种继续性和关系性契约。在继续性合同的视野下，当事人被赋予了更大范围的自由裁量权，契约关系背后的社会关系和地方规范亦变得重要。可以说，继续性契约理论给土地租赁改良与保护提供了理论基础，农业环境与农业经济也是在继续性的农业租赁行为中得以发展。而在这一继续性合同模式下，承租人和出租人能更好地行使自身的权利，尤其是行使农地改良权意义尤为重大。

1982 年的《意大利农业合同法》，在土地改良问题上赋予了租赁合

① 农地长期租赁的历史演变，既揭示了罗马实践经验对物权结构模式的深远影响，也展示了当代大陆法系农地权利类型在“归属和利用”框架下的多样性。欧洲大陆法系农地租赁制度，在实现私法自治的同时，借助改良、租金等法技术手段将社会责任设置于权利主体之上。在此过程中，一方面，所有权和长期占有获以进一步厘清，尤其是大陆法系从功能所有权的角度将集体所有权纳入市民法体系后，多元所有权的内涵进一步丰富；另一方面，从永久租赁中脱离的“土地改良责任”、“最低租金制度”以及租赁期间，与一般农地租赁合同再次结合，以债权性租赁合同的形式实现了物权的权利内涵，形成了以农地租赁为中心的农地利用制度。上述因永久租赁所促发的大陆法系农地权利体系的解构和重建，于理论和实践层面均对中国农地制度的构建具有一定的借鉴意义。Cfr. Paolo Grossi，La proprietà e le proprietà nelL’officina dello storico，in *Quaderni fiorentini*，Giuffrè，1988，p. 38ss.

同双方当事人一种平等地位，也为承租人对土地的重大改良设置了一层保护机制。出租人的改良被视为对自己资源的维系，并不能因为出租人的土地改良而要求承租人支付额外的补偿租金。对于出租人而言，微薄的租金增长并不是土地改良的缘由，何况租金的增长有时还低于改良的支出。对承租人土地改良的补偿而言，补偿的标准依据改良所产生的土地增值价值计算。通过这样一种改良保障机制，承租人获得的就不仅是所支出费用成本的补偿，还包括土地增值部分的利润，这对承租人实施改良行为形成了有效的激励。同时，对承租人补偿的数额甚至超过土地本身的价值，此时倘若土地所有权人无法支付改良费用，可能会出现出卖土地的情形。意大利农地租赁权对所有权的倒逼机制因 1982 年《意大利农业合同法》（土地租赁）的颁布得以实现，承租人的地位能通过土地的改良对所有权人形成一种威胁，甚至农地承租人可以借助优先购买权获得土地的所有权。由此，一般土地租赁合同就能通过占有、改良、期间和租金等核心要素对承租人形成保护，使得长期稳定的土地租赁成为现实，也使得永佃权中的优势因素（占有、改良、期间和租金）完全被土地租赁合同所吸纳。

意大利立法者通过宪法和特别法规范的配合，将土地的改良从单纯的私人事务发展成积极的改良责任，甚至赋予土地租赁合同当事人单方面的改良自主权，以至于任何一方当事人都能通过积极的改良来改善农地，并能够获得相应的补偿。同时，立法者应对改良行为的限度极为容忍，允许当事人行使任何形式的农地改良权。换言之，只要改良没有修改农业土地用途或者有碍地区发展即可。此外，意大利省级农业监察机构还可以根据土地的情况直接责成当事人进行土地改良。事实上，农地法律规范并不需要对改良行为进行具体规范，只需确定改良条款在整个土地租赁合同中的中心价值。这种开放式的立法模式，使得土地租赁合同当事人基于意思自治而享有广泛的自行处理权，只不过意大利省级农业监察机构能在当事人消极行使权利时要求当事人对土地予以改良。不同地区的土地改良因不同的土地状况被赋予了不同的规则方案，改良行为被设置于一种多样性的框架之中，以满足意大利对不同租赁利益的多样性保护，从而形成了一种以私人自治为核心的多层次的改良规则。当前我国农地改良仍停留在消极立法层面，立法者仅要求承包人、承租人和其他耕种者以合理的用途利用土地，并不得损害承包地和农业资源。土地改良是破解我国土地利用制度弊端的有效手段，从消极改良转变为积极改良也是我国土地租赁制度迈向完善的关键所在。

五、集体因素的隐性影响

意大利土地租赁合同中也包含了一种“集体”因素，这种“集体”因素具体表现为农业合作组织、农业行会和农业乡间监察机构。意大利土地租赁合同中的“集体”与我国农村“集体”在表现形态上截然不同，但是两者的共同点均是对土地利用的当事人的意思自治产生一种间接影响。只不过，意大利土地租赁中的“集体”主要从合同一般条款的角度对土地租赁合同产生影响，在个案中农业集体组织还会承担裁判功能或具有确认事实的作用。可以说，意大利土地租赁合同中“集体”因素是一种规范化的影响，不直接对合同当事人产生法效果，但是成为土地租赁合同运行过程中不可或缺的主体。

我国历史上的高级社集体所有权、人民公社集体土地所有权和现行集体土地所有权的主体均被认定为“集体”，但是上述不同时期的“集体”内涵存在较大的差异。① 这种“集体”内涵不仅体现在集体的具体构成上，还体现在“集体”对农户的影响上。具体而言，在家庭联产承包责任制出现之前，农户对集体是一种依附关系，其仅仅是集体土地上的劳动者；但在家庭联产承包责任制产生之后，“集体”作为虚化的所有权人对农户承包产生影响。在后一过程中，土地租赁也从禁止走向鼓励，“集体”因素对土地租赁合同的具体影响也在弱化，“集体”所扮演的角色转变为土地租赁的引导者和协作者，并为土地租赁提供规范合法的流转平台。

我国学者在讨论集体所有权以及相关的土地利用形式的时候，都会不约而同地认为我国农地制度具有极强的特殊性。一方面，农地的权属属于“集体”，不同于国有或者私有，是一种独立的公有形态；另一

① 参见高飞：《集体土地所有权主体制度研究》，法律出版社 2012 年版，第 101 页。

方面,集体所有权在运行过程中,所有人即"集体"对承包人有较大的影响力,甚至排除当事人之间的私法自治行为。① 因此,我国的"集体"在农地利用过程中有着较大的影响力,作为所有权人的"集体"在承包过程中因土地的稀缺占据了主导地位,在农地利用过程中,则隐性地影响土地利用的实际规则。可以说,"集体"作为农地所有权主体,在我国土地租赁实践中对承包户与承租人之间的意思自治仍然具有不可忽视的隐性影响,甚至在某些地区成为土地租赁不合时宜的主导者。三权分置则越来越重视土地承包经营权或其他土地利用方式,和集体的功能形成互补,以平衡"集体所有权—土地承包经营权—土地经营权"分置下各方的权利和义务。

第四节　土地多元经营的制度架构

一、以经营权为重心构建中国农地权利体系

我国农村土地承包经营权从债权性转变为物权性权利之后,以用益物权的方式稳定了农地利用关系,并初步形成了集体所有权与土地承包经营权相协调的二元物权结构。2013 年 11 月 12 日,十八届三中全会通过的《关于全面深化改革若干重大问题的决定》则将土地承包经营权进一步分割为承包权和经营权,构建出三权分置的农地权利格局。② 在坚持集体所有权的前提下,农地立法和国家政策将复合式的土地承包经营权分解,如何进一步深化、落实成员权和经营权成为理解当代我国农地制度的关键。③ 不过,经营权包括哪些内容、是何种性质,以及如何妥适解释剥离经营权之后的承包权等问题,均成为当前我国农地三权分置模式所面临的理论和实践困境。

① 参见贺雪峰:《地权的逻辑:中国农村土地制度向何处去》,中国政法大学出版社 2010 年版,第 107 页。

② 参见 2014 年 11 月中共中央办公厅、国务院办公厅《关于引导农村土地经营权有序流转发展农业适度规模经营的意见》。其文强调"坚持农村土地集体所有,实现所有权、承包权、经营权三权分置,引导土地经营权有序流转"。

③ 参见陈小君:《我国农民集体成员权的立法抉择》,载《清华法学》2017 年第 2 期;高飞:《农村土地"三权分置"的法理阐释与制度意蕴》,载《法学研究》2016 年第 3 期。

基于三权分置的制度目标，经营权被设计为农地利用体系的重心。就经营方式而言，《农村土地承包法》第五节已明确规定了土地经营权流转的诸多基本形式，农地流转可以通过转包、出租和互换等形式实现。其中，转让和入股的流转方式当前较为少见，农地租赁性质的出租和转包方式则在实践中普遍存在，尤其在农业规模化和特色化的趋势下，租赁合同在现代农业经营方式中扮演着越来越重要的角色。农地租赁不仅在承包人与经营权人之间构建了一种契约关系，而且还成为经营权人展开其他经营方式的基础。尤其是在新近政策的引导下，承租人通过抵押承包地获得银行贷款的方式，进一步拓宽了经营权的适用范围。[①] 概言之，当前我国农地经营权建立在承包合同之上，享有物权性土地承包经营权的承包户在承包期内可以以出租、抵押承包地等方式进行经营；同时，基于租赁合同之上的经营权人也享有以转包、抵押等方式经营土地的可能性。只不过，经营权人依靠农地租赁合同成立抵押权，与传统抵押权所要求的物权性基础权利并不吻合。在寻求抵押基础权利的正当性时，经营权似乎在物权性权利的选择上具有一种不可违背性，而这一实践需求和传统理论相对峙的难题恰恰可以从农地长期租赁的历史解释中获得解答，也即，解释农地“长期”租赁不必被绝对性的物债二元划分框架所掣肘，而是应当基于租赁合同的内容，在赋予债权性的租赁以物权性内涵的情形下，可以为经营权抵押提供正当性说明。这一说明模式并非意在否定我国土地权利中固有的“物权—债权”的区分，而恰恰是剖析既有农地权利内容的结果，一方面反映出罗马法传统在当代民法中的发展，另一方面也体现出罗马永久租赁制度对我国所能产生的启发意义。事实上，立法者设定的经营权承载着类似大陆法系农地租赁权的内涵，除了基于成员权取得的“承包”经营形式，不应囿于其他经营性权利是否具有物权性，而只需在“确权、确股或确地”的基础上按照经营方式的具体内容行使即可。[②]

---

① 2015 年 8 月，国务院发布《关于开展农村承包土地的经营权和农民住房财产权抵押贷款试点的指导意见》（国发〔2015〕45 号）明确“农村承包土地的经营权和农民住房财产权”抵押贷款试点方案；全国人民代表大会常务委员会同年 12 月进一步发布《关于授权国务院在北京市大兴区等 232 个试点县（市、区）、天津市蓟县等 59 个试点县（市、区）行政区域分别暂时调整实施有关法律规定的决定》，为实现农村承包土地的经营权抵押贷款扫除了制度障碍。

② 关于“确权、确股或确地”，可参见高海：《论农用地“三权分置”中经营权的法律性质》，载《法学家》2016 年第 4 期。

在承包权、经营权、成员权和集体所有权共同构建的当代中国农地权利体系中，原土地承包经营权的用益物权内涵由“承包”的经营方式所继承，经营权则囊括了“承包”之外的其他经营方式，强调对农地的经营和利用，而成员权则作为一项取得“承包”的资格，依附于集体所有权之中，以落实集体农地制度中的保障、公平等功能。① 承包人或承租人所享有的经营权成为农地利用体系的重心，使得农地经营具备大陆法系农地租赁制度的“长期”稳定性、注重农地保护、“租金承载着农业税”等多项共性特征。同时，“以符合土地用途的方式进行利用”“承包经营权人对土地耕种条件具有责任”等租赁限制则成为具体经营权人的内在责任。借此，在坚持集体土地所有权的基础上，我国后续立法应通过承包权落实农地的公平分配，并以租赁权为基础形成多种经营形式，进而实现农村集体经济、农村集体经济组织的成员利益和经营人的经济利益。

二、中国农地租赁体系的双向构建

（一）区域差异下土地租赁的统一规范

我国和意大利同样步入农业现代化，但是两国所面临的问题不尽相同，总体而言，我国的土地租赁制度的建设更为复杂。这一复杂性是由我国农业地区经济发展水平以及地理条件的巨大差异决定的：北方地区地广人稀，土地面积较大，适合大规模租赁的农业机械化耕种；西南地区地理结构复杂，只能通过小面积耕种达到生产效率的优化；中部和东部地区也因不同的地理结构和水土情况展示出多样性的耕种特质。不过，复杂的农地环境并不妨碍统一土地租赁制度的构建，正如意大利处理当事人意思自治和强制性规范之间的关系一样，土地租赁总体上是当事人合意的结果，但土地租赁强制性规范和农地监管组织也

① 参见陈小君：《我国农村土地法律制度变革的思路与框架——十八届三中全会〈决定〉相关内容解读》，载《法学研究》2014 年第 4 期。同时需要注意的是，尽管已失效的最高人民法院《关于审理农村承包合同纠纷案件若干问题的意见》和《关于贯彻执行〈中华人民共和国民法通则〉若干问题的意见（实行）》均规定了承包人未经发包人同意擅自转包或者转让行为无效，但在《物权法》实施后，土地承包经营权俨然成为一种因“承包”而获得的财产性权利，并与含有“身份性”内容的成员权相区分。

会在合意基础上进行修正。前文已述，一般规范与特例相配合的方式，能满足中国区域差异的土地租赁情势，以构建统一的土地租赁规范。

意大利土地租赁制度主要通过长期租赁（体现为季节轮作、9年、15年或者更长久）来稳定耕种关系，而我国的土地租赁从狭义的短期租赁（大部分是1年期）逐步过渡到经营权的构建。短期土地租赁在三权分置前成为我国一种重要的土地租赁形式是有多重原因的：其一，土地租赁在大部分地区旨在应对土地不被抛荒、无人耕种等情况；其二，承包人获取的土地租赁金额较少，租赁无法给农地承包人带来丰厚的利润；其三，承包人对租赁的稳定性较为担忧，短期租赁的模式可以保障承包人重新取得土地的利用权，从而满足其基本生活。短期租赁之所以成为土地租赁的主流利用方式，还在于中国农村经济落后和土地租赁制度不健全。事实上，只有稳定而长期的土地租赁才是农地利用的基本形态，出租人和承租人也才能获取丰厚的回报。因此，如何建立长期性的土地租赁关系成为中国土地租赁制度研究的重心，经营权的构建即成为关键。

（二）“一般租赁合同—特殊农地租赁”的双轨模式

农地租赁合同在历经罗马法的洗礼后，因特殊的制度内涵成为农地利用的核心，以满足承租人对农地的合理利用。后世立法者在规范农地租赁合同制度时，强调了区分农地租赁合同与租赁合同的必要，并在体系上形成“一般租赁合同—特殊农地租赁”的立法双轨制。为农地租赁合同单独设立规范的理由在于，农地租赁合同规范无法完全融入一般租赁的典型合同形态中，在法典层面作抽象规定并同时在特别法中予以具体规范的立法方式更富科学性和理性。由于农地租赁制度与国家政策等具有关联性，因此以特别法规范农地租赁制度的立法模式更为灵活，也能最大限度地体现出农地租赁合同与一般租赁合同之间的差异，并且在修订农地租赁规范时不至于影响民事基本法的稳定性。

以集体所有权、成员权和经营权（含承包权）的模式来解构我国农地三权分置的权利结构，恰恰反映出现行《民法典》物权编以及2016年中共中央办公厅、国务院办公厅《关于完善农村土地所有权承包权经营权分置办法的意见》所隐喻的大陆法系农地权利的内涵。本质上，土地承包经营权在剥离成员权之后，形成了以农地租赁为基础的经营权制度群，尤其以承包经营和租赁经营展开双向构建。“所谓的承包权和经营权的分离，不过是承包地的租赁经营方式。”①一方面，内含“永久租赁”特质的承包权体现为用益物权，并在土地集体所有的制度意蕴下落实土地的分配公平；另一方面，农地租赁制度从租赁合同的角度强调具体的权利内容，旨在保障承包权的基础上提高农地利用的效率。

显然，在我国农地利用制度的构建中，农地租赁的理论和实践价值首先体现在承包经营的内涵上。尽管农地承包人是通过承包合同实现《民法典》和《农村土地承包法》中的承包经营权，但这一非典型合同形式只是借用了承包合同之名，在财产性权利义务内容方面则与“永久”租赁合同（永佃权）无异。② 或者说，采用承包合同的法律术语更多是为了延续家庭联产承包责任的经济制度，以区别于传统租赁和具有封建身份意义的永佃权，并体现出家庭联产承包责任制与集体所有制的本土特色。事实上，立足于权利内涵的角度，《民法典》物权编中的承包经营权除了囊括集体经济组织成员初始取得承包地的资格，体现集体成员无偿享有的特殊内涵之外，重点还在于表达因承包而获得的土地经营权。那么，源于经济学术语而被立法所采纳的经营权具有极其宽泛的范围，不仅涵盖了承包这一传统的财产性永佃利益，还包括租赁、抵押等不同形式的经营方式。③

承包人出租农地是其他经营权人利用农地最主要的方式，农地租赁合同也成为承租人实现各种经营权的权利基础。我国集体所有权在所有权主体归属上的抽象性，使得《民法典》上的承包经营权成为个体利用土地的权利起点。集体土地所有权人和承包人之间的承包关系受

---

① 陈小君：《我国农民集体成员权的立法抉择》，载《清华法学》2017 年第 2 期。转引自梅夏英、高圣平：《物权法教程》（第 2 版），中国人民大学出版社 2010 年版，第 88 页。

② 参见徐涤宇：《物权法体系构造之若干问题探讨》，载《法制与社会发展》2002 年第 4 期。

③ 关于成员权、承包经营权、经营权的本质区分，可参见陈小君：《我国农民集体成员权的立法抉择》，载《清华法学》2017 年第 2 期。事实上，在剥离成员权之后，建立在家庭联产承包责任制基础上的土地承包经营权，主要体现为一项具体的经济制度，其权利内涵在当代大陆法系其他国家也普遍存在。Cfr. Luigi Costato, Corso di diritto agrario, Giuffrè editore, Milano, 2001, p. 12.

《农村土地承包法》调整,而农地承包人与承租人之间的租赁关系则适用《民法典》物权编的规定,农地承包权和农地租赁权由此在性质上具有法定的区分。不过,如同具有罗马法传统的大陆法系农地租赁制度,中国的农地租赁仍然在于明确承包人和承租人之间的权利义务关系,在衡平土地的实际耕种者、承包权人和其他经营权人的利益时,兼顾农地合理利用和保护的制度目的。尤其在农地的改良、农地非常损失、农地抵押以及转租等问题上,农地租赁合同具有一般租赁合同所无法涵摄的特殊性,对承租人(尤其是自耕农)应形成特殊的权利保护和限制机制。此外,农地的利用还涉及农业环境保障、农业食品安全、农地抵押等特殊问题,在经营权获得广泛的适用后,《土地管理法》和《农村土地承包法》中的强制性规定和保护性措施应扩张适用于经营权人,并具体落实到实际的土地耕种者。

三、农地经营模式的多样化与农地租赁核心要素的规范化

我国家庭联产承包责任制以“户”为基本单位,将其作为“个体”利用集体农地的基础。针对农地的利用,《土地管理法》第 21 条、第 35 条和第 38 条等从禁止性规范的角度规范农地侵权行为,同时《农村土地承包法》相关规定进一步强调了承包户对土地所负担的消极责任。这一立法偏好体现出我国重在保护承包人的利益,着重实现农地的基本保障功能;而罗马法传统则更注重土地的实际利用和对直接耕种者利益的保护,以促进和提高农业效率为制度意旨。上述差异,一方面与我国家庭联产责任制所形成的小农耕种模式有关,另一方面则是农地租赁直接适用《民法典》合同编中一般租赁规则的负面效果。在农地经营模式呈现出多样化之后,我国农地立法有必要在特别法中进一步完善承包、租赁、抵押等具体经营形态,并突出农地租赁规范中的核心要素。

在农地承担基本社会保障功能日趋弱化的背景下,农地利用模式开始转向以“客体物—农地”为中心的主体利用制度。在以物为中心的农地多元化经营模式中,罗马法上的长期租赁要素仍然具有启示和借鉴意义。首先,当前我国立法对土地改良行为未作规定,涉及具体的改

良内容一般依据承包人的个人意愿或者通过农地租赁合同的意思自治来实现,并无大陆法系各国农地租赁合同中的强制性积极改良责任以及保护积极改良人的措施。事实上,基于农地耕种条件的维护和合理利用,承包人或承租人单方面对农地进行改良具有正当性基础,积极改良是行使社会责任的表现。当然,对积极改良所产生的强制性规范并非不加限制,而是应当以保障土地良性耕种为限,并区别于仅为提高土地利用效率的经营行为。其次,承包经营期间的长短与权利的性质无关,土地承包经营权“长久不变”的政策旨趣应立足于权利内涵,并与承包期限相区分。适当缩短承包期限并不影响承包经营权的性质,而且还能实现土地的调整功能。① “承包”经营的基础性作用在于,经营期限受限于承包期限,并且建立在承包权基础上的其他经营权应经承包权人赋权而进行抵押,或是以合作经营的方式实现抵押权。② 再次,农地粮食补贴款、农地修复补贴、农地租金等均应与集体农业耕种相关联,甚至在经济效率高的地区,可以经集体合意使用租金改善农业生产环境。最后,围绕《民法典》租赁合同,立法者在《农村土地承包法》中应明示“农地租赁合同”的特殊性和多样性,并补充承租人的改良、租金和租赁期限等问题。上述补充的目的,在于衡平承包人和承租人之间的权利义务,在保障承包资格的前提下,突出实际耕种人的利益保护。

完善农地租赁合同基础上的抵押,亦是具体落实经营权的一项重要方式。在党的十八届三中全会进一步“赋予农民对承包地占有、使用、收益、流转及承包经营权抵押、担保权能”,以及 2014 年中央一号文件《关于全面深化农村改革加快推进农业现代化的若干意见》“允许承包土地的经营权向金融机构抵押融资”后,抵押和入股这两种农地利用形式也进一步活跃。③ 在入股和抵押的流转方式常态化之后,农业效率

---

① 参见李俊:《农村土地调整的实践逻辑与法律回应》,载《华中科技大学学报(社会科学版)》2017 年第 6 期。

② 《民法典》第 342 条规定了依招投标方式可以获得承包经营权,但是“流转所得的农地”只能借助经营合同取得抵押权,也即,农地抵押建立在原承包经营权或者是流转后的经营权(主要是租赁)的基础之上,对于后者无须将其确定为一种用益物权,只需在流转期限内通过合同明确农地抵押双方的权利义务和违约责任即可,强制性地统一规定为债权或用益物权并无必要。同时,原承包人与其他经营权人的合作模式,仍然可以使得后者获得抵押利益。

③ 参见高圣平:《农地金融化的法律困境及出路》,载《中国社会科学》2014 年第 8 期。

依托经营权制度进一步提升。农地抵押作为放活经营权的重心,其不规范现象亟需制度的进一步完善。首先,实践中历史遗留、权属不清等问题导致农地确权并未完全落实,甚至在部分地区还存在极大的确权障碍。明确农地承包权和经营权,是农地抵押的制度前提。其次,统一的农地流转平台还需进一步完善。抵押价值如不借助流转平台,地上种植物的价格就会受制于市场、气候和自然灾害等因素,使得抵押价值难以获得科学评估。再次,如何确定抵押客体的范围,成为实现农地抵押制度价值的关键。尤其是当前农户享有的承包地面积有限,要实现抵押制度的经济价值,势必需要对"流转所得的农地"和"依招投标方式获得的荒地"进行抵押。最后,土地流转的合法有序,还有待于农村土地产权登记交易平台、农村产权价值评估机构和抵押登记系统的完善,以破除规范不健全带来的弊端。

四、中国土地租赁配套制度的构建

(一)土地登记制度的完善

我国土地租赁在法律和政策上有了明确的导向,但作为农地利用的手段并不成熟,尤其是与之配套的农地流转平台构建并不完善。以土地租赁登记制度为例,土地租赁是一项纯粹的民事法律行为,当事人应确保土地的权证清晰,以维护登记制度的公示效力。在我国,农地承包经营权的取得采用"意思主义"的物权变动模式,确权登记仅具有证明权属的功能,但流转登记制度对于租赁制度的建立就尤为重要。

农地承包经营权的登记,乃完善租赁登记制度的基础。土地租赁登记依附于农地承包经营权登记之上,具有对抗第三人的作用。事实上,建立在"熟人社会"基础上的土地租赁,随着土地经营权的完善,面向村外人进行农地租赁会加速发展。土地承包经营权在"意思主义"模式的基础上,仍然可以用登记来增强公示公信力,以保障农地承包流转的交易安全。《农村土地承包法》第38条和《民法典》第335条规定:土地承包经营权采取互换、转让方式流转;未经登记,不得对抗善意第三人,于制度层面明确了农地承包经营权的登记制度。农地承包经营权的登记应纳入统一的不动产登记制度中,农地承包经营权的设立登记应设定为登记机关的行政义务，并对登记予以免费。农地承包经营权证是农民用以证明其土地承包经营权的法律文书，而农地承包经营权登记簿则成为确定土地承包经营权权属状况的法律依据。

变更土地承包经营权，通常采取共同申请制，由流转双方当事人形成合意后共同向登记机关申请，登记机关依申请变更而非依职权变更。如果当事人在达成承包经营权转让协议之后，基于交易成本等原因没有办理登记，不影响合同的效力，只不过承租人无法对抗善意第三人。可以说，完善的承包经营权登记制度是土地租赁有效利用的基础，其中的变更登记能进一步完善土地利用关系。

三权分置构造下土地经营权的登记，《民法典》第 341 条规定了登记在创设土地经营权中的作用和意义，即流转期限为 5 年以上的土地经营权，自流转合同生效时设立，登记并非 5 年以上土地经营权的设权要件。鉴于该条所处《民法典》物权编的权利性质，流转期限 5 年以上的土地经营权为物权属性，在物权变动模式上又将第 341 条作为该法第 209 条的除外情形。由于土地经营权的流转对象不限于本集体经济组织成员，同时物权性土地经营权的主要功能在于维护权利人的长期性经营，以及为融资提供法技术支撑，故仍需赋予物权性土地经营权以登记资格。当然，土地经营权的登记，与流转期限无关，而是授予所有的土地经营权人申请登记的权利。

就流转期限 5 年以上的土地经营权而言，登记并非该项物权性权利的设立要件，而是赋予土地经营权对抗功能，即未经登记并不影响物权的设立，但产生不得对抗善意第三人的效力。也即，流转期限 5 年以上的土地经营权采“意思主义”的物权变动模式，与土地承包经营权的物权变动模式保持一致。至于 5 年以下流转期限的土地经营权的性质，《民法典》并未明文规定。通过《民法典》第 341 条的反面解释，以及结合第 209 条和第 340 条的体系解释，流转期限 5 年以下的土地经营权仍然可以依登记设立物权，未经登记的依《民法典》第 209 条不发生物权效力，但无妨发生债权效力。

此外，《民法典》第 342 条规定，通过招标、拍卖、公开协商等方式承包农村土地，经依法登记取得权属证书的，可以依法采取出租、入股、抵押或者其他方式流转土地经营权。以其他方式承包的农村土地,承包主体既可以是本集体经济组织以外的单位或个人,也可以是本集体经济组织成员。以其他方式取得经营土地的权利名称,在"三权分置"政策纳入法律之前表述为土地承包经营权,并区别于家庭承包方式取得的土地承包经营权。不过,以其他方式承包土地,虽冠以"承包"之名,实为土地经营权。通过招标、拍卖、公开协商等方式承包的农村土地,其土地经营权只有登记取得权属证书后才能流转。相反,未经登记取得权属证书的,其成立的并非《民法典》中具有物权效力的土地经营权,当事人仅享有土地经营合同上的债权。据此,《民法典》在第 342 条规范的土地经营权,仍然采用第 209 条规定的登记生效主义,以权能性规范的形式,赋予权利人有权以出租等方式流转土地经营权。①

（二）土地租赁中的土地保护制度

实践中,耕地抛荒现象仍大量存在,个别地区还出现隐性抛荒(如承包地种一季,闲置一季)和变相抛荒(如在承包地上种植树木,以便今后不再耕种)的现象。当然抛荒并未影响租赁的土地质量,反倒是土地肥力下降或水土被污染的情况因耕作显得较为突出。在土地租赁过程中,承租人除了保有土地之外,还应维护甚至改良土地的耕种条件和水土环境,严禁从事挖砂、采石、采矿和取土等有损耕地的行为。遗憾的是,隐性危害耕地的行为以及擅自改变承包地用途的行为在农地经营活动中依然存在,一方面是农民的耕地保护意识不强且受经济利益所驱,另一方面是工业化的迅猛发展,使得耕地的污染情况较为严重。

对于在租赁期的农地,承租人和出租人均应当负有更多的责任。具体而言,农地的保护责任首先要求承包人和承租人合理利用土地,维护土地的耕种环境和耕种条件。其次是调动承租人和承包人改良土地的积极性,提升土壤质量和提高生产效益。前者是法律对所有农地耕种者的基本要求,乃法定义务,后者则是通过法律的授权,鼓励当事人主动行使改良权,达到自发改善农地的目的,并保障改良一方的追偿权。

---

① 参加徐涤宇、张家勇主编:《〈中华人民共和国民法典〉评注》(精要版),中国人民大学出版社 2022 年版,第 350-351 页。

结　语

就研究对象而言,系统化的“罗马法—意大利法”农地利用(租赁为核心)制度在中国尚处空白。肇端于罗马法的大陆法系土地租佃制度,促发了满足不同时代需求的农地利用理论,其内涵丰富并在一定程度上促进了私法的发展。理解罗马法、中世纪法和现代意大利法上的农地利用制度和理论,于当代中国仍然具有理论价值和现实意义。基于此,本书沿续农地利用私法史的脉络,对土地租佃和理论和实践予以解释和论证,重点探讨租赁权引导永佃权纳入罗马法体系的方式、大陆法系土地“归属和利用”模式的形成与发展、租赁实践对大陆法系农地利用模式的影响、“长期租赁、短期租赁和永佃权”的区分要素、农地的本质,以及私法自治等民法核心原则在土地租赁领域的贯彻等问题。

罗马法上土地租佃实践极为发达,与土地利用理论的发展相得益彰。租赁权继受希腊永久租赁中的“永佃”的特质后,通过占有财产性永佃利益实现农地的稳定利用,使得土地改良责任和最低租金规则成为农地“永久”租赁中的核心要素。罗马法上土地租赁制度的发展对后世私法产生了双重影响。一方面,多元化的租赁方式丰富了物的利用形态,形成了不同类型的“具体所有权”,形成列举式的所有权模型。另一方面,永佃权的核心要素被土地租赁合同所吸纳,后者逐渐承担起用益物权的功能,并成为当代大陆法系农地利用制度的核心。得益于农地永久租赁制度,农地占有和所有之间的关系在现代私法中获以厘清,形成了以租赁为中心的农地利用结构范式。此种结构中,具有独立法律意义的租赁要素极为重要,其发展直接反映出土地利用规则的独特性。

就租金而言,其经历了利益、赋税等表现形式。例如,长期租赁的租金自始并非基于经济利益的考虑,而是由其承载的赋税责任、土地调查等社会功能决定的。罗马法上的赋税田税金和永佃租金在法律意义上实现了等同,强调赋税和租金之间的性质转换失去了实际意义,考虑更多的则是永佃权人和实际耕种者之间的利益平衡。鉴于改良在土地耕种中的重要性,自耕农被赋予改造土地的权利,进一步促进了土地的长期稳定利用,也使改良成为租佃规则的核心。实践中租佃极为发达的现状,使租佃在土地利用体系中处于核心地位,并形成了以租赁为中心的现代农地利用体系,而租金和土地改良则成为衡平农地权利结构的核心要素。此外,基于土地租赁合同中的意思自治,承租人被赋予最大范围的自由,但同时政策性规范又对农地利用予以强有力的保护。从法技术上观察,租金、租期、土地改良和土地补偿等要素为承租人和出租人的权利和义务作出了平衡,实现了赋予实际占有者即耕种者更广泛的土地改良权时,将农地价值最大化并展现了土地租赁合同的社会功能。可以说,从罗马法发展而来的农地租佃理论,是私法理论在实践中的深化,也是私法发展的重要供给源。农地租佃的历史解析和大陆法系农地结构的嬗变,为当代中国的农地利用,尤其是农地经营权的构建提供了参考。在坚持集体土地所有权的基础上,以经营权为土地利用的工具,实现农村集体经济、农村集体经济组织的成员利益和其他经营人的经济利益的共同发展。

参考文献

一、中文文献

（一）中文著作

1. 曾隆兴：《现代非典型契约论》，台北，三民书局 1988 年版。
2. 陈小君等：《后农业税时代农地法制运行实证研究》，中国政法大学出版社 2009 年版。
3. 陈小君等：《田野、实证与法理：中国农村土地制度体系构建》，北京大学出版社 2012 年版。
4. 何怀宏：《契约伦理与社会正义：罗尔斯正义论中的历史与理性》，中国人民大学出版社 1993 年版。
5. 贺雪峰：《地权的逻辑：中国农村土地制度向何处去》，中国政法大学出版社 2010 年版。
6. 高王凌：《租佃关系新论——地主、农民和地租》，上海书店出版社 2005 年版。
7. 苏永钦：《走入新世纪的私法自治》，中国政法大学出版社 2002 年版。
8. 徐国栋：《罗马私法要论——文本与分析》，科学出版社 2007 年版。
9. 徐国栋：《优士丁尼〈法学阶梯〉评注》，北京大学出版社 2011 年版。
10. 尹田：《法国物权法》（第 2 版），法律出版社 2009 年版。
11. 尹田：《法国现代合同法——契约自由与社会公正的冲突与平衡》（第 2 版），法律出版社 2009 年版。
12. 张静：《现代公共规则与乡村社会》，上海书店出版社 2006 年版。

（二）中文译著

1. ［德］K. 茨威格特、［德］H. 克茨：《比较法总论》，潘汉典等译，贵州人民出版社 1992 年版。

2. [德]黑格尔:《法哲学原理》,范扬、张企泰译,商务印书馆1961年版。

3. [德]康德:《法的形而上学原理——权利的科学》,沈叔平译,商务印书馆1991年版。

4. [德]莱因荷德·齐佩利乌斯:《法哲学》,金振豹译,北京大学出版社2013年版。

5. [美]埃文(William M. Evan)主编:《法律社会学》,郑哲民译,台北,巨流图书公司1996年版。

6. [美]罗伯特·A.希尔曼:《合同法的丰富性:当代合同法理论的分析与批判》,郑云瑞译,北京大学出版社2005年版。

7. [美]麦克尼尔:《新社会契约论》,雷喜宁、潘勤译,中国政法大学出版社2004年版。

8. [美]詹姆斯·戈德雷:《现代合同理论的哲学起源》,张家勇译,法律出版社2006年版。

9. [意]桑德罗·斯奇巴尼选编:《物与物权》,范怀俊译,中国政法大学出版社1999年版。

10. [英]巴里·尼古拉斯:《罗马法概论》,黄风译,法律出版社2010年版。

11. [英]梅因:《古代法》,沈景一译,商务印书馆1959年版。

12.《意大利民法典》,费安玲等译,中国政法大学出版社2004年版。

13. [古罗马]提图斯·李维著,[意]桑德罗·斯奇巴尼选编:《自罗马建城以来》(第一至十卷选段),王焕生译,中国政法大学出版社2009年版。

(三)中文论文

1. 陈小君等:《后农业税时代农地权利体系与运行机理研究论纲——以对我国十省农地问题立法调查为基础》,载《法律科学(西北政法大学学报)》2010年第1期。

2. “农村土地问题立法研究”课题组、陈小君:《农村土地法律制度运行的现实考察——对我国10个省调查的总报告》,载《法商研究》2010年第1期。

3.“农村土地问题立法研究”课题组、陈小君等:《农地流转与农地产权的法律问题——来自全国4省8县(市、区)的调研报告》,载《华中师范大学学报(人文社会科学版)》2010年第2期。

4.李俊:《意大利土地租赁合同研究》,载陈小君主编:《私法研究》第19卷,法律出版社2016年版。

5.李俊:《罗马法上的农地永久租赁及其双重影响》,载《环球法律评论》第2017年第4期。

6.贾生华、田传浩、张宏斌:《农地租赁市场与农业规模经营——基于江、浙、鲁地区农业经营大户的调查》,载《中国农村观察》2003年第1期。

7.龙登高、彭波:《近世佃农的经营性质与收益比较》,载《经济研究》2010第1期。

8.栾志红:《关于继续性合同的几个问题》,载《法学论坛》2002年第5期。

9.彭真明、常健:《关于土地租赁制度的法律思考——兼谈我国农地租赁权的构建与完善》,载《华中师范大学学报》2003年第2期。

10.唐晓晴:《澳门特别行政区土地法中的长期租借制度——以dominium directum和dominium utile的区分为视角》,载《北方法学》2012年第1期。

11.陶银球、杨峥嵘:《身份农民与我国的农地产权制度》,载《山东社会科学》2011年第8期。

12.王轶:《论合同法上的任意性规范》,载《社会科学战线》2006年第5期。

13.许德风:《论利息的法律管制——兼议私法中的社会化考量》,载《北大法律评论》2010年第1期。

14.许中缘:《论任意性规范——一种比较法的视角》,载《政治与法律》2008年第11期。

二、外文文献

(一)意大利语论著

1. Alberto Germanò, Manuale di diritto agrario, Giappichelli, Torino, 2016.

2. A. Germanò, in Romagnoli - Germanò, Affitto di fondi rustici. Affitto a coltivatore diretto, in Commentario del Codice civile Scialoja e Branca, a cura di Galgano, Ⅳ, Obbligazioni art. 1628 - 1654, Bologna - Roma, 1990.

3. A. Cicu e E. Bassanelli, Corso di diritto agrario, Milano, 1943.

4. A. Germanò, il processo agrario, Milano, 1973.

5. A. Tartaglia polcini, Integrazione sistematica e assiologia dirimente nel dialogo tra Corte costituzionale e Corte di giustizia, in P. Femia, Intertazione a fini applicativi e legittimità costituzionale, Napoli, 2006.

6. Alberto Burdese, Studi sulL'ager publicus, Editore Torino, Giappichelli, 1952.

7. Anna Carla Nazzaro, L'affitto, tratto di diritto civile del consiglio nazionale del notariato, diretto da Pietro Perlingieri, Ⅳ.

8. Antonio Sciaudone, Il Fondo rustico nella proprietà e nelL'impresa, Napoli, ESI, 1996.

9. Antonio Sciaudone, La materia "agricoltura" nel terzo millennio, L'affitto di fondo rustico, Liguori, 2007.

10. C. Cecchi, R. Cianferoni, A. Pacciani: Economia e politica dell'agricoltura e dell'ambiente, CEDAM, 1991.

11. C. Mazzu, proprietà e società pluralista, Milano, 1983.

12. Carrozza, Commentario alla legge sui contratti agrari, n. 203/1982, Padova, 1983.

13. Carrozza, I miglioramenti delle cose nella teoria generale e nei rapporti agrari, Milano, 1965.

14. Carrozza, le strutture associative di produzione, nel Vol. Per il futuro dell'agricoltura italiana. Problemi giuridici ed economici delle strutture agrarie. Atti del Convegno, Firenze 26 - 27 febbraio 1988, Firenze, 1989.

15. Centro di studio sulla gestione dei sistemi agricoli e territoriali; Università degli studi di Bologna, Contributi allo studio dei sistemi agricoli e

territoriali, Bologna, 1996.

16. D. Calabrese e M. Lipari, I contratti agrari. Ex l. 3 maggio 1982, n. 203, Padova, 1992.

17. D. Calabrese, I patti agrari. Lineamenti dotrinali e giurisprudenziali dellle leggi n. 203/1982 e n. 29/1990, Padova, 1994.

18. D. Messinetti, L'atto di amministrazione nel diritto privito, Milano, 1971.

19. D. Rubino, La compravendita, Milano, 1962.

20. E. Casadei, Aspetti e problemi della disciplina del canone nelL'affitto di fondi rustici (L. 3 Maggio 1982, N. 203), in La nuova disciplina dei rapporti agrari.

21. E. Lattes, Studi storici sull' enfiteusi, Turin, 1868.

22. E. Casadei, Il nuovo diritto dei contratti agrari (accordi derogatori individuali e collettivi ex art. 45 della legge 3 maggio 1982, n. 203), in E. Casadei e A. Gernanò (a cura di), Autonomia privata assistita.

23. E. Rook Basile e A. Germanò, La riforma dei contratti agrari dopo dieci anni, Bilanci e prospettive, Milano, 1993.

24. Emilio Romagnoli e Alberto Germanò: Commentario del codice civile. Affitto. Affitto di fondi rustici. Affitto a coltivatore diretto. Artt. 1628-1654 (Diritto. Commentari), Rilegato, 1990.

25. Emilio Romagnoli: L'impresa agricola, UTET libreria università, 1986.

26. Emilio Sereni, Storia del paesaggio agrario italiano, Laterza, 1961.

27. F. Ferrara, Trattato di diritto civile italiano, I, Dottrine generali, 1, il diritti, i soggetti, le cose, Roma, 1921.

28. F. Santoro-Passarelli, Locazione e affitto di fondo rustico, in Atti del primo congresso di diritto agrario, Firenze, 1935.

29. Ferdinando Albisinni, Azienda multifunzionale, mercato, territorio: Nuove regole in agricoltura, Milano, Giuffrè, 2000.

30. Francario, Commento alL'art. 27 (Riconduzione alL'affito), in riforma dei contratti agrari. Commentario alla l. 3 maggio 1982, n. 203, a cura di Graziani, Recchi, Francario, Napoli, 1982.

31. Frliciano Serrao, Dititto private economia e società nella storia di roma, 1, dalla società gentilizia alle origini dell'economia schiavistica, jovene editore Napoli, 2008.

32. Frliciano Serrao, Dititto private economia e società nella storia di roma, prima parte, jovene editore Napoli, 1984.

33. G Giorgi, Teoria delle obbligazioni nel diritto moderno italiano: Esposta con la scorta della dottrina e della giurisprudenza, Fratelli Cammelli, 1895.

34. G. C. M. Rivolta, L'affitto e la vendita dell'azienda nel fallimento, Milano, 1973.

35. Gian Candido De Martin, Comunità di villaggio e proprietà collettive in Italia e in Europa, CEDAM, 1990.

36. Giorgio De Nova, Codice civile e leggi collegate, Università di Milano, Zanichelli, 2009.

37. Giovanni Anania, La riforma delle politiche agricole dell' UE ed il negoziato WTO: il contributo di alcune ricerche quantitative alla valutazione dei loro effetti sull'agricoltura italiana, Milano, Franco Angeli, 2005.

38. Giovanni Pugliese, Usufrutto, usoeabitazione, in Tratt. Dir. Civ. It. Vassalli, Ⅳ, 5, Torino, 1972.

39. Giuseppe Bivona: Affitto di fondi rustici, Affitto a coltivatore diretto. Artt. 1628-1654 (Il codice civile. Commentario), Brossura, 1995.

40. Goldoni Marco, Agricoltura e diritto, Agricoltura istituzioni mercato, p. 325, tot. pag 6, tot. autori 1, 2006.

41. Goldoni Marco, Il diritto agrario, Rivista di diritto agrario. Agricoltura-Alimentazione-Ambiente, Vol. 4, p. 529, tot. pag 13, 2007.

42. Goldoni, Autonomia private limitata e autonimia private assistita in material di contratti agrari, nel Vol. Autonomia private assistita e autonomia collettiva nei contratti agrari. Art. 45 legge 3maggio 1982, n. 203. Atti del Convegno, Firenze 22-24 novembre 1990, Milano, 1992.

43. L. Garbagnati, I contratti agrari. Rassegna di giurisprudenza sulle leggi 3 maggio 1982, n. 203 e 14 febbraio 1990, n. 29, Milano, 1996.

44. L. Mosco, I frutti nel diritto positive, Milano, 1947.

45. Li Jun, I beni collettivi e la proprietà collettiva tra tradizione e innovazione: DalL'appartenenza alL'utilizzazione, Roma, 2014.

46. Lorenzo Fascione, Storia del diritto privato romano, Giappichelli, Torino, 2006.

47. Luigi Capogrossi Colognesi: Remissio Mercedis, Jovene, 2005.

48. Luigi Costato, Trattato breve di diritto agrario italiano e comunitario, seconda edizione, CEDAM, 1997.

49. Luigi Costato: Corso di diritto agrario, seconda edizione, Giuffrè editore, Milano, 2004.

50. Luiso, Considerazioni sui processo agrario, nel Vol. Metodi e contenuti del diritto agrario modero. Atti del Convegno di studi, Pisa 7-8 giugno 1985, Milano, 1986.

51. M. Bilancetti: ' La responsabilità penale e civile del medico ', 2010.

52. M. Vinci, Fines regere. Ilregolamento dei confine dalL'età arcaica a Giustiniano, Milano, 2004.

53. M. D ' Addezio, L'eguaglianza tra le parti nelL'affitto di fondo rustico, Napoli, 1984.

54. M. Giorgianni, Contributo alla teoria dei diritti di godimento su cosa altrui, Milano, 1940.

55. M. Giuferida, I contratti agrari tra inderogabilità delle norme ed autonomia privata, Milano, 1996.

56. M. Goldoni, La nozione di contratto agrario, Pisa, 1988.

57. M. Tanzi, Godimento del bene produttivo e impresa, Milano, 1998.

58. Maria Pia Ragionieri, Diritto rurale comunitario, Giuffré, 1999.

59. Mariarita D ' Addezio, L'eguaglianza tra le parti nelL'affitto di fondo rustico, Scientifiche Italiane, 1984.

60. Mario Talamanca, Istituzione di Diritto Romano, Giuffrè Editore, Milano,

1990.

61. Max Weber:La storia agraria romana in rapporto al diritto pubblico e privato, Milano, 1967.

62. Mirabelli, Locazione, pag. 268 e seg., E. Casadei, sub artt. Da 16 a 20.

63. Nazzano anna Carla, Affitto di fondi rustici, in P. Perlingieri (a cura di), Manuale di diritto civile, Napoli, ESI, 2007.

64. P. Perlingieri, Produzione scientifica e realtà pratica: una frattura da evitare, in Id., Scuole tendenze e metodi. Problemi del diritto civile, Napoli, 1989.

65. P. Perlingieri, Proprietà, impresa e funzione sociale, in Riv. dir. impr., 1989.

66. Paolo Cappellini, Storia del diritto moderno, Giuffré, 2003.

67. Paolo Franceschetti e Massimo Marasca: Le obbligazioni (Legale-Trattato di Diritto civile), Brossura, 2008.

68. Paolo Grossi, Un altro modo di possedere: L'emersione di forme alternative di proprietà alla coscienza giuridica postunitaria, Giuffrè, 1977.

69. Paolo Grossi. Locatio ad Longum Tempus. Morano, Napoli, 1963.

70. Perlingieri, il diritto civile nella legalità costituzionale, Napoli, 1984.

71. Piero Di Carlo, Lidia Moretti, Nuove politiche per il mondo agricolo: multifunzionalita e sviluppo integrato del territorio, Bologna, Patron, 2004.

72. Pietro Nervi, Cosa apprendere dalla proprietà collettiva: La consuetudine fra tradizione e modernità: Atti della Ⅷ riunione scientifica (Trento, 14-15 novembre 2002), Padova, Cedam, 2003.

73. Prosperi, Accordi agrari e autonomia assistita, Napoli, 1992.

74. R. Alessi, L'impresa agricola, in Comm. Cod. Civ. Schlesinger, Milano, 1990.

75. Rafael Verdera Server: Inadempimento e risoluzione del contratto, Le monografie di Contratto e impresa, Brossura, 1994.

76. Rook Basile, I cardini della disciplina delL'affittoç i poteri di iniziativa,

nel Vol. Gli accordi collettivi. Dopo il Convegno sulL'art. 45 della legge n. 203. 1982. Atti del Convegno, Firenze, 14-15giugno 1991, Milano, 1992.

77. Serafino Scrofani, Ritruttuzione dell'agricoltura. Piano Mansholt, R. Patron, 1969.

78. Sgarbanti, Commento alL'art. 2, in Costato e Casadei, Commentario alla legge 14 febbraio 1990.

79. V. Arangio-Ruiz, Applicazione del diritto Giustiniano in Egitto in Aegyptus, Vol. I, 1920.

80. V. Simoncelli, Della Enfiteusi, Naples, 1922.

81. V. Breccia, La nozione di "tipico" e "atipico": Spunti critici e ricostruttivi, in AA. VV., Tipicità e atipicità nei contratti, 53, Quaderni di giurisprudenza commerciale, Milano, 1983.

82. V. Romagnoli, Circolazione giuridica del fondo rustico e controllo dei prezzi, Milano, 1964.

83. V. Ros. Alessi, Autonomia private e rapporti agrari, Napoli, 1982.

84. Zimatore, I confini delL'autonomia privata assistita nella disciplina dei rapporti agrari, nel Vol. Autnomia privata assistita e autonomia collettiva nei contratti agrari.

85. Guarino, locazione, in Tratt. Dir. Civ. Grosso e Santoro-Passarelli, V, 3, Milano, 1965.

86. Tabet, Affitto (in generale), in Noviss. Dig. It., I, 1, Torino, 1968.

87. Tartaglia Polcini, Integrazione sistematica e assiologia dirimente nel dialogo tra Corte costituzionale e Corte di giustizia, in P. Femia (cura di), Interpretazione a fini applicativi e legittimità costituzionale, Napoli, 2006.

88. Aleksander Lichorowicz, La proprietà fondiario-agraria e la costruzione civilistica del diritto di proprietà, Riv. dir. agr., 1984.

89. Antonio Carrozza, Mariarita d'Addezio, Il diritto agrario in Italia: Stato e prospettive della ricerca e delL'unsegnamento, Riv. dir. agr., 1983.

90. Lazzara, La locazione: L'affitto, in Tratt. Dir. Priv. Rescigno, 11, Torino, 1984(rist. 1989).

91. Lazzara, La nozione di affitto agrario, in Riv. dir. Agr., 1972.

92. Capizzano, il nuovo diritto dei contratti agrari, in N. giur. Civ. Comment., 1987.

93. Carrozza, La conversione legale del contratto private come strumento di intervento pubblico in agricoltura, in Riv, dir. Civ., 1964.

94. Carrozza, La riconduzione alL'affitto dei contratti agrari di concessione, in Riv. Dir. Agr., 1982.

95. Carrozza, Tecnica e sistematica nella riforma dei contratti agrari, in Riv. dir. Agr., 1982.

96. Cimarossa, Considerazioni in tema di contratti <riconducibili> e di contratti <vietati>: il caso delle soccide convertibili, in Riv. dir. Agr., 1991.

97. Costato, Tipizzazione e detipizzazione dei contratti agrari e poteri minimi del proprietario, in Riv. Dir. Agr., 1982.

98. Romagnolo, Affitto. Disposizioni generali, in Comm. Cod. Civ. Scialoja e Branca, Bologna-Roma, 1978.

99. Fernando Salaris: La nozione giuridica di fondo, Riv. dir. agr., Milano, 1980.

100. G. Galloni, Impresa agricola. Disposizioni generali, in Comm. Cod. Civ. Scialojia e Branca, Bologna-Roma, 2003.

101. G. Alpa, Destinazione dei beni e struttura della proprietà, in Riv. not., 1983.

102. G. E. Colombo, L'azienda e il suo trasferimento, in G.. Gaselli, G. E. Colombo, D. Corapi, M. Libertini, F. Mastragostino, G. Minervini, V. Ottaviano, L'azienda e il mercato, in Tratt, dir, comm.. pubbl. Econ. Galgano, Ⅲ, Padova, 1979.

103. Galloni, Appunti in tema di conversione dei contratti agrari, in Riv. Dir. Agr., 1979.

104. Galloni, La legittimità costituzionale della conversione dei contratti associ-

attivi in affitto nelle prime decisioni delle sezioni specializzate agrarie, in Giur. Agr. It., 1983.

105. Germanò, Le modifiche ed integrazioni della legge 3 maggio 1982, n. 203, ad opera della legge 14 febbrario 1990, n. 29, in Riv. Dir. Agr., 1990.

106. Giovanni Pugliese, voce Diritti Reali, in Enciclopedia del Diritto, Vol. XII, Giffurè, 1964.

107. Marco Goldoni, Autonomia private limitata e autonomia private assisttita in material di contratti agrari, Riv. dir. agr., 1992.

108. Mauro Paladini, L'importanza delL'inadempimento nella risoluzione dei contratti di affitto, Tra codice civile e legislazione agraria, Riv. dir. agr., 1990.

109. Murgida, Accordo nazionale per la definizione delle controersie in materia di determinazione del canone di affitto agrario, in Dir. giur, agr. amb., 23/2004.

110. Natalino Irti, Sviluppo storico e posizione sistematica del diritto agrario italiano, Riv. dir. agr., 1977.

111. P. Perlingieri, Normativa comunitaria, rapporti economici e interpretazione, in Riv. Giur. Mol. Sannio, 1993.

112. P. Rescigno, L'autonomia dei privati, rivista critica del diritto privato, marzo, 2012.

113. Paolo Grossi, Assolutismo giuridico e proprietà collettive, Riv. Dir. Agr., Milano, 1991.

114. Paolo Grossi, Giangastone Bolla e la cultura giuridica italiana nel novecento, Riv. dir. agr., 1987.

115. Prov. Agr. Napoli, 25-1-1974, in Nuovo diritto agrario, 1974.

116. R. Alessi, L'Impresa agricola, in Comm. Cod. Civ. Schlesinger, Milano, 1990.

117. R. Miccio, la locazione, in Giur. Sist. Civ. Comm. Bigiavi, 2, Torino, 1980.

118. Sciaudone, in Dir. giur, agr. amb., 11/2002.

119. Tului, Note in tema di miglioramenti e rapporti agrari, in Riv. Giur. Sarda, 1987.

120. V. Arangio-Ruiz, La struttura dei diritti sulla cosa altrui in Archivio giuridico, Vol. LXXXI (1908) e Vol. LXXXII, 1909.

121. V. Bassantelli, La crisi del contratto agrario (a proposito del progetto segni sulla riforma dei contratti agrari), in Riv. Dir. Agr., 1948.

122. V. Bigliazzi-Geri, voce Conversione delL'atto giuridico, in Enc. Dir., X, Milano, 1962.

123. V. Polacco, Appunti sulle licazioni, in Riv. it. Sc. Giur., 1887.

(二)英文论著

1. E. J. H. Schrage, *Ius in re Corporali Perfecte Disponendi: Property from Bartolus to the New Dutch Civil Code of* 1992, in Property Law on the Threshold of the 21st Century, Maastricht, Antwerpen-Apeldoorn, 1997.

2. Andrew Stephenson, *Public Lands and Agrarian Laws of the Roman Republic*, Johns Hopkins Press, 2004.

3. Berger, Adolf, *The Encyclopedic Dictionary of Roman Law*, Transactions of the American Philosophical Society, New Ser., Vol. 43, No. 2, 1953.

4. Daniel. J. Gargola, *Lands, Laws and Gods, Magistrates and Ceremony in the Regulation of Public Lands in Republican Rome*, UNC Press, 1995.

5. J. Erskine, *An Institute of the Law of Scotland*, newed. by J. B. Nicholson, Bell & Bradfute, 1871.

6. J. Muirhead, *Institutes of Gaius and Rules of Ulpian*, T&T Clark, 1880.

7. M. Rostovtzeff, *A Large Estate in Egypt in the Third Century B. C.*, in University of Wisconsin Studies in Social Sciences and History, No. 6, Madison, 1922.

8. Max Weber, *Roman Agrarian History*, trans. by Richard I. Frank, Regina Books, 2008.

9. P. Vinogradoff, *The Growth of the Manor*, Hardpress Publishing, 1920.

10. Paul J. du Plessis, *Remissio Mercedis-Agricultural Rent Abatement in*

Roman Law, *SIHDA* (*La Société Fernand de Visscher pour l'Histoire des Droits de l'Antiquité*), Rotterdam, 2001.

11. R. Clausing, "*The Roman Colonate*" *in Studies in History, Economics and Public Law*, University of Columbia, Vol. CXVII, 1925.
12. R. W. Southern, *The Making of the Middle Ages*, Pimilico, 1993.
13. Reinhard Zimmerman, *The Law of Obligations*: *Roman Foundations of the Civilian Tradition*, Juta, 1992.
14. W. W. Buckland, *A Text-Book of Roman Law*, Cambridge University Press, 1932.
15. William R. Johnston, *Emphyteusis*: *A Roman "Perpetual" Tenure*, The University of Toronto Law Journal, Vol. 3, No. 2, 1940.